棘手孩子

理解孩子的天生气质

【美】斯坦利·图雷克（Stanley Turecki） 莱斯利·唐纳（Leslie Tonner） 著

彭丽洁 译

THE DIFFICULT CHILD

上海社会科学院出版社
SHANGHAI ACADEMY OF SOCIAL SCIENCES PRESS

献 给

所有棘手儿童和他们的父母
为你们教会我的事情致以深深的谢意

来自家长的赞誉

"图雷克博士对具有棘手气质的孩子的了解和认识让人惊叹。"

"《棘手孩子》一书教会我成为一名好家长,无论是面对我棘手的孩子,还是面对我随和的孩子。"

"图雷克博士的计划教我懂得了做母亲的真正含义。"

来自专业人士的赞誉

这本书真的很棒!书中提出的管教孩子的方法是我见过的最好的方法之一。这是对父母真正的贡献。

——贝里·布雷泽尔顿(T.Berry Brazelton),美国著名儿科医生和发展心理学家,畅销书《应对孩子的愤怒与攻击》《给孩子立规矩》作者

这本书给如何应对棘手孩子提供了一个清晰明了的良方,作者极富同情心的认识贯穿始终。

——欧文·菲利普斯医学博士(Irving Philips,M.D.),美国儿童青少年精神协会前会长

对如何评估和干预可引发灾难的关系模式，本书提供了海量的锦囊妙计。

——唐纳德·A. 布洛赫医学博士（Donald A. Bloch, M.D.），美国家庭治疗协会前会长

一本价值连城的书。我会热心推荐此书。

——威廉·B. 凯里医学博士（William B. Carey, M.D.），费城儿童医院行为儿科学主任，《了解孩子的气质》（*Understanding Your Child's Temperament*）作者

这本书将会摆放在我的书架上斯波克和格塞尔的书中间。

——理查德·L. 扎菲尔（Richard L. Saphir），西奈山医学院儿科临床教授

每位老师几乎都教过"棘手"学生。这本书帮助老师和家长了解这种行为的根源，从而帮助他们更有效地应对这种行为。此书是无价之宝。

——埃伦·加林斯基（Ellen Galinsky），全美少儿教育协会会长，《学前时光》（*The Preschool Years*）合著者

目录

你的孩子是棘手儿童吗？ / 001

引言 / 005

第一部分　有些孩子天生棘手

第 1 章　你认识这样的孩子？ / 003

第 2 章　陷入困境的妈妈 / 026

第 3 章　涟漪效应 / 039

第 4 章　"但他是不是有多动症呢？" / 057

第 5 章　一个棘手孩子的一天 / 077

第二部分　针对你棘手孩子的计划

计划简介 / 095

第 6 章　评估你的情况：学习阶段 / 099

第 7 章　重获成人权威：有效管教 / 118

第 8 章　管理气质：通过行动来了解 / 138

第 9 章　信息整合：专家家长 / 166

第 10 章　应付棘手婴儿：出生第一年　/ 193

第 11 章　孩子之上：家庭和外部世界　/ 205

第 12 章　如需更多帮助：与专业人士合作　/ 224

结　语　孩子的未来在哪里？　/ 247

推荐阅读　/ 255

附　录　/ 257

你的孩子是棘手儿童吗？

家庭问题   回答"是"或者"否"

1. 你觉得养育你的孩子困难吗？ _____
2. 你觉得孩子的行为难以理解吗？ _____
3. 你经常和孩子吵架吗？ _____
4. 作为父亲或母亲，你是否觉得能力不足或心有愧疚？ _____
5. 孩子影响你的婚姻或家庭生活了吗？ _____

孩子问题

下列标题可以确定孩子的气质（他或她的天性）中可能棘手的方面。每一项均使用以下数值大致给孩子分级。

0= 没有问题（目前不存在或者只存在一点）

1= 轻微问题（目前偶尔存在）

2= 确切问题（目前多次存在）

3= 极端问题（几乎是频繁存在或者已经是频繁存在）

高活跃水平：坐立不安；容易碰到东西，高度亢奋，让你筋疲力尽；"没学走，就想跑"；容易过度兴奋；无法静坐或者安静玩耍；喋喋不休；讨厌约束；容易玩疯或"兴奋"。 _____

冲动性：不会三思而行；脾气急躁火爆，易沮丧；无耐心，易发怒；喜欢插嘴，爱大喊大叫，不喜欢按部就班；爱抓爱推；容易失控，变得具有攻击性；起身就走。

注意力分散度：难以集中注意力，特别是对不大感兴趣的事物；跟随指令有困难；不喜欢聆听，自动"屏蔽"你，喜欢做白日梦；没有条理，忘性大。

高反应强度：大嗓门；强势，态度强硬；痛苦、生气或者快乐的时候情绪激动。

不规律性：生理节奏难以预估；无法分辨他是饿了还是累了，由此导致在饮食和睡觉时间上有冲突；夜里常醒；如厕不定时。

负面的坚持态度：异常固执；不停地挑剔、抱怨，在想要某样东西的时候不依不饶；不懂得放弃，会一直坚持到说服他人；"故步自封"；发脾气时间长。

低反应阈：身体敏感，情感迟钝；可敏锐发觉颜色、光线、外表、纹理、声音、气味、口味以及温度上的变化（不一定对以上全部敏感）；"有创造性"，有时会有与众不同的偏好，让人觉得尴尬；易受强光和喧嚣声困扰；特别吹毛求疵；衣服一定要看起来或者穿起来刚刚好；不喜欢多数食物的样子、气味和味道；旁人觉得温度正合适时总觉得过热或过冷。

初始趋避性：面对刚认识的成人或孩子会表现得害羞、腼腆；不喜欢新环境或陌生环境；有人强迫认识新朋友或面对新环境时会通过哭闹、抓人、发脾气的方式退缩或抗议。

适应力差：活动或日常习惯过渡期和变化时会不适应；死板，留意小细节；适应习惯后就会一直坚持下去；会不断索要一模一样的衣服或食物；墨守成规；即便有了第一次接触，适应也需要很长一段时间。　　　　　

负面情绪：严肃，不会坦率地表达自己的愉悦；性格消极。　　　　　

你的分数解读：

家庭问题回答为"是"	孩子问题	结论
0-1	+4-7 分	= 具有一些棘手特征
2-3	+8-14 分	= 棘手儿童
-5	+15 分或以上	= 非常棘手儿童

引 言

我是一名儿童及家庭精神科医生，也是一位曾经的棘手儿童的父亲。我女儿出生前，我完成了成人及儿童精神病学的训练，并通过挂靠一家声誉良好的医院，开始了个人的执业生涯。与大部分年轻的精神科医师一样，此时我还在探索属于合适自己风格的道路。

1974年寒冬的一个清晨，我的女儿吉莉安降临人世。不到一天，新生儿病房的护士长就评价说："这个孩子可能会出问题。"我女儿是个焦躁不安、敏感易怒的孩子，进食毫无规律，而且似乎总是在大声尖叫。孩子妈妈、护士都安抚不了她。我们家度过了一个个不眠之夜，到我女儿6个月大的时候，我和孩子妈妈也变得敏感易怒、精神紧张。

通过我们的不懈努力，到我女儿2岁的时候，她多少有了一些我们可以预见的习惯。然而，只要一不高兴，她就会长时间大发脾气。至于为何她会有如此极端的反应，我们也经常摸不着头脑。穿衣服、上床睡觉、出门散步——几乎任何新的体验——都会导致问题。作为一名儿童精神科医生，我所接受的培训和得到的经验多少会派上用场，但是绝大部分时候，我还是表现得不知所措。我们发现，管教她不容易，不过我们也渐渐学会了接受她的部分行为。

在努力了解我的孩子和她那些让人疑惑的行为的同时，我重新阅读了《孩子的气质和行为紊乱》（*Temperament and Behavior Disorders in Children*），这本书是医学博士斯泰拉·切斯（Stella Chess）和亚

棘手孩子
The Difficult Child

历山大·托马斯（Alexander Thomas）关于纽约纵向研究（New York Longitudinal Study）的著作。我突然发现，不稳定的饮食和睡眠习惯、"不快乐"、对新事物的消极反应、面对过渡和变化不适应、大吵大闹等问题，均出现在书中。我仔细研读此书，寻求解决办法。

女儿上小学前的三年情况好了许多，但也并非一帆风顺。我们偶尔仍然会感到疑惑，不过现在我们已经明白，她的行为更多的是气质的一种表达。我们学会了尽可能帮助她建立日常习惯，而她也在这些习惯中茁壮成长。我们设法避开不熟悉的环境，实在无法避开的时候，我们也会精心为她做好准备。这么做的好处很快开始显现出来。她原来可以如此有趣。她有绝妙的想象力。她喜欢打扮，喜欢和她的玩偶玩游戏。她即将要去我们精挑细选的幼儿园上学，她将深受幼儿园里热情、包容的老师们的欢迎。

问题依旧存在。她偶尔会在公园或其他公共场合发脾气，让人依旧觉得尴尬。学校里风平浪静，紧随而来的可能是家里的暴风骤雨。我们注意到，当她某些方面有了进步之后，在其他方面可能就会退步。可能她下午的时候还很可爱、讨人喜欢，晚上就变得暴躁胆怯；前一秒钟还兴致勃勃地要去参加生日派对，到达派对现场后却不愿离开妈妈身边。不过吉莉安是个如此有趣的孩子，生活有了她，再也不会觉得无趣。

我的整个工作重心都在发生变化。我不再将小孩子的行为问题仅仅当作对父母的反应或一个发展阶段的问题。现在，我会越来越多地询问孩子的气质问题。"这个孩子平时是怎样的？她是哪一种人？她是否很难养育？她是如何影响整个家庭的？"我开始清楚地意识到，许多家长与孩子的问题原因不单在家长方面。家长的性格固然重要，可以影响他们的孩子，但是孩子和家长的作用是双向的，就像双行路，两边都有车辆来来去去。在多数情况下，孩子的作用更值得关注。

随着我做父亲的经验越来越多，以及对气质的越发了解，我开始以一种更有意义的方式来协助那些有棘手儿童的家庭。到1984年，棘手儿童家庭计划开始成型。

棘手儿童计划始于贝斯以色列医院（Beth Israel Hospital）。我和卡罗尔·桑兹（Carole Sands）博士负责与家长和孩子开展工作，我的妻子露西尔则热情地引领了整个后勤支持团队。现在，贝斯以色列的项目已经结束。1985年我在曼哈顿的个人诊所成立了棘手儿童中心，另一位专业人士史蒂文·弗莱福德（Steven Friedfeld）加入我们，并做出了卓越的贡献。业务经理卢斯·约翰逊（Ruth Johnson）装饰了我们的棘手儿童中心，让前来寻诊的家庭宾至如归。

我渴望帮助更多的家长解决孩子难以养育的问题，这种渴望促使我于1985年开始写作《棘手孩子》一书。与我共同完成此书原稿的是莱斯利·唐纳，她是一名作家，同时也是一名母亲。1989年我修订了此书，现在准备再次修订，以囊括在孩子诊断和药物使用上的最新资讯，与大家分享我个人对这些资讯的看法。在将近15年的时间里，我在班塔姆出版社的编辑托妮·伯班克（Toni Burbank），对修订《棘手孩子》的所有版本都起了不可或缺的作用，对我的第二本书《普通孩子也有问题》的写作亦是如此。托妮不仅工做出色，更是我个人的一位亲密朋友。

1992年我再婚。让人意想不到的是，我的妻子苏西带来的女儿弗朗西斯卡就是个棘手儿童！虽然我已有做医生做父亲的经验，苏西从弗朗西斯卡小时候起就对她照顾得无微不至，我还是接受了更多的工作培训，并且还有了羞愧的体验——看着自己如何陷入无能为力的沮丧境地。

《棘手孩子》出版之后，我并未停下向棘手儿童家长学习的脚步。我收到了成千上万封来信，继续在执业过程中与家长和儿童们交流。我发表了多次演讲，每次演讲完都会有与家长和专业人士的问答环节，我对此非常喜欢。所有这些反馈，都让我的想法更加完善，也让我学习到新的技能。

对我个人而言，身兼家长和专业人士两职，从开始写作《棘手孩子》，到现在修订此书都让我受益匪浅。我希望此书可以为临床知识添砖加瓦，也能有效帮助与问题儿童接触的专业人士。

然而，归根到底，我写这本书的是为了你们——家长们。我衷心地希望这本书可以帮助到你，反过来你可以帮助你的棘手儿童全面实现他或者她的个人潜能。祝愿你很快可以积极、期盼、自信地畅想你的孩子的未来。

斯坦利·图雷克医学博士

1999 年 11 月

第一部分
part one

有些孩子
天生棘手

你家可有这样的孩子?

焦躁不安、敏感易怒,饮食和睡眠毫无规律,而且似乎总是在大声尖叫;一不高兴,就会长时间大发脾气;总是消极,不快乐;穿衣、睡觉、出门散步,几乎任何新的体验都会导致问题……

父母特别是妈妈,是否觉得陷入疲倦、愤怒、愧疚、无助……甚至绝望之中?

第 1 章

▼

你认识这样的孩子吗？

马修晚上难以入睡，睡着后也总是不安稳。让他在自己的房间睡觉总能引发一场拉锯战，结果总是以她妈妈筋疲力尽地睡在他床边的地板上告终。自婴儿时期开始，马修的睡眠质量就很差。即便开着夜灯，有大量的毛绒玩具在旁，夜里他还是会几次三番地跑到父母床上睡。如果夜很深了，妈妈会让他爬上床，爸爸对此则不以为然，但是他们也无法扭转孩子的习惯。马修还有挑食的毛病。妈妈不断给他提供健康、营养丰富的食物，但他总是以不喜欢的理由拒绝食用。马修有幽默、吸引人的一面，但他多数时候都表现得既严肃又古怪。他不喜欢独处。妈妈打电话的时候，他会打断她。他还不允许父母有私底下的交流。

在与马修没有那么剑拔弩张的时候，马修的妈妈又会对他心存愧疚。她知道自己应该更加严厉，但是只要她或者孩子爸爸试着让马修自个儿待在床上，试着让他在桌前坐着好好吃饭，这个 3 岁的小魔童就会大发脾气。他们夫妻为了马修不发脾气什么都愿意做，甚至愿意放弃他们在床上的私人空间。但是对这个家庭来说，这样的重担挑起来太沉重了。父母觉得孩子控制了他们，两个人教育孩子的理念又不一致，因此他们的婚姻变得岌岌可危。马修的哥哥约翰抱怨说，父母从来没有关注过他，弟弟总是对他颐指气使。

棘手孩子
The Difficult Child

"我不敢相信这是我自己的孩子。"布莱恩的妈妈经常这样说。她本人一丝不苟、有条不紊。而她5岁的孩子从学爬时期开始就十分活跃;不管她如何努力,屋里再也没有整洁过。尽管布莱恩能够专注地看电视或玩拼图,但其他时候他却很容易分心。他哭喊起来声音特别大。他很容易"兴奋",特别是在人多的室内或在灯火通明的商店、市场里。在操场的时候,他会兴奋过度,推搡或撞到其他孩子。布莱恩的妈妈对他的这些行为感到异常尴尬,却发现自己很难严厉起来,一来她对自己没有信心,二来布莱恩也不会听她的话。布莱恩需要的睡眠很少,晚上安顿他上床睡觉很是困难,父母因此没有多少单独相处的时间。

幼儿园的老师们觉得布莱恩是个捣蛋鬼。因为他永远都在走动、注意力不集中,老师们还暗示他应该去做"注意力缺陷障碍(ADD)测试"。布莱恩的儿科医生在繁忙拥挤的办公室看了布莱恩后说,布莱恩"患有多动症(ADHD)",无须测试,但是应该服用利他林。

布莱恩的父母,尤其是他的妈妈,对此既困惑又担心。她最近重回工作岗位。她心里想,布莱恩的问题是否与她重新工作有关。每当学校或保姆打来电话,汇报"当天的事故"时,她的心就会揪成一团。布莱恩老说"我是个坏孩子",开朗的性格变得愤怒、暴躁。

伊莎贝尔是个讨人喜欢的4岁孩子,一头金黄色的卷发,一双碧绿的眼睛,加上白里透红的肌肤。她有很多朋友,在校表现优异。她看起来就是个模范儿童,但是如果和她的妈妈交流一下,你能听到一个全然不一样的故事。"我不知道她是怎么回事,"伊莎贝尔的妈妈说,"她非常讨人喜欢,然而当她决定不穿某件衣服、不吃某样食物、不做某件事情的时候,我无法让她改变主意。这种时候她是世界上最固执最任性的孩子,如果我坚持,她会像"破唱片"那样反反复复、喋喋不休。她想要什么时会特别强硬。我们不断地陷入类似的权力斗争。我试图让自己表现得和蔼可亲、明白事理，但是她不尊重我。她直呼我的名字，然后我就失去了理智。"伊莎贝尔会因为什么抓狂呢？"她只穿浅紫色和粉色的衣服，"妈妈叹着气说道，"她不穿高领毛衣、工装裤和袜子。"为什么伊莎贝尔会抵触这些东西呢？她妈妈会告诉你，那是因为她穿着"觉得不舒服"。结果，尽管柜子里的衣服很多，伊莎贝尔只挑选里面的一小部分来穿，她不穿袜子，只穿袜裤、宽大T恤和没有弹性的束腰裤。她想穿的衣服搭配起来很怪异，比如波点的粉色短裤配紫色T恤。而她的妈妈，一个穿着考究的时髦女性，面对花了成百上千美金买来而女儿根本不穿的衣服显得无能为力。

伊莎贝尔的妈妈是个大企业的管理人员，管理着手下五十号人。她问自己，为什么她无法让4岁大的女儿听话呢？伊莎贝尔还拒绝食用许多食物，只吃她喜欢吃的那些。父母无法带她出去用餐，除非去用餐的那家餐厅提供炸鸡、花生酱和果冻。让她穿得更为"正常"去上学、吃营养早餐会导致漫长的协商和辩论，然后发展成激烈的争吵。这些似乎都还不够，伊莎贝尔总跟妈妈埋怨物品的样子、衣服的质感和食物的气味有多糟糕。伊莎贝尔的妈妈因此不得不花费更多的时间帮她找穿的、吃的，以及让她安心玩的东西。通常，为了按时出门送孩子到学校，然后自己也能准时上班，伊莎贝尔的妈妈总是到最后才给她穿衣服。现在孩子拒绝一个人去浴室。妈妈必须伴随左右，帮她擦背。可爱的伊莎贝尔让妈妈抓狂。她对妈妈的态度也越发强硬和固执。

在蕾切尔的家里，蕾切尔的爸爸私底下将他的女儿称为"女王"，因为"她总是随心所欲"。他无法理解孩子的妈妈为何总是对孩子妥协。他深信，"女儿这样做只是为了得到关注。"事实上，蕾切尔是个害羞、有些死板、相当顽固的孩子，并且知道如何发号施令。她会大哭大闹，还会紧紧地抓住妈妈。蕾切尔的爸爸认为孩子妈妈在鼓励孩子这种行为。

他不断强调:"她这样的时候狠狠揍她一顿就好了。"然而蕾切尔的问题并不单指她会哭闹和抓人,她还会时不时地在公共场合大发脾气,她妈妈对此无能为力。蕾切尔成为"全场焦点"的时候,妈妈只能站在一旁,无计可施。只是从一场活动转移到另一场活动也能引起冲突——比如,离开电视机去吃饭,穿上衣服外出,离开操场,这些都会带来问题。晚上的时候,蕾切尔不愿洗澡,但只要进去洗澡了她就不愿意出来。她想得到某样东西的时候会不断地哀求。她无法接受别人对她说不。在与妈妈没有冲突的时候,她显得黏人、胆小。

下午 3 点左右,蕾切尔的妈妈因为跟女儿的冲突变得筋疲力尽。取决于她当时的疲劳程度,她会选择妥协或者惩罚蕾切尔。她感觉自己忽略了这个 1 岁多的小朋友。蕾切尔的妈妈是个有些害羞的人。她知道自己管得太多、没有威信,但她也没有办法。

医生判断蕾切尔正在经历"可怕的两岁"。然而现在她已经 3 岁半了,依旧没有一丝变好的迹象。蕾切尔的爸爸不明白一个 3 岁孩子怎么能惹出那么多的麻烦,并认为错在孩子的妈妈。蕾切尔的妈妈则觉得自己愤怒无能,还很无辜。她心里担心自己会开始讨厌女儿,这个想法让她感到极为愧疚。

◆ ◆ ◆

如果你确认你的孩子符合上述的描述,或者在完成这个问卷后,你因为其他原因怀疑你的孩子确实是"棘手的",那么你需要知道以下基本事实:

◎ **棘手儿童是正常的儿童**。他们并不是心理变态、精神失常或者脑子坏了。好心的亲人或其他父母可能会暗示说"他肯定有什么毛病"。你自己可能对此忧虑万分。所以换个角度来看吧,"棘手"与"异常"大不相同。在当今的环境下,随着越来越多的孩子得

第 1 章　你认识这样的孩子吗？

到"诊断"，二者存在重大区别，家长们应该时刻牢记。

◎ 棘手儿童的表现是因为他们内在的性格。这种性格是与生俱来的气质。他们不是因为家长对他们做了什么他们才变成这样。这不是你的错误。这也不是孩子的错误。他也不是生来就让自己这么棘手。

◎ 棘手儿童难以养育。当然，你已经知道了这一点。然而如果你将这点当作生活的基本事实，你将会应对得更好。你的孩子生来如此，然而通过更多地了解他，了解他的性格，你将能成功地管理他。然后他就会变得好养很多。

◎ 棘手儿童各不相同。起作用的气质不同，所以棘手儿童也各不一样。棘手儿童范围广泛，有大致随和但有某些棘手特征的孩子，也有极度棘手的孩子，甚至还有极难对付型的孩子。

◎ 棘手儿童让他们父母感到愤怒、无能或愧疚。这些父母的情绪会导致和棘手儿童相处的一个最大问题，那就是父母失去权威。父母感觉他们的孩子不再"听"他们说话，孩子才是那个掌控全局的人。紧随其后的是反复无常和过度惩罚。父母为管教孩子做了各种努力，最常见的评论却是"毫无作用"。

◎ 棘手儿童造成婚姻关系紧张、家庭不和、手足矛盾，最终导致他们个人的情绪问题。

◎ 如果在他们还小的时候能够得到很好的管理，棘手儿童可以成为积极、热心，甚至富有创造性的人。教会你如何管理好孩子正是本书的目标。

首要的和基本的问题是你应该了解孩子的气质，以及孩子的个人气质特征如何从孩子很小的时候就开始塑造他的行为。

什么是气质？

孩子的个性发展是本性和教育交互影响的结果。气质指孩子与生俱来的特征；换句话说，"本性"部分就是他的个性，是他天生、自然的行为风格。气质关乎行为是怎样的，而不关乎行为产生的原因。气质不应该与动机混淆在一起。问题不应该是"得不到饼干的时候，为什么他会有那样的行为？"，而是"他得不到饼干的时候，他是如何表现他的不快的？他是噘嘴？还是会哀鸣着抱怨？抑或大声抱怨？"这种行为方式是天生的，而不是环境带来的。环境——以及父母的行为——能够影响孩子气质，气质又反过来影响行为，但并不是气质特征产生的原因。

在具有开创性的纽约纵向研究中，纽约大学的亚历山大·托马斯、斯泰拉·切斯和赫伯特·博奇（Herbert Birth）三位博士首次提出了气质的定义。该研究始于 1956 年，跟踪了 133 人从婴儿期到成人期的行为。该研究的目的是确定每个孩子独特的气质特征，然后在孩子成长及与环境相互影响的过程中重新评估这些气质。你会发现，孩子 18 个月和 3 岁的时候气质非常明显；到童年中期，气质已经形成，趋于稳定。

纽约纵向研究定义了九类气质特征。我修改了其中一些定义并增加了一类，共计十类：

特征	描述
活跃水平	孩子从小时候开始一般有多活跃或不耐烦？
自我控制能力	孩子可以自控吗？他表现得有多冲动？
注意力集中度	孩子有多容易分心？他做事专心吗？
反应强度	孩子高兴或不高兴时的声音有多大？他的个性有多强势？他有多戏剧化？

续表

特征	描述
规律性	孩子的睡觉、饮食和排泄习惯模式是否具有可预见性？
坚持	孩子一旦开始从事某种活动是否能长时间坚持（积极坚持）？孩子想要某样东西时他表现得多坚持或固执？（消极坚持）
反应阈	孩子对于感官刺激的反应是怎样的？感官刺激包括：声音、强光、颜色、气味、疼痛、暖空气、口味和对衣服的手感和观感。他会很容易受到干扰吗？他很容易受到过度刺激吗？
初始反应	孩子对于新事物——新地方、刚认识的人、未吃过的食物和新衣服的初始反应是什么？他会勇往直前还是退缩不前——主动接近还是回避？
适应性	孩子如何处理过渡期和改变？
主导情绪	孩子的基本性情是什么？是更开朗还是更严肃？

现在，大部分儿科医生和教育工作者都很熟悉气质的概念，会在家长用这些术语谈到他们的孩子时给予回应。

气质棘手的儿童

我们发现，气质的每一类别都有其范围。范围内一端的行为会让孩子容易对付——而另一端则极难对付。拿孩子的内在的活跃水平作为例子。通常情况下，孩子越活跃就越难应付，活跃范围的极端就是"过度活跃"。所以理所当然的是，孩子的气质特征落在气质范围的棘手端越多的话，孩子就越难养育。

续表

特征	随和	棘手
活跃水平	低到中度	高、"过度活跃"
自我控制能力	很好、耐心	差、容易冲动
注意力集中度	很好、坚持完成任务	差、容易分心
反应强度	低、温和、有节制	高、声音大、强势
规律性	有规律、可预见	不规律、不稳定
消极坚持	低、容易转移注意力	高、固执、坚持到底
反应阈	高、无所谓	低、身体敏感
初始反应	往前靠近	回避、后退
适应性	很好、灵活性强	差、死板
主导情绪	积极、开朗	消极、严肃、暴躁

根据孩子有多少气质特征落在棘手一端，以及随之而来的行为给家长带来问题的严重程度，任何一个家庭可能都在对付着以下类型的孩子：

◎ **总体随和但某些方面有些棘手型**：家长暂时还能应付这种孩子，但是可能需要学习一些管理技巧和管教原则。

◎ **棘手型**：这种孩子很难养育。孩子的妈妈和整个家庭通常会觉得颇有压力。

◎ **非常棘手型**：孩子及其家庭都觉得身处困境。

◎ **无法对付，"妈妈杀手"型**：这个归类就生动地描绘出了此类孩子的全貌。

那么，你说的"他是正常的孩子"是什么意思呢？

如果你真有个棘手孩子，你可能会疑惑，孩子那样表现的时候还可以算作是"正常"吗？

我不认为达到平均水平才叫正常。所以，棘手儿童就是不正常这种论断同样不成立。提醒一下大家，不同的文化、国家，甚至社区对正常的看法各不相同。我们在谈论成长中的孩子的行为和情绪时，应该警惕给他们贴标签。人各有不同，各种各样的性格和行为也属于正常的范畴之内。

举例来说，三个智力相当、积极主动的8岁孩子坐下来写作业。第一个孩子会有条不紊地做作业，从头到尾没有分心；第二个孩子开始有点难以静下心来，不过一旦开始写作业，他就会坚持到底，别人很难让他停下来；第三个孩子则会毫不犹豫地开始写作业，但是很容易分心，于是写一阵停一阵。三个孩子的行为，没有谁比谁更为"正常"之说，他们只是不一样罢了。家长们明白这一点，就可以给孩子提供正确的帮助。第一个孩子几乎不需要引导；第二个孩子应该得到提前通知，家长应该帮助他从看电视转移到做作业；第三个孩子可以通过良好的眼神交流给出清晰明了的开始指令，并在做作业的过程中有计划地休息一到两次。

棘手儿童的数量比人们想象中的可能还要多。纽约纵向研究发现他们研究的正常儿童中10%具有棘手特征。而且，纽约纵向研究的作者们并未将高活跃水平、冲动、分心、消极坚持和低反应阈列入棘手儿童的概念中。保守估计，加上以上特征，棘手儿童的数量将增长5%。因此，我们可以大概估计到，6岁以下的儿童中，气质棘手并且难以养育的孩子大约占比15%。如果我们将总体随和但有些棘手的孩子也加入进来的话，数量就会更多。

气质的起源是什么?

从根本上来说,气质——人与生俱来的行为特征——肯定与大脑的结构和功能有关。如果两个孩子内在的行为风格不同的话,他们的大脑肯定存在某种程度的差别。

然而,显而易见的是,虽然孩子天生具有"遗传特质",他也会受到周围环境的影响。外部影响不仅立刻影响、开始塑造婴儿的行为和反应,而且也微妙地改变了大脑结构本身。研究表明,以上结论不但适用于婴儿,也适用于孩子和成人。这个激动人心的信息证明了我们知道已久的一个事实:生物学重要,但是不代表命运;本性和教育从一开始就互相影响,共同形成孩子的性格。

事实证明,遗传对孩子气质的构成起了 50% 的作用,其中包括了众多基因的作用。家长常常能看到自己的性格和孩子的某些特征之间的相似之处。有时我会建议家长去问他自己的父母这个问题:"我小时候是怎样一个孩子?"他通常会诧异地听到自己与自己的孩子居然如此相似。对同卵双胞胎,特别是对那些刚出生就被分开的同卵双胞胎的研究,证明了遗传的重要性。

什么是棘手气质?

没有人知道为何有些孩子生来棘手。遗传和产前环境很重要。我们对一些棘手儿童追本溯源,发现他们经历过妊娠并发症和分娩并发症的比例更高。高度活跃、冲动的孩子是男孩的概率更大。其他棘手类型的孩子则男女比例相当。

气质和智力之间没有关系。棘手儿童在智力上可能低,可能平庸,可能高,也可能特别高。气质与出生顺序和社会阶层同样毫无关系。

第 1 章 你认识这样的孩子吗？

尽管还没有确切的研究证明，但可以发现，棘手气质和过敏特别是食物过敏存在着有趣的联系。一些棘手婴儿对牛奶过敏，他们长大之后似乎更容易患上耳炎和咽喉炎。有些家长注意到，极端棘手行为和食用某些食物会偶尔产生联系，特别是那些含有大量的糖和人工添加剂的食物。虽然医疗界普遍认为，那些坚定拥护饮食疗法的人提出的主张过于夸张，许多医生却相信营养和行为之间存在某种关系；当然，没有人会反对让孩子远离化学制品、杀虫剂和其他污染物的侵害，给孩子们提供最有利于他们健康发展的饮食。

不同棘手儿童的成长发育速度不一样。人们总是形容棘手儿童"智力超群但社交能力差"。一个 5 岁大的孩子如果有着 8 岁孩子的词汇量，但却只有 3 岁孩子的自我控制能力，显然会给家长带来问题。孩子的情绪和行为会没有缘由地突然变化。下午她还非常可爱、独立，到夜晚就变得黏人、苛责，需要镇静剂的帮助才能安静下来。另外，孩子的语言能力、运动能力和学习能力的发展，以及膀胱控制能力的习得，可能会推迟或参差不齐。有些棘手儿童甚至从婴儿时期开始，就显得高度紧张、善变、反应过激，就像没被驯服的野马一样；另一些棘手儿童则非常谨慎、胆小，拘谨程度远远超过害羞；还有一些则是"疝痛"婴儿——没有规律，极难安抚——但是他们的疝痛并没有在通常的三四个月消失，随之而来的是孩子棘手气质的出现。

虽然上述诸多特征强调棘手气质具有生物学基础，我依旧强烈建议家长不要过多关注寻找棘手气质的原因。你需要牢记的重点是，没有任何证据表明你养育孩子的方式导致了他的棘手气质，也没有证据表明孩子的脑子有毛病，无论孩子如何棘手。

棘手孩子
The Difficult Child

你的意思是我的孩子并不是故意这样做的吗？

完全正确。你的孩子并不是为了"激怒"你故意"使坏"。不幸的是，特别是在家长们被孩子的行为弄得困惑不解的时候，他们很容易将动机归为孩子们这样做的原因——这种想法颇为普遍。洛伊斯是位年轻的妈妈，每天做晚餐的时候总是觉得异常焦虑，因为她永远不知道她的女儿玛茜是否会吃她做的晚餐。洛伊斯开始相信，她越努力准备玛茜喜欢吃的食物，玛茜就越会故意很快拒绝吃那种食物，因为女儿知道妈妈准备晚餐有多辛苦。然而，洛伊斯没有注意到的是，每一天晚上玛茜感觉饥饿的时间是不一样的——第一天是晚上 7 点，第二天是晚上 9 点，第三天是下午 4 点 30 分。玛茜不规律的食欲让她无法在每晚同一时间觉得饥饿，然后坐下来吃饭。她并不是希望妈妈觉得挫败；她只是不想每天晚上 6 点钟吃晚餐。当然，如果洛伊斯对玛茜是否在饭点坐下吃饭大动干戈，结果是贿赂女儿或两人大吵一架，玛茜会渐渐意识到不吃饭可以成为她为所欲为的工具，这时动机将会开始作祟。

另一个是埃文的例子，埃文表示想要有一双溜冰鞋学溜冰。因为埃文很少表现出对什么东西感兴趣，埃文的爸爸迫切地想取悦他，于是他特意去了多家商店，买了最贵最炫的那双溜冰鞋。他把这双鞋带回家，当作礼物送给埃文的时候，儿子却批评鞋带的颜色不好看，说自己想要重买一双；不仅如此，在埃文眼中，这双溜冰鞋只是"还可以"。埃文爸爸抓狂了。"你怎么可以这么对我！我去了四家商店，我给你买了城里最好的溜冰鞋。"面对爸爸的怒火，埃文的反应是一把将溜冰鞋扔在地上，开始大哭大闹。埃文爸爸没有意识到埃文的性格是因为他的消极情绪和初始趋避性，对于任何新事物，他的第一反应通常都是找茬。这个孩子有些开心的表现等同于另一个孩子非常开心时的欢呼。埃文不是故意这样做的，这就是他。但是如果他爸爸继续生气的话，埃文"永不满意"的立场最终将因爸爸的反应而得到夸大。

恶性循环

棘手儿童容易陷入特定的行为模式，但是家长对这些行为的反应同样如此。这种重复的消极互动导致孩子的棘手行为变得更为糟糕。这里蕴含着一条简单但特别重要的法则：**负面关注强化了负面行为——负面行为反过来又进一步增加了负面关注**。因此，如果你会对自己说："我总在惩罚孩子，而她的行为变得越发糟糕"，那么你肯定陷入了恶性循环。

最终，这种互动形成"习惯"，家长和孩子会习惯性地投入自己的角色。那些因为消极坚持显得苛刻、固执的孩子，以及那些父母喜欢说理、过多解释的孩子中，这种情况最为普遍。（如果你的孩子善于谈判，你又是个律师，那你就得特别注意了！）

棘手儿童还能通过他们的行为在环境中创造出"涟漪效应"。如同一块石头被扔入池中，孩子的行为影响会渐渐扩大，首先影响妈妈，然后是整个家庭，然后是他所处的环境，比如整个家族、邻居、小伙伴和学校，虽然这些影响随着范围的扩大程度将逐渐变小。

不管怎样，棘手儿童不仅影响他们周围的环境，他们身边重要人物对他们的反应反过来同样也影响着他们。家长如果不了解棘手儿童的行为，将无法求助于那些著名的养儿育女的方法。妈妈们会变得愤怒愧疚。家长会失去权威。无效管教甚至会进一步加剧孩子的棘手行为，然后进一步增强双方的权力斗争。最终整个家庭都陷入恶性循环，与这个家庭棘手儿童有来往的其他人也在一定程度上参与其中。

损　耗

　　棘手气质是如何影响孩子的呢？这时"损耗"的概念就派上了用场。因为遭遇的摩擦不断，棘手儿童可能会进一步发展出问题。棘手儿童可能会变得黏人、胆怯，可能会经常做噩梦，或者总表现得情感很容易受到伤害的样子，多数时候还会表现出愤怒或者被宠坏的模样。

　　我最担心的是有些棘手儿童自我形象的发展问题。他们表现得好像不喜欢自己；他们会说"我是个坏孩子"。低自尊还可能通过其他方式显现出来。有的孩子过于关注输赢或"出类拔萃"，所以他们经常在比赛中作弊。他们会为犯了些小错误极度不安，或者为一点点退步就大失所望。矛盾的是，被宠坏的孩子尽管在家里表现得像个小霸王，却往往拥有较低的自尊心。

　　这种行为不是由气质决定的，不过常见于没有管理好的棘手儿童的身上。只要家长转变他们的管理方法，缓解家庭气氛，就能改善这种损耗行为。换句话说，该行为是对恶性循环的反应，并不代表更深层次的情绪问题。

　　然而，如果恶性循环长时间持续，孩子最终会受到进一步影响。棘手气质是导致孩子未来问题的一个风险因素，后续的那些情绪和行为问题恰恰是人们想要极力避免的。**给孩子和其他家庭成员提供对未来问题的这种初级预防可能正是本书的基本目标。**

不同年龄的棘手儿童有何不同表现？

　　棘手儿童的气质表现随着年龄变化有所不同。有些棘手特征不适合婴儿期。有些特征随着孩子年龄增长而强化。随着棘手儿童的年龄增大，恶性循环以及对孩子和家庭的损耗影响也随之增加。

以下是不同的棘手特征在不同年龄阶段的一些例子。记住，你的孩子不一定有全部特征，不同情境下凸显的特征也不一样。

婴儿期（12个月之前）

在这段时期，妈妈和孩子之间还没有开始争夺权力，但是这段时期充斥着疲惫、婚姻关系紧张和一些家庭矛盾。大部分非常棘手婴儿的家长都会觉得孩子有点什么毛病，尤其是在到了4个月所谓"疝痛"并未有任何好转迹象的时候。一些家长会转而求助儿科医生寻找答案。

- **高活跃水平**。是一个极度焦躁、爱动、精力充沛的婴儿。（可能出生前在子宫里就是这样）
- **适应性差**。对日常生活中的变化反应剧烈。
- **初始趋避性**。第一次接触新食物、新地方或者认识新朋友的时候很是抗拒。
- **高反应强度**。在悲伤或开心的时候高声尖叫。是一个"吵闹的婴儿"。
- **不规律**。很难在规定时间内吃饭和上床睡觉。是一个"无法预知习惯的婴儿"。
- **低反应阈**。容易受到声音、光线和衣服质地的影响。是一个敏感、"神经质的婴儿"。
- **负面情绪**。喜欢大惊小怪、抽泣或大哭。是一个"不开心的婴儿"。

一般而言，父母最难以忘怀的是孩子持续的大声哭闹和一个个不眠之夜。妈妈们经常说她们的孩子根本无法安静下来。

关于棘手婴儿更详尽的描述请查阅第10章。

学步儿童期（12个月至30个月）

这一时期的孩子变得更难管理。这是来势汹汹的"可怕的两岁"。所有孩子们都要度过这个负面期，在这一时期都难以对付。这主要与孩子正在形成自我意识有关，他们开始将自己与妈妈分开看待。几乎所有孩子都要经过这个阶段；但对棘手儿童来说，这不"仅仅是个阶段"，更多的是气质的持续体现。

儿童期（30个月到4岁）

在这段时期，孩子的棘手特征完全显现出来。父母的消极回应，婚姻关系紧张，家庭氛围的紧张都会越演越烈。3岁半的棘手儿童特征如下：

◎ **高活跃水平和冲动性**。随着孩子可以走动，这种特征变得更加明显。极端活跃的孩子永远都在走动；家里必须绝对安全，因为孩子随时可能会磕磕碰碰。开车出行会成为家长的噩梦。孩子会变得过于兴奋，变得野蛮失控，所以又推又打又咬。他很冲动，还讨厌被人约束。和小伙伴们在日托中心或托儿所，或在公共场合，他的行为都很引人注目。偶尔会有这种孩子被托儿所"退学"，于家长而言这是个让人蒙羞的经历。

◎ **分心**。孩子无法专注，似乎不会"听讲"。这种情况在小孩子中普遍存在，只是这里说的是程度问题。棘手儿童可能连专注一小会儿都做不到。他忘性大，组织纪律性差。

◎ **消极坚持和适应力差**。这种孩子固执、坚持己见，有非常明确的偏好。他一旦适应就不会轻易改变。他看起来死板，"故步自封"；他还对活动变化无法适应（比如，他不愿意离开家去运动场活动，去了运动场之后不大闹一场就不回家）；当他想要某样东西的时候，他会不断地纠缠、嘀咕，直到他如愿以偿。如果他觉得事情不大对劲的话会变得特别挑剔，他对食物和衣服也很吹毛求疵。

这种拒绝放弃、无法罢手去做别的事情有积极的一面。高度坚持的孩子可以长时间地做他喜欢的活动，比如玩乐高、玩拼图，或者看喜欢的电视节目（这个电视节目孩子会希望重复看上好几周）。这对家长来说是真正的福分。这种特征同样解释了许多家长经常困惑的事情：容易分心（当他对手头的活动没有兴趣的时候）与坚持（当他确实喜欢或想要某种东西的时候）并存，无论这种坚持是积极坚持还是消极坚持。

◎ **初始趋避性**。孩子对陌生人、陌生地方、新来的保姆的第一反应就是回避；表现出来的特有行为是黏人，拒绝说话。他可能会不安，甚至发脾气。有时他会拒绝新买的衣服、没有吃过的食物或新体验。

◎ **高反应强度**。在哭声、喊声的音量和兴奋过度上尤为明显。家里没有安静的时刻。这是个戏剧化、势不可挡的孩子。

◎ **不规律**。婴儿时期开始的饮食和睡眠问题继续存在，不过现在的较量主要在睡眠时间上；因为孩子每次感到疲惫的时间不一致，所以他无法在特定的时间睡觉（包括在托儿所或日托中心的午休时间）；孩子半夜可能会醒，而且经常睡在父母的床上。不规律的食欲更像是任性为之。因为不规律的如厕习惯，如厕训练也很难进行。

◎ **低反应阈**。衣服"穿着不舒服"，鞋带总掉，衣服的标签没有去除，都会引发权力斗争或者孩子发脾气；对声音、光线或气味过于敏感；孩子会关注到食物味道或表面的细微变化。他会拒绝在隆冬穿大衣，抱怨说自己觉得很热；他会在家只穿内衣裤。他还是个非常敏锐的孩子，创意十足，有着不同寻常和有趣的偏好。

◎ **负面情绪**。孩子的情绪基调阴郁暴躁；他不喜欢公开表达自己的快乐；他看起来"怏怏不乐"。

一般来说，2到3岁的棘手儿童的妈妈会用固执和叛逆形容她们的孩子。权力斗争普遍存在，大发脾气经常发生。家长经常因孩子在公共场合的行为觉得羞愧难当。

儿童期（4到6岁）

家长希望孩子到4岁的时候会变得好带一些。但是随着年龄增长，棘手儿童越来越不好管理。恶性循环可能会全然显现在家里，孩子饱受损耗的煎熬。孩子可能会变得爱发牢骚、黏人、胆小，要求得到更多的关注。自我形象问题开始出现。

对于某些类型的棘手儿童的家长来说，孩子进入托儿所或幼儿园增加了他们的不安。高度活跃、冲动、易分心的孩子很难坐着不动，集中注意力或排队等候。孩子的桀骜不驯和弱控制力给家长和其他孩子带来了越来越多的问题。适应力差的孩子不会分享，习惯不了活动的变化，而有初始趋避性的孩子会站在人群外围，不参与活动。坚持己见的儿童希望"做自己想做的事情"，并不愿意遵守课堂纪律。低反应阈的孩子可能会日复一日地穿同样的衣服，或者穿"滑稽"、不合时宜的衣服，让他成为"另类的"风景线。然而，对于有些棘手儿童来说，如果上学是段积极体验的话，他们的棘手情况在上学后会得到改善；他们会明显比在家的时候更好管教。（这是因为在老师和同学间没有形成恶性循环，所以有了全新的开始，孩子积极的品质开始出现。）

棘手特征是如何相互作用的？

棘手儿童的行为是多种棘手特征相互作用的结果。现在我们来看一个例子，三种气质特征在应对一件新衣服的反应时是如何相互影响的：

孩子的妈妈非常兴奋；因为她刚刚找到一条女儿最喜欢的颜色——

淡紫色的牛仔裤。她把这个礼物买了下来带回家,给了女儿,心想这个礼物起码将会取悦她那个对穿着异常挑剔的孩子。小女孩的第一反应是"我不喜欢这裤子!"(初始趋避性)。孩子妈妈又惊讶又伤心,但是还是决定不强迫女儿接受这个礼物,所以她把裤子留在女儿房间,然后去了厨房。大概过了一个小时,孩子从她房间里出来跟妈妈说新裤子非常好,只是她不想脱掉现在穿着的裤子去试穿。"妈咪,我真的非常喜欢这条新裤子。"孩子妈妈建议道:"那你为什么不试试呢?""因为我更喜欢自己现在的裤子。我还不习惯穿新的裤子。"孩子回答(适应力差)。当天晚上,小女孩终于决定要脱掉自己穿的裤子试穿新裤子。孩子妈妈非常兴奋,孩子喜欢她的礼物。孩子妈妈帮女儿穿上新裤子,拉上拉链。孩子马上变脸说:"这裤子穿着不舒服。我讨厌这裤子,太硬了。我想脱掉。"(低反应阈)

这个例子中的小女孩回避新环境,适应能力差,反应阈低,因此她对衣服的质感非常敏感。牛仔裤是新的,这是第一个问题。女孩适应了这条裤子之后,她无法快速适应换裤子的想法;当她终于决定换裤子了,比起她自己舒服柔软的旧裤子,新裤子显得太硬了。如果你给孩子提供她没有吃过的食物或者带她去一个新地方,这种孩子也会有类似的反应。在更极端的例子中,气质特征的相互作用会导致更紧张的局面,孩子越发不安,家长因为屡屡碰壁觉得愤怒和力不从心。这种相互作用通常可以帮助家长了解到这些行为是有因可循的。

在本书的后面部分,你将会学习在面对棘手行为时寻找潜在的气质原因。记住,行为通常与某种棘手特征或者不同棘手特征的相互作用相关。一旦建立了这种连接,你就会茅塞顿开,更能掌控这种行为。下面我们来探讨另一种行为——发脾气,看看造成这种行为的根本原因。

在一个大热天,孩子妈妈给孩子买了一根冰淇淋蛋卷。冰淇淋蛋卷买的是孩子最喜欢的味道,薄荷巧克力味。妈妈付完钱,带着孩子拿着冰淇淋来到商店门前的长椅上坐下来。孩子开始急切地舔吃冰淇淋，然后注意到冰淇淋快速融化，沿着蛋卷流下来，滴到自己的手上。孩子尖叫了一声，将冰淇淋蛋卷扔到地上，开始大喊大叫，大发脾气。

另一个孩子割伤了手指，手指开始流血，虽然流的血只有一点点。她的第一反应是歇斯底里地哭泣，后来手指虽然不流血了，她还是继续哭，继续发脾气，整个过程持续了一个小时。

还有个孩子希望得到一辆特别的玩具车模型作为生日礼物，那辆车的门和后备厢是打开的。他父母送给他的礼物是辆更贵的车，但是只有门是打开的，后备厢是关着的。孩子试着撬开后备厢但是失败了，于是他大发脾气。

这三个例子中，三个孩子都很容易烦躁和敏感（消极情绪和低反应阈起了作用），然而与发脾气相关的还有一个不那么明显的特征，那就是较差的适应力。这些孩子无法处理预料之外的情况。融化的冰淇淋，割伤的手指，可替代的汽车模型，打破了他们自身的平衡。他们会长时间发脾气，原因正如他们会全身心投入让自己愉悦的活动一样，他们的消极坚持让他们困于不愉悦的反应。结果是什么呢？发起脾气来没完没了。

我的孩子真的是棘手儿童吗？

判断你的孩子是否是棘手气质的根本途径是询问自己孩子的行为是否从很小就开始存在。正如你所见，气质是孩子的一部分，从早期就开始显现，而不是孩子对外界事物的反应。因此，如果你的孩子有以下特征，那么他并不是气质棘手：

◎ 棘手行为与可预见的短期成长阶段有关，比如说"可怕的两岁"。

◎ 孩子的行为问题作为某些事件的反映近期才出现，这些事件包括父母分居或离婚，有了新弟弟或妹妹，搬家到另一个镇或州，开始得病，以及学校或同学问题。

◎ 孩子的行为是明显且严重的残疾导致的结果。残疾情况包括自闭症，患自闭症的孩子无法与其他人建立关系，在语言发展上也严重滞后；先天或者后天生病或创伤导致的大脑损伤；或者其他身体紊乱或心理失常，这些身体或心理问题不仅对多数家长来说很明显，还应该在早期就由儿科医生诊断出来。

迟钝儿童特指：智力测试结果在某种水平之下的儿童。然而，即便孩子智力迟缓，他依旧是个个体，有着他独一无二的气质。这也同样适用于其他类型的残疾。他们确实需要额外的帮助。不管怎么说，本书提到的管理和管教原则都可以大大帮助这类孩子的家长和老师。

注意力缺陷障碍（ADD）和多动症（ADHD）

有些家长会被告知孩子患有"注意力缺陷障碍"或建议你带孩子去做"多动症测试"。第 4 章将围绕如何应对这些症状以及其他相关问题展开，但我在这里先指出一些事实。

20 世纪 80 年代，注意力缺陷障碍这个术语改为多动症。实际上这两个术语是可以交换使用的。从随和到棘手的这个行为范畴内，多动症指的是那些异常活跃、冲动或容易分心的孩子。因为不存在可靠客观的注意力缺陷障碍测试，孩子被"诊断"为在范畴中的哪个位置通常都颇为主观，而糖尿病、肺炎或者癫痫症就有客观的检测。多动症只是用调查问卷和评价量表来简单诊断出的行为组，这些问卷和量表是由观察儿童的成人填写的。"正常"儿童和被诊断为"患有"多动症儿童的区别，通常并不明显，也帮助不了你的孩子。此外，大部分这些儿童表现出棘手特征，比如消极坚持、高反应强度和适应力差。然而他们也有积极的特征，比如友善、性格阳光、想象力丰富、能以独一无二的方式看待事物。

有些孩子会有语言、学习和运动技能方面的问题，需要人们的特殊帮助。但是，了解和管理这些孩子行为的原则和对待其他棘手儿童是一样的。永远记住：即便你的孩子"被诊断"，你也永远不要认为或者说"她是多动症患者"。疾病不等于她的身份。问题不在于多动症这个标签，问题在于可以做什么来帮助孩子。

棘手儿童的家长

有些儿童拥有少量棘手特征，他们的家长总觉得有些不知所措，尽管他们通常可以解决问题，他们并不觉得自己做得有多好。棘手特征多一些的儿童的家长，则会更加不知所措，还会觉得愧疚、生气、无能。而非常棘手，也就是那种难以对付的"妈妈杀手"型孩子的家长，除了以上特征外还会觉得疲惫、沮丧，四面楚歌，婚姻也会出现问题。

因为这个孩子的存在，你的生活是如何发生了天翻地覆的变化？你的感觉如何？孩子的棘手程度越深，你越容易陷入恶性循环和涟漪效应，孩子的行为会影响你从家里到家外生活的方方面面。你作为一个父亲或母亲觉得愧疚或无能的频率有多高？你为孩子觉得羞愧的频率有多高？如果你真的有个非常棘手的孩子，你觉得孤独的频率有多高？

记住，你并不孤独。整个美国，成千上万的孩子都是棘手儿童。他们的父母与你感同身受。他们也需要知道他们能为自己的孩子和自己做些什么。这本书将会帮助你，还有他们，管理你的棘手孩子，让你的家庭生活好起来，确保你的孩子不会产生情绪问题，捍卫你的婚姻和整个家庭。通过学习如何了解你的孩子，改变你对待孩子的方式，你将达到以上目标。

第1章 你认识这样的孩子吗？

正如你所见，我对孩子个性的信仰是贯穿本书的主题。家长应该尊重棘手儿童的本性。同时，家庭的价值观和标准取决于你——家长。我希望我能够帮助你从二者中找到平衡。

再强调一次，孩子的气质不是你的问题；有了对气质的认识和了解之后，你会成为你的孩子和孩子行为方面的专业人士；有了这个专长之后，你就能重获自己领导者和家长的角色。这将会帮助你的孩子认识到他的潜能。你将会惊奇地发现，原来有那么多有趣、讨人喜欢、富有创造力的大孩子、青少年都曾经有过"棘手"的气质。

第 2 章

▼

陷入困境的妈妈

　　真正的棘手儿童的妈妈给人的最深刻印象就是她们应付不了孩子。这些妈妈每天奋战在第一线，也因此最为痛苦。她们觉得自己掌控不了孩子，而且也掌控不了自己的生活。你如果看见过这种妈妈在某个"艰难的"时候应付孩子的样子，你会感觉自己是在观看两个孩子在进行权力争夺。

　　孩子妈妈会说："我无法让他听讲。""我不知道怎样应对她。""他太强势了。""我们实在是没有办法了。""我再也忍受不了他了。""我永远都在发脾气。""她让我快疯了。"

　　在一个极端的案例里，一个寡母在签订将孩子的监护权转交给孩子爷爷奶奶的文件的前夕，跑来向我咨询。她觉得她再也无法带着那种压力过活了，压力毁掉了她的生活，也毁掉了她和另一个孩子的关系。她的痛苦几乎难以想象，由于无法有效管教孩子而反复发生的权力斗争，即使对于孩子没有那么棘手的妈妈也会带来负面影响。想要学习如何打破这些模式，你必须明白这些模式产生的原因。

拟合度的概念

儿童心理专家在讨论父母与孩子的关系时通常会用到"拟合优度"（goodness of fit）这个术语。这个概念最早是由切斯和托马斯博士提出来的，指的是孩子和其身处环境的契合度，特别是孩子与家庭，最重要的是指孩子和主要的看管者——通常指妈妈的和谐度。我们不应该孤立地看待棘手气质。问题通常是："这个孩子对他的妈妈和家庭表现得有多棘手呢？"大体正常的家庭有个相对随和的孩子，拟合优度会自然而然地出现，然后以积极的方式强有力地影响孩子的成长。

拟合分两种：情感拟合和行为拟合。情感拟合优度指妈妈喜欢孩子，与孩子相处很愉悦。情感拟合优度的案例可常见于性格不张扬但有一个很容易兴奋的孩子的妈妈的情况，前提是妈妈喜欢孩子的性格。还有这样一个案例，情感拟合优度同样也适用，这个女孩是一个棘手孩子，虽然妈妈经常因孩子难以忍受的行为生气，但是她喜欢孩子搞笑和戏剧化的一面，她还发现她可以分享女儿对衣着和时尚的浓厚兴趣。

通过观察喜欢孩子和爱孩子的差别可以了解情感拟合。几乎所有的家长都爱他们的孩子，但是却不一定喜欢他们。一个棘手儿童如果讨人喜欢，将会与妈妈有好的情感拟合度。如果你不喜欢你的棘手孩子，你作为家长的角色会更加难办。消极情绪和适应力差特别容易让人不喜欢。如果孩子本性外向、积极，那么他即便做出最令人不快的行为，也更容易让人接受。

然后就是行为拟合了：家长对孩子的行为可以接受几分呢？家长对那个特殊孩子在家、在学校的期待和要求，是否大致切合实际呢？一个过度活跃的孩子，肯定更适合一个不羁的家庭，而不是一个充满条条框框的家庭。如果家长坚持要摆出珍贵的收藏品和小饰品，还希望他们活跃的孩子学会不去触碰那些玩意，则势必会引发大量的冲突，而如果家长意识到现实情况，把收藏品收起来，好的家具挡起来，冲突就完全可以避免。害羞、谨慎且笨拙的男孩子，与相信友谊、声望，坚信身强力壮对生活的成功必不可少的爸爸，可能会有拟合差度。因此，如果家长对孩子的期望大致符合他的能力，你们就会有拟合优度，这对未来是个非常好的讯号。通常，孩子的气质越棘手，孩子更容易发展出情感和/或行为拟合差度。

我们还需要询问孩子的家长属于哪一种类型的人，因为这一点也会影响拟合度。一个相对沉着冷静、不容易亢奋的妈妈，即便在面对真正棘手的孩子时，处理起孩子的行为问题也可能会更为客观，甚至那种最冷静的妈妈可以把耐心发挥到极致。

改进家长与孩子的拟合度可能是我为棘手家庭工作要达到的最重要的目标。最终，孩子会自我接纳，打从内心接受自己是独立的个体，然后反过来建立积极的自我形象。

"足够好的"育儿方式

心理健康专业人士也提及"足够好的"家长。在大多数案例里，这个概念起到了抚慰人心的作用。实际上，这个概念意味着你并不需要成为超级家长，也可以给孩子提供良好的成长环境。足够好的育儿方式由父母与孩子的关系自然发展而来，在这段关系里，你和孩子都能够促进彼此的成长。每个孩子教会妈妈如何通过经验养育孩子。日常互动也是双方的学习过程。随着学习的深入，你逐渐成为更自信更合格的家长；孩子帮助你成为足够好的家长。

每一位家长都有期待。家长的背景、其他家长的经历、电影电视、广告、指导新手父母的书，共同塑造了那些期待。没有人去猜想现实和自己的期待有时会截然不同。当你自己开始真正做父母时，很快就会发现困难重重。随着时间推移，你会觉得自信心降低，能力不足，并且觉得事情会朝着坏的方向发展。另外，面对棘手儿童，足够好的育儿方式可能变得不够好了；你还需要成为一个比足够好还要好些的家长。这并不意味着你需要变得更有爱心、更体贴，而是需要更理解和明白孩子的独特需求。因为孩子的行为经常会让人觉得丧气，更深入的了解会帮助你更好地应付孩子。我再重申一次，我的意思并不是让你更爱你的孩子；实际上，为了让"孩子开心"给棘手儿童提供大量的礼物是家长普遍存在的一种错误。额外的爱并不够，尤其是这种爱还会宠坏小孩。你需要的是专业知识！

家长权威的瓦解

棘手儿童的行为造成了亲子互动的消极循环，程度取决于孩子的棘手程度和拟合度水平。气质的棘手给孩子带来了问题行为。家长企图用传统办法解决这些问题，但是徒劳无功。管教越来越没有效果。家长和孩子之间不断地为权力斗争，在此过程中，家长的身份降到孩子的水平线，他们在孩子尖叫的时候也尖叫，还会像孩子那样大发雷霆。孩子不再将父母视为权威，而是更加抵触父母的命令，更加坚守自己的棘手行为。这时家长越管越宽，但又茫然不知所措，因而愤怒、愧疚和不安开始占据亲子关系的一大部分。

至此，孩子会变得更为黏人和胆小。他可能会做噩梦，可能表现得过于敏感，容易哭闹，甚至开始说"我是个坏孩子"之类的话。孩子的妈妈因此变得更加不安、愧疚，过多地干预孩子的行为。随着她变得越发生气和沮丧，孩子表现得更差，自我认知问题更严重。如果这种情况持续多年，孩子可能会患上精神障碍，家长以及他们的婚姻会出现难以言喻的紧张、痛苦以及麻烦。

棘手孩子
The Difficult Child

家长的不确定性很早就开始显现。在孩子的婴儿时期，孩子的主要气质问题是不规律。妈妈无法接收孩子的"信号"，也就是说孩子不能对他想要的发出可以预见的指示。他发出的那些"信号"难以捉摸，无法被妈妈接收。这种情况发生的原因不是因为妈妈不是个称职的妈妈，而是根本没有人能懂得这些"信号"。孩子在换衣服的时候会哭，因为不满父母给自己擦干身子，抹爽身粉。孩子还会在打盹后、休息时、父母喂食时、吃得太饱时哭闹。孩子是怎么了？你无法区别他是饿了还是饱着；你无法确立任何习惯模式。

这种孩子总是哭闹，无法睡整觉。妈妈试图抚慰孩子，却徒劳无功。儿科医生说这是因为婴儿的疝痛，但是几个月过去了，疝痛并未消失。孩子的棘手行为继续存在，妈妈变得更为疲倦，更加愤怒。而孩子的爸爸，如果和妈妈一起照顾孩子的话，同样也觉得有压力，而且愤怒和疲惫会催生出自责。

随着时间推移，一般来说家长特别是妈妈们，会问为什么？为什么？为什么？我们是如何造成这种结果的？我们的责任在哪里呢？孩子的医生说孩子没有任何错，也就是暗示错在你那边。妈妈发现自己希望孩子在医生的办公室大发雷霆，这样医生就可以了解他们谈论的问题了。如果你跟其他家长讨论，没人会明白你说的问题，因为其他人会试图解释这些行为。孩子哭闹？那他一定是因为身体湿了、肚子饿了、困了或者生病了。但是这种孩子让人难以理解。他们的反应只是进一步证实了肯定是你哪里做得不对。毕竟是你让正常的孩子变成了这样，其他家长都可以养育他们的正常孩子长大成人，而你却做不到。所以，问题肯定在于你。

对付棘手儿童，比起对付普通儿童，要困难多了。

他为什么要那样对我呢？

随着孩子长大，家长开始将孩子行为的原因归于动机。我经常听到家长说，"他是故意这样做的。"言下之意就是，"孩子是故意来气我的。"小男孩在爸爸给自己买礼物的时候表现得并不开心，小女孩面对疲惫的妈妈给自己特制的最爱晚餐并不觉得饿，孩子被第一次带去马戏团玩时又哭又闹——这些孩子会表现出这些行为可能是他们的气质使然。但是愤怒、失望、疲于取悦孩子的家长并没有这样看待问题。他们认为，孩子在故意挫败他们。孩子给出的信息很随意；孩子的行为貌似毫无缘由。家长为了了解事情的真相去寻找孩子行为的动机。这种寻找经常导致家长下降到孩子的水平，认为自己是受害者，筋疲力尽且无能为力。很显然，如果你觉得孩子是敌人的话，你和孩子之间是不可能出现拟合优度的。有经验的父母更不愿意责难孩子，因为他们可能有成功对付棘手孩子的经验，他们也不会感到愧疚。

"我无法让孩子听话"

将孩子的行为归咎于动机会导致家长因为孩子是谁——即孩子的本性——惩罚他，而不是因为孩子的行为。举例来说，具有不规律节奏的孩子没有在饭点觉得肚子饿，因此受到惩罚，这并不公平。她实际上可能就是在吃饭时间觉得不饿。但是孩子妈妈将这种情况当作打脸——"因为她看到我在厨房辛辛苦苦忙活了两个小时，所以她故意这么做来打击我"——进而愤怒地把孩子送回房间。

极度活跃孩子的妈妈可能会因孩子的任何动作焦躁不安；实际上，孩子在屋里乱碰乱撞的时候，很可能会损害物品。但是通过让孩子在角落坐着的方式惩罚孩子一点也不公平。他是个非常活跃的小人儿，他的行为应该早点得到制止，而不是在为时已晚的时候惩罚他。第 8 章将会教你如何处理这种情况。

问题在于棘手儿童激发了无效管教。父母对他们的行为手足无措，因此对孩子的反应越发犹豫不决，伴随而来的是前后矛盾、协商、贿赂和反应过度。

这与良好管教需要的要素背道而驰，良好的管教包括前后一致性，了解当下情境和自己的行为，借由权威感冷静实施的清晰明了的反应。

恶性循环："我们永远都在斗争"

无效管教给家长和孩子均带来损耗影响，从长远来看，这种影响具有毁灭性。极端棘手的孩子，加上处境艰难、疲惫不堪的妈妈，日常生活的方方面面开始组成一系列持续不断的权力斗争。最终，从早到晚充斥着关于孩子任何行为的争论，包括从衣着、食物，到学校的课间休息时间的所有事情。事情看起来不会再变得简单了。

当然，棘手程度取决于妈妈的反应；孩子的棘手程度越高，妈妈受到的影响越大。家长的经验很重要，那些经验没有那么丰富的家长确实遇到的困难越多。家长的个性和气质开始起作用，家庭生活方面的问题，比如工作稳定性、健康、婚姻是否幸福和财务安全，也开始起作用。这些因素均影响孩子影响父母的程度。

层出不穷的斗争很大部分来自于孩子和妈妈之间确立的习惯模式——我将这种模式叫作恶性循环。不只孩子在重复不良行为；很重要的是，妈妈同样需要意识到她对孩子的无效反应也是习惯性行为，实际上进一步强化了孩子的棘手行为。家长希望孩子听话，但是孩子不愿意；或者孩子行为不当，家长想要惩罚他。孩子不听讲；家长因此怒不可遏："你不尊重我。""你想激怒我。""你知道我有多讨厌你不搭理我。"妈妈越是这样

第2章　陷入困境的妈妈

歇斯底里，孩子越会变得肆无忌惮。家长和孩子深陷恶性循环，矛盾激化，斗争升级。

这种让人痛苦的模式每天都在不同的地方重复上演。当你浏览以下案例时，留意孩子和家长是如何一起陷入痛苦的"习惯"的。

6岁的小男孩直呼妈妈的名字。他会说，"你是个笨蛋。""你是个傻瓜。"这惹怒了他的妈妈，妈妈一听到这种话就要抓狂。妈妈对着孩子怒喊："你怎么敢这样跟我说话！"然后将孩子送回房间，重重地关上房门。孩子每次直呼她的名字，她都会有同样的反应。而每次妈妈这样反应的时候，孩子会再次叫妈妈的名字。妈妈和孩子都受困于这种模式。

3岁孩子的妈妈很害怕带女儿去商店。一天，她必须去面包店拿丈夫当晚生日派对的蛋糕。女儿跟着妈妈一进到店里，就变得古怪烦躁。她们等着拿蛋糕的时候，孩子变得越加烦躁。妈妈开口："你可以选块甜饼干。你选吧。"孩子指了指一个泰迪熊形状的大饼干。妈妈让店员从柜台下挑出孩子选中的那块饼干。然后孩子指向另一块火车形状的大饼干，说"这个也要"。妈妈说不可以，她只可以选一块。但是孩子纠结于想要两块饼干的想法，她高声喊道："火车，火车，火车！"妈妈大声回答："不可以！"于是孩子哭了起来。妈妈继续喊："选，快选，选一块。"最终，还没来得及买到她特意跑过来买的生日蛋糕，她就不得不把孩子从蛋糕店拽出来。她问自己："为什么我每次带她去商店都会发生这种事情呢？"这又是恶性循环的一个例子。

在一个家庭里，棘手儿童的睡觉时间通常都是个麻烦。到孩子三四岁的时候，日常睡觉时间的斗争会在家里频频发生。如果在规定时间孩子还不困，他会拒绝上床睡觉。他会出现在门口，要果汁，要听故事，要妈妈，或者要个喜欢的玩具。这种情况发生的频率会越来越高，父母试图强迫孩子闭眼睡觉的话，孩子会开始变得焦虑，害怕上床，因为他知道争端会开始出现，他因此会更加抵抗睡觉。最终，每个晚上结束于孩子的泪水和家长的愧疚。家长觉得完全徒劳无功，开始觉得生气，同时又觉得抱歉和愧疚，而有些孩子学会了利用家长的这种怜悯。

棘手儿童带来的问题很多，从食物到睡眠、玩具、学校的课间休息时间，但是将这些问题通过持续的斗争联系起来的时候，它们对家长的影响是一样的。拟合差度，无效的家长权威和管教，动机赋予论，失控，以及日复一日的权力斗争共同形成了恶性循环，并且让家长觉得一直身处困境之中。

妈妈怎么了？

照顾孩子的人通常都是妈妈，她们应对这种艰难处境有各式各样的反应。这些反应不一定出现在每个妈妈身上。我在故意呈现一幅黯淡无光的图景。其实缓和这种处境的因素有许多，包括孩子，他可能是个有趣甚至可以与之愉快相处的人。但是一般来说，妈妈的常见反应包括：

◎ **不知所措**：不知所措的妈妈会说："我不知道他打从哪儿来。"她只是不明白自己的孩子在做什么，对孩子的反应也无法始终如一。孩子的行为决定她的反应变化。比如，孩子期待参加生日派对。有人举办了派对，孩子参加完高高兴兴地回家了。一周后，同样的情形下，又有人举办了派对，但是这回孩子却发起了脾气。妈妈不知道原因，这让她心烦意乱。家长的不知所措很大程度上取决于他们对孩子的期待。追逐时尚的妈妈很难去理解自己的孩子为何希望日复一日穿同样的衣服。安静、害羞的家长受到极端吵闹、高反应强度的孩子的影响会更深。

◎ **疲倦**：有些棘手儿童需要家长一直管着，因此父母养育他们确实是件难事。首先，在孩子的婴儿期，孩子的喂食和睡眠问题严重减少了你的睡眠时间，你开始变得更加疲倦。然后，你可能过度管教孩子，不断地追逐、收拾、特制餐食、持续不断地关注孩子，这些管教对孩子的行为没有起到任何改善作用。这当然让人疲倦。有位妈妈每天下午 4 点给自己的棘手女儿单独准备晚饭，因为她说 4 点是女儿喜欢吃饭的时间。这位妈妈说："她已经习惯这个时间吃饭了。我担心让她吃饭的时间晚了。"于是，她不得不在下午 6 点的时候给其余的家庭成员，也就是她自己、其他两个孩子还有丈夫做饭。这种提前单独做饭行为加重了妈妈的负担，她本来就因与孩子斗争和已形成的恶性循环特有的强烈情感而心力交瘁。

◎ **愤怒**：无法妥善应对棘手孩子的家长通常都很愤怒。多数愤怒来自于他们的无效管教，大量的喊叫、威胁，以及无多大作用的偶尔打孩子。妈妈幻想着摆脱孩子，离家出走，或者干脆把孩子送人。愤怒不仅仅发泄在棘手孩子的身上，还会波及丈夫和其他孩子。

◎ **愧疚**：因为觉得自己过于无能，妈妈的愧疚感会与日俱增。然后她会越来越好奇究竟是不是自己造成了孩子的棘手问题。医生、老师、其他妈妈、丈夫、她自己的家庭、她的公婆说的话，都会加增她的愧疚感，然后导致她不断地自我反省、犹豫不决和焦虑。持这种感觉的妈妈相信，人们觉得她是个糟糕妈妈，她的孩子是来自糟糕家庭的糟糕孩子。这种想法让妈妈觉得孤立无援。在公园，每当过度兴奋的孩子冲撞别的孩子时，孩子妈妈会觉得在场的每个人都在指责她。在孩子外婆面前严厉斥责孩子可能会引来外婆的如下反应，"你在对他做什么？你为什么不能好一点对付他？你小时候我这样对过你吗？"她知道她妈妈认为这都是她的错。

◎ **尴尬**：每位家长都知道尴尬是怎样一种感觉，只是对于棘手儿童的父母来说，这种尴尬是普通家长的千倍万倍。尴尬是一种外露的感觉，而愧疚是内在的感觉。尴尬通常发生在公共场合，当妈妈们留意到他人的凝视的时候，这里的他人包括其他妈妈、商店员工、顾问、服务员、图书管理员、公交车司机，以及目击孩子不良行为的其他人，或者更确切地说，看到她们对管束孩子无能为力的其他人。

◎ **无能**：妈妈会因为自己无法管束棘手孩子而觉得无能、无助。将自己与其他妈妈或者自己妈妈比较只会雪上加霜。带着孩子去参加娱乐项目的妈妈身处十几个其他妈妈和孩子的集体。里面的妈妈们会打量彼此，比较孩子的行为。但是一个不适应变化活动的棘手孩子，可以吸引全场的注意力。当老师要求孩子们脱掉罩衫、放下手中的画笔时，棘手孩子可能会强烈反对。棘手孩子可能无法在短时间内变换活动，所以随之而来的是不当行为，可能会大发脾气。到可怜的妈妈终于让孩子脱掉罩衫、离开画架的时候，其他孩子已经脱好运动鞋和袜子，在垫子上练起了体操。妈妈这时又得想办法让孩子脱鞋子。所有的眼睛同时注视着她执拗的孩子，她怎么可能不觉得自己无能呢？

◎ **担心**：每一个真正棘手孩子的妈妈都担心孩子的未来。她的女儿是否可以融入环境？她的儿子最后会不会进监狱？孩子3岁的时候会咬他的朋友，会不会长大后有暴力倾向？从一个层面上来说，棘手孩子的妈妈不相信孩子的情况会有好转。尤其是如果其中一位家长，或者家族中有谁曾经行差踏错的话，孩子显然也会踏上那条老路。

◎ **焦虑**：妈妈们的常见症状包括紧张、易怒、头疼、说不上哪儿不舒服的身体不适、易沮丧、失眠等。有时还会发展为临床焦虑或

第2章 陷入困境的妈妈

紧张状况。

◎ **抑郁**：多数棘手儿童的妈妈会时不时觉得抑郁，特别是在过了很糟糕的一天或一周之后。有时，如果有遗传倾向，或者环境中有其他让妈妈产生压力的因素，她很可能会得临床抑郁症。临床抑郁症不是一种短期的情绪低落，而是一种综合征，伴随而来的会有许多其他症状，比如饮食和睡眠问题，注意力无法集中，没有精力，不断地自我批评，对未来感到悲观等。临床抑郁症可以治愈，任何有此类症状的人都应该寻求进一步帮助。

◎ **孤立**：许多棘手儿童的妈妈觉得其他家长在故意躲避自己，因为他们不希望他们的孩子和"棘手"孩子玩，特别在棘手孩子活跃，容易过度兴奋，容易冲撞其他孩子的时候。如果该家庭生活在一个小社区里，那么棘手儿童的妈妈会感觉到自己完全是孤独的；她会觉得，没有人知道她身上发生了什么，没有人可以以理解她进退两难的境地。更糟糕的是，她会觉得她是唯一一个经历这种问题的妈妈。在抚养孩子的过程中，她可能会从书本中寻求答案，可能会试图与儿科医生倾诉，但是似乎没有人可明白她进退维谷的处境。

◎ **牺牲**：这可能是陷入真正困境的妈妈们最普遍的反应。"为什么他要这样对我呢？""他讨厌我。""他是故意这样做的。""他确实想让我抓狂。"在母子关系中，随着妈妈失去权威，孩子突然成了有话语权的一方。孩子控制你的感觉，控制你展现出来的日常形象是好还是坏，控制你的生活。你由此成了孩子的牺牲品。

◎ **缺乏满足感**：你感觉自己承担着巨大的负担，作为妈妈你比其他人困难多了，但是回报甚少。你更加努力地去做最简单的事情，比如给孩子换衣服，给孩子准备餐食；别的妈妈不费吹灰之力完成的这些事情需要花费你几个小时的时间；你需要随时陪伴在孩子左右。可是你连为人父母的许多小满足感（或者大满足感）都没有。你付出的努力值得回报更多的满足感，然而并没有。

- ◎ **感觉陷入绝境**：棘手儿童的妈妈觉得她们无力改变自己的命运。她们无法摆脱反应迟钝、难以养育的孩子；她们认为没有人可以明白她们的经历，而负担落在她们身上。许多妈妈——数量比你想象的多得多——疯狂地幻想逃离自己的家庭，逃离她们的棘手孩子。

- ◎ **过度干预**：这在棘手儿童的妈妈中极为普遍，这其中掺杂了各种不同的情感。矛盾的是，考虑到其他情感，你变得越加干预你的孩子，越加过度保护你的孩子。原因在于你认为，只有你，也就是孩子妈妈，能够明白他正在经历的困境，对孩子痛苦的感知激发了你对孩子的保护欲。这种过度保护可能因妈妈自身存在的矛盾而增加。比方说，有的妈妈在自己小时候被父母错误地期待成为特别独立、成熟的人，这种妈妈对孩子的保护欲会特别强。对她而言，保护自己孩子的需求会被夸大。

- ◎ **关于父亲的只言片语**：虽然现在爸爸在养育孩子上较以前积极——一个人们乐于接受的发展趋势——他们在面对孩子同样的反应时却比妈妈容易受伤。他们通常的反应是不知所措、生气和愧疚，并觉得自己被棘手孩子所排斥，因为孩子"只想要妈妈"。

这些复杂的反应，加上孩子的日常行为，导致了你作为父母有陷入困境的感觉，而敌人就是自己的孩子。破解这种不愉快处境，斩断恶性循环中的涟漪效应的方式就是尽可能地学习任何关于孩子为何会有这样的行为的知识，然后将学到的管理技巧和家长权威付诸实际。通过了解如何有效地养育孩子，你将能避开一些痛苦，避开可能给你和孩子带来伤害的后果。

第 3 章

涟漪效应

棘手儿童对周围世界的影响就像往安静的池塘投掷一块石头。最先喷溅到的，也就是受到影响最大的是孩子的妈妈。然而围绕投掷的中心泛起涟漪，往外扩散，惊扰了几乎整个池塘。孩子的气质和行为影响着他与每位家庭成员的关系。有些孩子的行为还会影响同龄人、老师、看管人、保姆以及其他成年人。

世界也在影响你的孩子。成长是孩子与周围环境不断交互的一个过程，随着孩子长大，气质在决定孩子行为方面的作用逐渐减弱。孩子个性的形成，不但与气质有关，还与他的态度、动机，以及周围的人群、经历的地方和他看到的、了解到的事物对他产生的影响相关。

孩子不是孤立的，而是家庭和世界的一员。

本章我需要你来关注这个涟漪效应。我们从那些关系更紧密也更紧张的圈子开始，然后往外扩展。首先我们来说说你的婚姻。

爸爸及其婚姻

现在，我们显然已经知道妈妈和棘手儿童是如何受困于恶性循环。而爸爸的角色从某种意义上来说是不一样的，除非他是孩子的主要照顾者。

因为爸爸陪伴孩子的时间较妈妈短，所以他与孩子的关系通常没有那么紧张，相处起来也要容易一些。然而，爸爸和妈妈的婚姻或多或少都会受到影响，程度取决于孩子的棘手程度以及是否存在其他婚姻问题。

常见的反应有以下四种：

◎ **爸爸觉得自己被排除在家庭之外**。妈妈与孩子关系的复杂和紧张使爸爸们觉得自己被忽视了，不再像是家里的成员。爸爸在家的时候，他会看到妈妈和孩子之间永无休止的斗争，比如在早上的时候让孩子换衣服。这个冗长的过程耗费了大量的时间，妈妈需要全程参与其中。爸爸经常发现他既无法干预也帮不上忙。同样的，在孩子行为引发妈妈复杂的反应的其他方面也是如此。爸爸会问自己："我在这里究竟身处何处啊？"

◎ **爸爸置疑妈妈的做法**。不难想象为何爸爸会问："有必要这样子吗？你就不能让他乖乖穿上衣服，不大惊小怪吗？"因为他可能未能目睹妈妈和孩子相处模式的整个变化过程，所以他可能会质疑妈妈做法的价值。事实上，一个不理解为何妻子在早上会花费大量时间给女儿穿衣、扎头发的父亲，当他自告奋勇说要替代妻子一个早上的时候，他是坚信自己花费的时间会更短一些的。而经过两个小时的劝导、喊叫和歇斯底里（孩子和家长同时都发脾气了），爸爸退缩了，铩羽而归，转而向妻子诉苦说他完全不知道刚刚发生了什么。现在他明白了。然而，置疑妈妈的做法，就跟一个爸爸晚上到家看到哭喊的孩子、烧焦的晚餐和阴沉的大孩子，转而对疲倦、生气的妻子说"你是怎么回事？你就不能管好孩子吗？你做了什么让一切变得这么糟糕呢？"一样粗暴和具有摧毁性。这些场景带来了责难，破坏了夫妻之间的相互支持，最终导致婚姻不合。

◎ 妈妈没有精力可放在爸爸身上。一天之内，妈妈需要花费大概 4 个小时安抚孩子的脾气、不快、偏执以及对食物、玩具或者衣服（或者以上所有）的不满，另外 4 个小时做家务、购物、洗衣服，同时还得时刻盯着使人筋疲力尽的孩子，然后是危机四伏的晚餐和睡前闹剧，所以她在睡觉之前希望有些许的个人时间。她几乎没有任何精力可以留给丈夫，因此两人之间性爱少了，没那么亲热了，也几乎没有夫妻相处的时间。

◎ 妈妈会嫉妒爸爸与孩子相对没有那么剑拔弩张的关系。妈妈整天和孩子待在一起，有足够的时间形成固定的反应模式：随着时间推移两者的权力斗争日益紧张，恶性循环加剧。（这很好地解释了为何主要照顾孩子的家长与棘手孩子间的问题更大，这也是许多妈妈愧疚的来源。）而爸爸，待在家里的时间比妈妈少得多，在许多冲突发生的时候并不在场，所以他与孩子的关系会随和一些。在又和孩子度过可怕的一天之后，孩子妈妈可能并不能理解爸爸近前来说这样的话，"天啊，亲爱的，他跟我在一起时完全没问题。我不明白你为何今天过得这么糟糕。"而且，孩子和爸爸在一起确实没那么棘手，而和妈妈在一起时则大不相同。

这些问题导致的主要结果可能是妈妈觉得缺少支持，很多妈妈觉得她们的丈夫并不支持她们，或者对她们的困境不能感同身受。

有趣的是，许多妈妈对自己的棘手孩子的感情生气中掺杂着保护欲。一方面来说，妈妈们感到愤愤不平，她们因为孩子筋疲力尽，没有多余精力放在婚姻上。但是当她们的丈夫对孩子生气时，妈妈们会变得特别护犊子，马上护起孩子。因此，如果一段婚姻在孩子出生前就紧张，孩子出生后只会变得更为紧张。棘手孩子会使一段脆弱但持续的婚姻裂痕更深。

兄弟姐妹

试想想棘手孩子的兄弟姐妹的处境会有多艰难。他们通常会怨恨棘手孩子获得了所有的关注,他们会觉得家长忽视了他们,家里将他们"排除在外"。很多兄弟姐妹会表现得很担心问题小孩,关注他的哭喊以及消极行为。为了获得父母的关注,一些兄弟姐妹可能会开始有不好的表现,另一些则会变成模范儿童。"善于伪装的"孩子并不是没有问题,只是他们的问题会在孩子长大一些后才出现。

棘手儿童的家长通常会对棘手孩子的兄弟姐妹寄予厚望,希望大点的孩子成熟稳重。我曾多次听到妈妈们谈起自己的随和孩子为"我的大男孩"或"家里的男子汉",却发现妈妈所指的孩子只有五六岁。相反的,父母谈起棘手孩子就像说起一个蹒跚学步的孩子,即便孩子已经七八岁了。

孩子与家庭的相互影响:现实生活中是怎样的?

我们现在来看看一个例子,在现实生活中,饭桌上,真正棘手的孩子是怎样和她的家庭相互影响的。你将会看到,一个4岁的小女孩的气质特征如何给她的妈妈、爸爸和姐姐带来了麻烦。

这个家庭通常都在晚上6点半按时吃饭。父母想要吃一顿正式的晚餐,先是前菜,然后是肉、土豆和蔬菜;最后是一杯咖啡,有时还有点心。通常妈妈会在餐厅摆好餐具,然后叫家人来吃饭。

因为棘手孩子有不规律的生理节奏,每晚6点半的时候她并不饿,这天晚上也不例外。她不愿停止看电视来桌前吃饭,因为她对食物不感兴趣,并且电视她正看得津津有味。由于她的适应性差,她无法简单地从她真正喜欢做的事情中抽身出来去做另一件事。

孩子爸爸坚信妻子在管教孩子上不够严厉,因此他像往常一样干预其中，并批评了妻子对孩子的管教。"严厉点。"孩子爸爸对妻子摇摇手指建议道。他在妻子试图将孩子从电视机前拉开时继续说："让孩子知道你是认真的。你之前听起来都像是做做样子。"孩子妈妈没能拉开孩子，最后，孩子爸爸不得不长叹一声，自己从位子上站起来，然后走到客厅想把孩子带过来。但是他威胁孩子没有效果，所以他强行关掉了电视机，引得孩子大哭大闹，为了让孩子停止哭闹，他动手打了她。然后他将女儿拖到餐桌前，将她强行摁在椅子上。孩子表现得暴躁、不配合，脸上挂满了泪花，而且随时准备大哭。孩子的姐姐朝她做了个鬼脸被妈妈看到了，然后被狠狠地训斥了一顿。

汤盛了上来，除了小女孩大家都开始喝汤，她坐在自己的座位上扭来扭去，敲打手中的餐具，踢着桌角。因为她的高活跃水平，她无法安静坐着。她也不愿意品尝任何汤，因为她觉得汤尝起来都"太烫了"（因为她的低反应阈，她对食物的温度非常敏感）。今天的主食是肉糜卷，小女孩平时喜欢的食物，但是这天晚上小女孩说肉糜卷味道闻起来有些"古怪"，因此她不愿意食用（低反应阈又开始了）。平时用来做番茄汁的原料这晚用完了，所以妈妈用了罐装意面酱代替，女孩不愿意吃是因为她尝出了两种味道的不同。在父母坚持要她吃些肉糜卷的时候，她开始发起了脾气。爸爸想强迫她吃东西，妈妈因为看到晚餐时光再次毁掉而揪心不已，姐姐受不了爸爸的叫喊，棘手孩子则进一步陷入自己的消极反应之中。战线由此拉开。

显然孩子与家里的拟合优度很低。一方面来说，父母企图把孩子带进他们的模式，而孩子却有自己独特的气质特征，因此有自己的风格。当类似这样的冲突发生在很年幼的孩子身上时，其他问题会接踵而至。比如，固执孩子如果身处与父母的权力斗争的话，最终即便自己饿了，她也会拒绝吃饭。矛盾的是，你也知道，过度批评和消极关注会强化孩子的"不好"行为——这是一条非常重要的法则。孩子对食物的气味和口味的挑剔是因为她真的敏感，由此产生的大喊大叫让她的反应看起来过于夸张。因此，棘手孩子和家庭的消极互动会带来各种各样的结果，这种结果取决于孩子行为形成的涟漪效应。这种反应反过来又会强化孩子的行为。家长如果不了解根本的问题，也就没有办法对付孩子，解锁这些具有毁灭性的模式。

家长面临的其他压力

影响家庭的还有其他因素，棘手孩子的存在也可能让情况变得更加糟糕，反过来再影响家长对孩子的管教。这些因素包括：

◎ **年轻夫妻的婚姻**：如果两夫妻结婚的时候过于年轻，他们的婚姻在未来更容易出现问题，而随着棘手孩子的出生，问题会变得更为严重。在他们还没来得及"真正生活"的时候，经济问题、束缚的感觉以及独立性的丧失均会加剧。由于小夫妻还未完全成熟，他们无法像年龄更大、经验更为丰富的夫妻面对问题时那样游刃有余。

◎ **个人问题**：在棘手孩子出生之前就存在但得到控制的酗酒问题可能在孩子出生后死灰复燃；如果丈夫饮酒无度，妻子的支持、关注以及爱通常可以帮助他控制这个问题。但棘手孩子让妻子几乎无法像之前那样关注丈夫，当丈夫得不到支持，他很容易旧瘾复发。显然，曾有酗酒问题的妻子受到难带的孩子的压力时，可能也会重新酗酒。

　　有过抑郁史或焦虑症但是已经痊愈的家长，在棘手孩子降生之后可能会旧病复发。他们需要应对的压力实在太大了。反过来，个人问题和婚姻问题让成人无法有效、安心地做家长。如果这些问题影响深远的话，请确保解决这些问题，并且不要将家里持续存在的所有问题归结于孩子的棘手气质。

- **经济和工作压力**：金钱是任何婚姻的头等大事之一。因为棘手孩子带来的额外压力，这个压力可能会大到不堪重负。从丈夫的角度来说，如果他从事的是高压力的工作，可能每天工作时间非常长，还可能不断变换工作地点，也可能只是对自己事业的未来感到焦虑，在这诸种情形之下，他都需要一个安静的家庭气氛。这样的家庭气氛显然不可能出现在棘手孩子的家庭之中。而职场妈妈，特别是从事要求较高的工作的妈妈情况如何呢？她会觉得自己每周七天都在"工作"。

- **"黄金夫妻"**：那些表面看起来没有任何麻烦的人同样也存在问题。试想想一对什么都不缺的夫妻，他们的生活总是妙趣横生、甜蜜美满、成就感十足，最重要的是——轻松自在。棘手孩子出生之前，所有东西的得来都不费吹灰之力。出生在这种婚姻中的棘手孩子会引发压力和纷争。因为爸爸妈妈会觉得在孩子出生前从未发生过这些事情，所以愧疚、责难以及家庭反应的强度均会被放大，一切都被毁掉了。

- **妈妈的期待**：对于那些想成为"完美妈妈"的妈妈们，以及那些将自我投入妈妈这个身份的人来说，棘手儿童从行为到思想上都特别难管。婚姻无可避免地充满煎熬。反过来，无安全感的妈妈对自己做个"好"妈妈本来就自信心不足，她们可能会因自己"能力不足"而崩溃。她的自信心缺失及能力不足感也会影响她扮演好妻子的角色。

当然，以上这些问题会影响任何婚姻，无论这段婚姻中的孩子是棘手儿童还是随和儿童，但是棘手儿童的存在会恶化以上问题。

棘手孩子
The Difficult Child

家 族

许多成人与自己的父母依旧存在着难以觉察的矛盾。棘手儿童带来的压力让这些矛盾浮出水面。爷爷奶奶对孙辈的正常关心，也会因为孩子夸张的行为引发和子女的矛盾。他们会对自己的孩子说："你对他做错了什么呢？我以前养你的时候，这种事情从来都不会发生。你肯定是做错了。"经常出现的情况是，有些棘手儿童在爷爷奶奶面前表现得并不像在父母身边那么难缠，这让事情变得更为复杂。这也加深了祖辈对孩子父母的责难。"他和我在一起时好得很，"奶奶会说，"你不要对他大喊大叫。不要对他太严厉。"一方面，棘手儿童的父母受到自己父母的指责，会觉得自己很无能，很愧疚。另一方面，爷爷奶奶也发现特别活跃的孩子过于棘手，自己无法照顾好他们。以上两个例子中，爷爷奶奶提供的正常支持系统遭到破坏，而这种支持的缺失会影响整个家庭的幸福。很显然，一个家庭得到的支持越多，他们就会越强大、越幸福。

◎ **姻亲问题**：在一些家庭里，可能存在伴侣的父母不接受自己的问题：女方的公公婆婆或者男方的岳父岳母不喜欢或者不认同他们，这种不认同会导致婚姻的裂痕。棘手儿童会给已经不受公婆或岳父母（说实在的，或者自身家庭）待见的妻子和丈夫带来更多的指责和批评。这会给婚姻带来真正的问题，尤其是在和公婆或岳父母住所相对较近的情况下。

"她一点也不喜欢我们家的人"的说法颇为常见。孩子的父母会经常因这些"坏基因"出现而觉得愧疚。特别是妈妈，觉得自己应该怀疑自己在孕期的行为、饮食、日常习惯和活动。她做错了什么可能导致这个与众不同、让人觉得陌生的孩子出生呢？

第 3 章　涟漪效应

职场妈妈

通常来说，棘手儿童的妈妈无论是不是职业女性，都会面临诸多的愧疚感。而那些重返职场的妈妈，那些孩子尚小的妈妈，不约而同地都怀着复杂的心理。对于年岁尚小的棘手儿童的母亲来说，这些情感会变得越发强烈，最后应对起来非常困难。

职场妈妈面临的最大问题是替代自己照料孩子的人的素质；与管家、保姆和日托机构的拟合优度非常重要。如果你选来照料孩子的人通情达理，容易沟通，那么情况很可能会进展顺利。实际上，优秀的看护可能更容易接受你的孩子。比如，家庭日托工作者或定期保姆对孩子的不规律吃饭和睡觉时间会更为放松，也可能并不介意吵闹、精神极度紧张的孩子，而孩子的妈妈则可能更会受到孩子这些特征的困扰。每天，看护只是用更多的精力、更为客观地解决孩子的所有问题。忙完一天回到家里之后，你对孩子的情感可能会变得更为积极。

然而，如果妈妈开始对孩子的看护产生嫉妒感，问题就开始出现。孩子妈妈觉得看护正在取代她的位置；看护不希望任何人干预她处理事情的方式。棘手儿童会让此类问题的程度激化数倍。看护可能确立了一套对付孩子的方法，这种方法让妈妈妒忌。毕竟，如果她（孩子妈妈）无法管教自己的孩子，谁能呢？为什么别人管教起来容易一些呢？如果看护感觉到她对孩子树立的威信正在被逐渐削弱，她会因此产生不满。孩子妈妈会感觉紧张，好像她在与看护竞争似的，而看护可能会对孩子诉说一些她对孩子妈妈的不满。如果孩子感觉到妈妈和看护的分歧，他的行为可能会变得更为糟糕。一般来说，不必担心看护允许孩子对自己"专横跋扈"，但那种需要额外一致性和严厉的孩子除外，比方说，具有攻击性的孩子。

并非所有的看护都有能力对付真正棘手的孩子，特别是如果孩子的棘手特征已经持续了很长时间。如果你请的看护不能很好地替代你，如果唯一的看护无法给你年幼的孩子提供持续的个人关注，如果孩子的行为过于棘手，任何替代者都无法对付他，你可能必须做出不愉快的决定，即暂时放弃工作，或者延迟回归职场的时间。这可能会导致经济上的困难，会让母亲更为怨恨她的"问题"孩子。但是在某些情况下这是唯一的解决办法。

离婚及其后果

当分居和离婚中出现分歧和争吵时，其中的冲突就会成为加剧孩子棘手的另外一个因素。痛苦的离婚会给所有孩子带去压力，但是对棘手儿童的影响尤甚。在此期间孩子的行为肯定会恶化，而父母的愧疚增加了他们的压力。从另一方面来说，我相信，从长远看来，如果夫妻俩的关系显然已经到了穷途末路的时候，却"为了孩子好"而继续这段紧张和不幸的关系，对孩子的影响会更为糟糕。

另外一些问题会产生在父母对孩子的探视期间，因为两个不同家庭的差异，孩子会经历一些不一致。棘手儿童比大部分孩子更需要一致性和日常习惯；不幸的是，在一些离婚案中，有的父母一方会故意用不一致性来贬低另一方，棘手儿童由此成为受害者。

一旦夫妻离婚，妈妈承担的责任会更大。良好婚姻中存在的支持没有了。而且，职场单亲妈妈显然不能辞职。她必须找到合适的可替代她的看护，或者勉强接受目前已有的看护。筋疲力竭可能会恶化她与孩子的关系；在工作 8 小时之后还得去购物、准备晚餐，你是否还能控制住自己的脾气呢？单亲妈妈经常发现她们自己的时间所剩无几，于是变得非常怨恨孩子。同时她们与孩子的关系通常过于密切，有时到了过度干预的地步。

父母一方的再婚带来另一个影响深远的成年人，通常还有新的兄弟姐妹进入到棘手儿童的生活。这是另一个重大变化。不一致性的问题将再次显现，需要有新的解决问题的方案。

善意的父母应该提醒自己由于婚姻冲突、离婚、单亲养育以及重组家庭带来的问题可能会对孩子产生的影响。尤其是当孩子具有棘手气质的时候，就更需要谨慎考虑。

领养的棘手儿童

与职业妈妈和单亲家长的问题一样，领养的一些问题也会因为棘手儿童的存在而恶化。领养儿童对他的父母而言从某种程度来说是"基因陌生者"。如果孩子是领养儿的话，我们与自己孩子经历的那种本能理解可能会缺失。这并不一定是消极的。知道孩子不是自己生物学上的孩子会让家长心里好受一些，围绕基因、怀孕以及血统产生的愧疚感会得以缓解。你会想，"这一点不是我遗传的。""这不是因为我在孕期做的事情导致的结果。"寻找孩子问题性格出现的理由会导致夫妻一方将责任推到另一方身上，但至少在孩子是领养儿的时候并没有这些问题。

但是如果父母在领养这件事情上有分歧，这种分歧会随着棘手儿童的出现而加剧，可能会转变成拒绝接受孩子的态度。家长会更真切地出现类似于"他不是我真正的孩子"的强烈情感。

有时我看到的另一种反应是家长喜欢解释孩子的行为，包括孩子那些明显由气质导致的行为，也把这些行为归咎于领养给孩子带来的心理影响。如果家长秉持这种态度的话，会很容易抓不住孩子的重点。领养儿童确实比非领养儿童的问题要多。然而，人们普遍认为这些问题产生的原因是基因遗传、怀孕和分娩并发症。

棘手孩子
The Difficult Child

公共场合

很多时候，家长在家里觉得自己可以用某种方式管好孩子，却在出门到外面的时候迎来当头一棒。很多家长会夸大自己为人父母的责任，因此孩子表现不佳的时候，他们觉得自己应该负全责。家长与棘手儿童在一起的时候，他人的审视和评判让他们感到尴尬和羞愧。

◎ **商店和超市**：这些地方对那些活跃、易分心、冲动的孩子来说不是个好地方，因为他们会想到处乱跑，什么东西都想碰一碰。孩子的这种欲望，加之商店的嘈杂熙攘之声以及明亮灯光的过度刺激，会导致这种孩子的行为变得疯狂。即使孩子坐在推车里，或者坐在购物车上，也可能会产生麻烦；她可能会去抓目之所及的东西，或者因看到自己想要的物品大喊大叫。下一秒可能就会发脾气。

这些行为和到了新环境会本能退缩回避的孩子的反应恰恰相反。在忙碌的超市里，引发孩子脾气的原因可能有很多。如果孩子平时对新环境总觉得不自在，想象一下超市对他来说意味着什么。首先，超市有热闹的入口，人们正在快速地通过进入。其次，超市通常都很吵闹，人们大声讨论着订单和提货等事宜，现场还有无处不在的快节奏音乐。这些场景在明亮的灯光，大量的颜色、纹理、包装和广告的刺激下更加深入人心。周末的商场特别拥挤，熙熙攘攘的人群更增加了这种感觉刺激的杂乱。所有这些，加上出于善意关心的陌生人，看到不安、不开心的孩子问道："怎么了？"或者送上饼干或者一块糖果，然后你却发现你的孩子粘着你哭闹，最后还尖叫起来。

通过孩子的眼睛看世界可能会帮助你了解孩子的困境，但是怎样看到你的困境呢？毕竟，家里人等着吃饭。所以，你必须抚慰好孩子，然后一头扎进商场。无论是带着爱抓爱闹、容易分心、过度活跃的孩子，还是带着局促不安、孤僻的孩子，结果都让人十分尴尬。毕竟，这里也有许多父母带着相对温顺的孩子，而你的孩子正成为众人的焦点。这时，无论是你安抚孩子，还是给孩子好东西希望他可以安静下来，孩子都会断然拒绝。你会觉得商场里的每个人都在注视着你，暗暗评价你是否是个合格的家长。你猜人们会说："她是个怎样的母亲呢？""她都管不住自己的孩子。这样的人不应该出现在商场里。"更糟糕的是，有些人真的会大声把这些想法说出来，或者给你提供建议。

◎ **餐厅**：这里没有可以匆匆回避或躲藏的通道。你就在众目睽睽之下，置身于一屋子付费享受晚餐的人中间。你清楚地意识到你的孩子可能会毁掉这一切。如果孩子是个高度活跃、任性、适应力差、低反应阈或者不规律的孩子，父母会觉得在外吃饭是件极度困难的事情。想象一下，在餐厅吃饭，如果发生以下一件或者多件事情的话：

- 你的孩子压根不愿意进入餐厅，即便你选择了一家在家长吃饭的时候小孩可以坐在儿童车玩的餐厅。当你试图拉着孩子进入餐厅大门的时候孩子尖叫着"不要，不要，不要！"，然后，你红着脸撤退，背后是五十多个吃得津津有味的孩子的目光。
- 开始非常期待外出的孩子，现在拒绝吃饭，原因是他不饿。
- 你的孩子无法决定她究竟想吃什么。
- 你的孩子看到方形比萨后很抗拒，因为他已习惯看到切成三角形的比萨。
- 你的孩子不愿意坐在自己座位上，而是在快餐店四处游荡，抢夺其他孩子的食物，骚扰到其他孩子。
- 你的孩子扔掉手中的食物或者打翻手中的饮料。

- 如果情况失控的话，你的孩子会踢服务员，或者情绪完全失控。
- 你的孩子在餐厅的表现太失礼了，你开始对着她吼叫，然后意识到整个餐厅的人都盯着你。

　　只要是遇到新事物或者来到新的公共场所，甚至在接下来去的几次，孩子都可能会有类似的反应。有些孩子根本无法适应新环境，开始的时候总是不安或者容易兴奋（或者以上两种反应皆有）。马戏团、电影、儿童现场秀，甚至无辜的当地小木偶秀都会引发孩子的反应。不幸的是，家长经常无法准确地预测到孩子的反应。孩子只在一些情况下有这些反应，但是如果不是任何情况都这样，那究竟是哪些情况会这样呢？让大多数孩子觉得非常兴奋的事情大多可能会让棘手儿童非常不安，但是由于你希望自己的孩子融入其他孩子的世界，你会持续寻找孩子喜欢的事物。这种追寻可能会让你倍感沮丧。

◎ **邻居**：许多棘手孩子的父母希望可以掩盖自己孩子经常出现的古怪、外人难以理解的行为。但是邻居很容易观察到低反应阈的孩子穿衣的怪癖，比如孩子连续数日穿一样的衣服，或者在冬天还没过去的时候穿上夏天的衣服。邻居可能会听到高度紧张的孩子的尖叫声，观察到孩子乱发脾气。结果是他们可能不愿意让自己的孩子陪棘手孩子玩耍。邻居还能见到家长迎合孩子古怪性格的一面，于是在邻居的眼中，你的整个家庭都很"古怪"。家长们无计可施，因为他们不知道如何对那些观察着他们日常生活的邻居们合理地解释孩子的行为。邻居的态度是很多棘手孩子家长的痛点，加剧了棘手孩子家长已经感受到的孤独感。

◎ **同龄人**：棘手儿童和他们的玩伴身上发生了什么呢？一些孩子没什么事，另一些孩子则有麻烦。活跃、缺乏条理、容易兴奋的孩子特别容易惹来麻烦。他们无法控制自己的冲动，容易抓取别的孩子的玩具；如果他们适应力差，他们不容易接受轮班或分享物品。冲动导致他们做出疯狂的行为和打人，甚至咬人。（因为咬人是一种原始、具有攻击性的行为，所以这种行为最让妈妈蒙羞。这类孩子的妈妈无一不觉得羞愧，其他妈妈甚至可能因此排挤这个孩子。）具有初始趋避性的孩子可能会长时间待在人群之外。之后，一旦某活动真的吸引到他，他会完全投入其中，无视其他小朋友。特别固执的孩子会表现得专横跋扈。低反应阈的孩子经常身穿同样的T恤，或者不愿意穿温暖的冬衣，因此可能会遭到其他孩子的嘲笑——可能引发其他孩子抱团对付他。

一对一玩伴模式对棘手儿童更好，这样活跃的孩子不会那么容易受到刺激，害羞的孩子也不会觉得受到威胁。但是，在需要分享和角色转换的时候同样会带来问题。

家长非常渴望自己的孩子能被他人"接受"，被他人"喜欢"，可以交到朋友，而这些对具有棘手气质的孩子来说实属不易。家长很好奇他们的孩子在其他孩子眼中是否"与众不同"和"古怪"，这种想法直接引发了他们对孩子未来的担忧。

◎ **游乐场**：带高度活跃的孩子去游乐场是件好事，因为游乐场给孩子提供了乱跑的空间，释放了孩子的精力。但是一旦棘手孩子跟另一个孩子因为玩具或活动发生争吵，他可能会失去控制，然后打人、踢人，或者扔沙子。过度活跃与兴奋的孩子可能会从其他孩子手中抢来玩具，并且拒绝归还。

家长带容易退缩回避和难以适应新环境的孩子去游乐场则是另一番图景，孩子可能会大哭或者发脾气。但是孩子在适应了游乐场之后又会不愿意回家。这种孩子的妈妈觉得孩子给自己带来的尴尬比起到处乱跑的孩子有过之而无不及。

日托中心和托儿所

许多棘手孩子的妈妈发现，当自己不在孩子身边的时候，孩子的表现更好。孩子和老师在一起的时候，不会出现已经形成恶性循环的习惯模式。如果你曾注意到孩子在校表现更好，这就是原因。正如你了解的那样，孩子回到家意味着麻烦的开始。

棘手儿童对日托中心或托儿所的适应取决于学校环境对孩子气质的影响，而这种影响取决于构成孩子性格的一系列特征。一些孩子在适应力方面没有问题；另一些孩子则有各种各样的问题：

◎ **高度活跃、冲动、容易分心的孩子**。这类孩子的问题包括无法安静坐一段时间，容易兴奋、冲动，蠢蠢欲动，喜欢打人，无法专心听老师的话，不爱排队和听指令。奇怪的是，这些孩子在学校的面试中表现得很好，因为他们一般都很外向，在一对一的环境中表现出色。

◎ **低反应阈的孩子**。这类孩子对明亮的光、吵闹的声音异常敏感，受到其他孩子的过度刺激会导致他们产生行为问题。

◎ **害羞、适应力差的孩子**。这类孩子每天都要粘着妈妈，无法适应环境变化和确定日常习惯，不懂得和他人分享。这类孩子因为黏人胆小，在学校面试中表现较差。

◎ **坚持的孩子**会表现得很固执，喜欢争论。老师们的评价是这种孩子喜欢随心所欲。

◎ **高反应强度的孩子**给老师带来了额外的压力，因为他们的吵闹声实在太妨碍人了。

孩子的这些校园行为的结果是，老师开始暗示父母孩子有心理问题，或者让家长给孩子进行"多动症测试"，这种暗示势必引发家长的担忧。

家长被老师叫到学校对话,然后因孩子这些"不良行为"生气,家长一生气,孩子的行为就变得更糟糕。另一种形式的恶性循环由此形成,孩子、老师和家长都无法置身事外。

儿科医生

你带着棘手婴儿去看的第一个医生就是儿科医生。在排除了孩子疝痛的可能之后(因为疝痛通常在婴儿三四个月的时候消失),你的医生会告诉你:"这是个非常正常的孩子。你只需学会接受她。"

尽管越来越多的医生开始重视气质,有些医生却并没有这种意识。在他们眼中,孩子很正常,但他们也摸不着孩子行为的根源。事实上,除了非常活跃、冲动的孩子,医生甚至可能都留意不到孩子的行为。然而,你同样要对医患关系负责。妈妈们经常担心儿科医生会评判自己。她们不希望让自己显得很糟糕,所以对孩子的行为并未开诚布公,但是她们本该实话实说。如果医生本身没有留意到孩子的行为,你也没有详尽描述孩子行为给他听,医生更可能认为你才是问题所在。

如果医生接受你的描述,跟你谈论起孩子内在的棘手行为,说明他懂得气质方面的知识,那么他就可以给你提供一些建设性的建议。如果他对气质一无所知,他可能会认为孩子的行为只是对糟糕家庭环境的反应而已。

忙碌的儿科医生还有另外一个问题,就是他缺乏时间,即便他懂得气质理论。管理式医疗体系让这种情况更为严重。除非孩子的妈妈给自己单独预约了医生,否则她和医生将无法抽出时间充分讨论孩子的行为以及应对措施。

好消息是:越来越多的医生接受了行为儿科学的训练,行为儿科学是一门分支学科,专门研究孩子非身体疾病造成的问题。

棘手孩子
The Difficult Child

在本章和上一章，我们从孩子的父母到兄弟姐妹、家族、玩伴、老师、邻居和医生的角度，探讨了棘手孩子对其环境的影响。特别棘手儿童的父母既对孩子在家的行为无能为力，也对孩子在外面的行为不知所措。孩子的行为似乎影响了他们生活的方方面面。在他们寻找答案的时候，有人告诉他们"要接受它"。在他们寻觅答案的时候，有人告诉他们"你们太紧张，吓到孩子了"。在他们寻求答案的时候，有人告诉他们"你真的不应该这样对付他，你正在把事情搞砸，你的方式是错误的，你正在毁了你的孩子"。还可能有人告诉他们，他们的孩子"精神不正常"。这些家长因此变得恐惧、羞愧、内疚和生气。

没有家长愿意相信他们或者他们的孩子有严重的问题，但是对于棘手孩子来说，这种想法只是个幻想。

第 4 章

"但他是不是有多动症呢？"

ADHD 即多动症或注意缺陷多动障碍，是 Attention-Deficit Hyperactivity Disorder 的首字母缩写，是时下最新的术语，用于描述高度活跃、冲动型的，以及注意力对于其年龄来说过于不集中，影响其生理机能的孩子。多动症主要分为两类，注意力不集中型（容易分心，或者"迷迷糊糊的"孩子），以及冲动型（有行为问题的孩子可能有注意力不集中的问题，也可能没有）。本章我将讨论第二类孩子。在 20 世纪 80 年代末，多动症取代了注意力缺陷障碍（Attention Deficit Disorder，ADD）一词，但是很多家长和专业人士交叉使用这两个名词，为了简化事情我也会这么做。兴奋剂（stimulants）是用来治疗多动症的良药，利他林（Ritalin）是目前最经常开给孩子服用的兴奋剂。

多动症被认为是"90 年代的疾病"。许多人认为，多动症被诊断出来的频率过高，导致了药物的滥用。包括我在内的另一些人，重视医学的最新进步，相信科学进步让我们有机会分辨和帮助更多的问题孩子，但是我们同时也担忧进步的步伐过快，导致多动症变成了一种产业。

◎ 有多少孩子被诊断为患有多动症呢？学龄儿童中的 5%（保守估计），10%（该领域的顶级权威估算），或高达 20%。在 20 世纪

90年代的10年间，被诊断为患有多动症的人从少于100万增加到将近500万，其中大部分都是儿童。同时，利他林的产量增长了7倍。

◎ 目前，诊断出多动症并接受后续治疗的最大人群是中高年级的学龄白人儿童。如果我们认同多动症在人群中有10%的发病率，那么学龄儿童中每6人就有1人应该吃药。最近的趋势表明，女孩、学龄前儿童和成人患多动症的数量有所增加。

◎ 美国生产并使用了世界上90%的兴奋剂。但是，州与州之间有很大的不同。美国南部地区消耗利他林的数量最高，中西部地区紧随其后。如果你生活在这两个地区并有一个爱吵闹的孩子，他很可能会接受药物治疗！

◎ 尽管没有证据表明，用兴奋剂治疗孩子会导致孩子以后滥用药物，美国缉毒局（DEA）警告道，利他林已经成为流行药物，中学生很容易就可以买到。

◎ 几乎所有的主要医护工作者都会开利他林，但是由于管理式医疗的局限，医生抱怨说他们没有足够的时间接待病人。在多数情况下，孩子在校的破坏性行为会导致转诊。然而，医生和老师面对面交流只有在极少数情况下才会发生。我们能看到的是，孩子在医务室外面排队，等着吃中午的利他林。

◎ 多动症诊所如雨后春笋般出现在全国各地。一些心理医生靠"检测多动症"为生。在很多社区，低于标准的行为或者学习速度过快都可能导致多动症诊断。除了多动症诊断过剩之外，大量的中班儿童接受了多动症检测，并因为"学习障碍"接受辅导。

可以理解的是，许多家长（和专业人士）感到困惑，你可能也是其中的一员。一方面来说，你不希望你的孩子被贴上神经病或大脑错乱的标

第 4 章 "但他是不是有多动症呢？"

签；另一方面，你又不希望孩子错过科学的承诺。

什么是多动症，我们对多动症了解多少？

实际上我们的了解并不透彻。我们只能说多动症是棘手行为的组合，通常在婴儿期就显现出来，这些行为会妨碍孩子的身体机能和人际关系。我们还了解到，多种行为共同出现在家庭中，但是目前还没有人发现"多动症基因"。请让我通过回答一下家长们问询最多的问题以阐明话题，将事实从猜想甚至迷思中分离开来。

"多动症跟我孩子的大脑有关吗？"

是的，但这已经不是新闻了。孩子的大脑千奇百怪，各有不同，而孩子的内在行为风格、气质，取决于他的神经生物学——换言之，取决于他与生俱来的大脑连接。如果棘手特征，包括高度活跃、自控力差或者容易分心在孩子很小的时候就非常明显，那么这些特征就是他的本性——这是另外一种说法。你已经了解到，孩子的行为越多落在哪种特征的棘手端，他表现出来的棘手特征就会越强烈，要对付他就更艰难——无论是在家还是在学校，他都更容易达到多动症诊断的行为标准。

"难道孩子的棘手行为意味着孩子的大脑不正常吗？"

不是。即便是使用日益精细的神经成像方式，也无法表明有多动症症状的孩子的大脑有损伤。我们已经认识到大脑的某些区域与一些功能相关，但这类研究还只是处于初级阶段。比如，从某种程度上来说，前额皮层这个区域负责自我控制，一些迹象表明，某些有自控能力问题的孩子的核磁共振成像显示确实有些不同。（顺便提及，前额皮层是诱发孩子和成人问题的原因，尽管他们的问题与多动症完全无关。）

我认为可以确定的是，我们可以期待找到人们行为差异背后大脑的不同。我们必须记住，大脑是个高度复杂的器官，所以我们应该更加谨慎，不接受过度简化的解释。

底线：如果医生希望给你的孩子做计算机 X 射线轴向分层造影扫描（CAT），正电子发射层析扫描（PET），单光子发射断层扫描（SPECT），或者其他扫描以排除孩子患上多动症，除非你是该研究项目的一员，否则你应该持高度怀疑态度。

"是否因为化学失衡？"

没有证据证明。在你所能想到的有关血液、粪便、头发和其他研究中，从来没有任何规范的科学研究证明出现过化学失衡。我们持有的只有理论：如果一项药物有效，我们知道这项药物增加了大脑中（实际上是神经冲动的发送端）"化学物质"的水平，这就意味着药物在修正不足或失衡。兴奋剂是治疗多动症中最常使用的药物，增加了发送端多巴胺的水平，有些人因此推断多巴胺不足会导致多动症。但是一些改善多动症症状的药物并不能影响多巴胺水平。另外，兴奋剂在集中注意力、改善孩子的身体和脑力表现适用于所有孩子，而不单单针对那些有多动症症状的孩子。

再次提醒：如果有人想要花大价钱去分析孩子的体液和组织，这样的行为没有任何意义。

"有人建议我送孩子去做多动症检测。"

在带孩子去做检测之前，你需要知道，最权威的联邦机构国家卫生研究院（National Institute of Health）曾发表声明称目前没有所谓的权威检测。大多数所谓的"检测"是由家长或老师完成的行为评价量表或问卷，或者表现方面的评定，比如关于专注力的评定。好点的量表声称可以确

第 4 章 "但他是不是有多动症呢？"

定正常行为和非正常行为之间的截点，有点类似于智力（IQ）检测办法，可以区分出正常智力、正常以下或正常以上智力。但是，没有证据显示，在连续性表现测试（CPT）中表现不佳的程度与大脑扫描中显示偏离标准的程度有明显的相关性，CPT 是一项检测孩子在完成一项任务时保持持续专注能力的测试。实际上，连续性表现测试的低分所能告诉我们的只是孩子的注意力差，这点我们其实已经知晓。此外，连续性表现测试只测量孩子当天的表现，可能与现实生活情境毫不相关。而且，这些评价量表所声称的正常只是以中产阶级学龄白人男孩为样本建立的标准。这种诊断方式没有考虑文化、社会和种族差异，也没有过多着眼于女孩或者更小的孩子。而且从某种程度来说，任何行为的量表必须取决于评估人的个性、信仰和态度。一个老师可能对"不配合老师"一项的评价为"非常"，而另一个更为变通的老师更适应孩子，评价可能就是"一点点"。

可能还有人会建议你去做个神经心理学、神经教育学或者语言学评估。这类评估衡量智力、成绩测验的表现和接受、处理、表达信息的方法的方方面面。这些评估如果不太复杂的话，可以用来确定孩子的薄弱区，修正这些薄弱的地方，找到相应的对策。评估人会告知你，孩子的表现是处于中等水平，还是中等以上或以下。但是他们的评估不是"多动症检测"，也不应该被视为"多动症检测"。

有些人谈到用"软阳性体征"来确诊多动症。但是，笨拙、无法快速切换手部动作的这些软阳性特征，并不存在于每一个具有多动症症状的儿童身上，而且其他儿童身上也有存在。

我对家长的一般建议是，保持对脑部研究发展的开放心态，但是也认真探究事实的真相。我们必须警惕，防止从指责父母转移到指责大脑。

"多动症真的存在吗？"

算是吧。我们至多可以说多动症是一种行为症状，由一组令人担忧的行为构成，很大程度上是与生俱来的，会给孩子和孩子身边的人带去麻烦。但是，除了在一些极端的例子里，多动症依旧披着神秘的外衣，难以准确描述。《精神障碍诊断与统计手册》（第四版）（DSM-IV）是精神病学的"圣经"，里面列举的大部分标准过于僵化或主观。比如，病人至少需表现出手册里列举出的9种症状的6种，包括注意力不集中、过度活跃及冲动，这些症状需要在两种或以上的环境中呈现出一定的程度，时长为至少6个月。这听起来非常科学，对吗？但是如果孩子只表现出5种非常严重的症状呢？或者孩子表现出8种症状，但是只持续了5个月加2周呢？又比如那种在学校问题多多，在家却表现良好的孩子呢？将行为归类，然后将这些行为称作可诊断的疾病，乍看之下似乎让人印象深刻，但是如果上面列举的孩子因为"没有达到多动症的标准"而被医疗服务排除在外，显然就太可笑了。

在确切描述症状方面我们又做得怎样呢？症状描述中充斥着"经常""容易"和"相当数量的"等字眼。而且，"经常摆弄手脚""坐立不安"这类解释性词条显然包含主观成分。正常和疾病之间通常没有明确的界限，对于这一点我们不能视而不见。如果你的孩子只有5岁或者5岁以下，你特别需要牢记这一点。

因此，我认为我们最好用"多动症类行为"来取代"多动症"。

"所以，我的孩子应该服用利他林吗？"

可能吧。利他林能集中孩子的注意力，减少孩子的冲动行为，甚至可能改善孩子的表现。利他林确实有效，在某些情况下起着必不可少的作用。无论你的棘手孩子是否得到"确诊"，它都有利于你的孩子。但我也要说，利他林或者其他任何药物并不是神药，虽然危害性较小，但是同样具有副作用。

我既不赞同也不反对药物疗法。我相信我们必须十分清楚使用药物的目的。治疗疾病和提高身体机能之间存在着重大区别。

帮助孩子在具有高度压力的课堂里集中精力和治疗疾病并不一样。如果可能的话，服用利他林或其他兴奋剂，应该是由包括家长、儿科医生和孩子共同做出的明智决定。（在第 12 章我会涉及更多关于药物疗法的细节）。

家长的困境

某些问题来源于家长混乱地搜寻关于"我的孩子怎么了？"这个问题的答案。如果孩子的父母或老师无法控制孩子，从多方面来说了解孩子的不正常可以让他们如释重负。我们作为家长的动力就是发现孩子不对劲的地方，然后尽可能地帮助孩子。因此，从许多方面来说，孩子确诊有病家长会更为安心，即便这意味着孩子不正常。毕竟，相反的情况更糟：如果孩子没有任何问题，家长就必须接受当下情境，或者将孩子的行为归罪于自己。"如果孩子没毛病的话，那就是我的错了"是普遍的反应。这实在是进退维谷。孩子正常跟孩子不正常带来的暗示同样让人难以接受。

家长在努力寻找孩子无法安静坐下，或者行为毫无条理究竟是什么毛病的时候，会开始不断地寻求正确诊断。他们可能会去拜访一位又一位专家，结果是让自己变得更加困惑。有时，专家对孩子的诊断只是基于很少的信息。

特别是在孩子的学前阶段，在不同的情境下，家长可能会从专业人士口中得到关于孩子的不同观点：

◎ 儿科医生在熙熙攘攘的办公室里接待孩子，他诊断孩子为"多动症"。
◎ 幼儿园的老师在乱哄哄的教室观察孩子，认为孩子"过度活跃"，并隐晦地表示"必须提防孩子的学习障碍问题"。
- ◎ 给孩子看诊的心理学家认为孩子容易分心，高度活跃，但并不是过分活跃，因此孩子是有"注意缺陷障碍，不是多动症"。
- ◎ 精神科医生诊断孩子患有"对立违抗性障碍及多动症混合型"。
- ◎ 精神卫生社工会提及情绪和家庭问题。
- ◎ 孩子在安静的办公室外面等了很长一段时间才得以与神经科医生一对一的会面，神经科医生认为孩子此时看起来很正常，但是有一些轻微的神经病学症状，可能会发展为"多动症"。

谁的意见是对的呢？如果连专业人士都无法达成共识，这些意见势必会引起家长对诊断本身的怀疑，尤其是在我们对付年幼孩子的时候。

走进气质

如果开阔一下视野，我们就可以开始关注孩子的"整体"，而不仅仅是他的"障碍"，因此可以不落入诊断标签的圈套，给孩子和他的家庭提供帮助。

请记住气质分为10个维度。所谓的多动症孩子从某种意义上来说也是气质棘手的孩子。他们通常适应力较差，无法适应变化和变迁。他们通常非常固执，坚持己见。他们反应强度大，说话大声，容易兴奋。他们睡觉和饮食没有规律性。他们对吵闹的声音、强光和衣服质感的反应阈通常较低，很容易受到刺激。然而，友好比害羞更适合用来形容这些孩子，他们不记仇，性情积极阳光。他们活力四射、有趣，富有创造力。以上这些或者其他优点，一旦受到他人的鼓舞和强调，可以增强孩子身上的自信心。

第 4 章 "但他是不是有多动症呢?"

约书亚的故事:一个新的视野

我们来看看一个寻常的案例,故事的主人公是个小男孩,他被自己的儿科医师确诊为"多动症 – 极度活跃/冲动型"。我们观察这个案例的时候,也来看看他的其他气质特征是如何在他身上起作用的。记住,非常活跃的孩子因为他们的野蛮行为在孩子们中间极为突出,但是如果仔细观察,你会发现更多事情的真相。

约书亚受邀参加托儿所 4 岁同学的生日派对。约书亚的妈妈非常关心和爱护自己的孩子,担心自己孩子一贯野蛮、具有破坏性的行为,所以不经常带孩子参加这种派对。但是因为这次的派对是约书亚在学校最亲密小伙伴的派对,所以最终她同意让孩子去参加。

在家里安静的环境下,约书亚可以安静坐着听唱片。实际上,如果播放的是约书亚特别喜欢的唱片,他会完全集中精力(他是个很坚持的孩子)。然而,在参加派对这天,约书亚的妈妈犯了个错误,即突然关掉了孩子的音乐,告诉孩子应该去换衣服了。这时约书亚正沉浸在听歌这个行为里,不希望被打扰。随着矛盾升级,约书亚开始大声哭喊(他是个具有高反应强度的孩子)。当他平静下来的时候,孩子妈妈拿出她专门为孩子参加派对新买的衣裳,但是因为约书亚已经习惯了穿旧衣裳(适应性差),而且旧衣裳穿着更舒服,他坚持要穿自己的旧衣裳:他说新衣服太紧,让人发痒(他对接触物的反应阈很低)。长时间的挣扎之后,约书亚的妈妈强迫他穿上新衣服,他因此大发雷霆。最终,孩子妈妈妥协,允许孩子用旧球鞋取代新皮鞋。到他们准备离开家出门的时候,妈妈和孩子都已心烦意乱、紧张不安。他们还未步出家门,就已经大战了几个回合。

他们抵达派对的时候,发现现场已经来了很多小伙伴在开开心心地玩耍。孩子和妈妈们逐渐到来,派对开始变得更加喧嚣热闹;孩子的叫喊声

棘手孩子
The Difficult Child

越来越大,孩子们的活动逐渐多了起来。孩子们你追我赶,击打着从天花板垂下丝带的银色氦气球;过生日的孩子的父亲忙着到处拍照。声音、光线、兴奋孩子以及到处乱转的大人干扰刺激着约书亚,他开始觉得非常"兴奋";他妈妈看到了孩子显露出的危险信号,但仍希望孩子能够很快安静地坐下吃午餐。(约书亚对派对的反应加重了他的分心和对声音及光线的低反应阈)。

当所有其他孩子坐了下来等着吃午餐,把玩着手中的派对帽、喇叭和许多喜欢的东西时,只有约书亚不愿坐下,继续在屋里游荡,触碰自己周围能碰到的所有玩具、书籍、游戏和生日礼物。他告诉妈妈不想吃饭因为自己不饿(他确实不饿,因为他饮食没有规律)。约书亚的存在开始干扰到派对上的其他小朋友。约书亚妈妈哄他来到一个角落,给了他一个和家里一模一样的玩具唱片机让他坐下,还给了他一块平时最爱的巧克力。约书亚生气地吐出巧克力,说这块巧克力尝起来太甜,口感太差(又是低反应阈,这次是针对口味和口感)。他继续在凳子上扭动不安,试图站起来跑开,但是妈妈一直在安抚他,还从孩子朋友手中找来另一个他最爱的唱片。约书亚刚平静了一些,魔术秀要开始了,于是他妈妈唐突地关掉了唱片机并且拿走了它。约书亚变得狂怒起来(他较差的适应力让他无法快速地适应变化)。他开始在坐着的小朋友周围奔跑,干扰魔术秀,拉扯其他孩子的头发、衣服和小礼物。另一个孩子扯下约书亚的纸喇叭,约书亚因此失去控制,打了那个孩子。约书亚的妈妈觉得自己受够了,在极度羞愧的情况下抓起扭动不安、尖叫不已的孩子,把他拖了出去。派对上的其他家长对此没有异议;这是个极度活跃孩子,应该带去吃药了。

然而,通过分解约书亚所有的小动作,一次只观察其中一样动作,我们发现,是棘手特征组合在一起构成了他的行为。活跃水平和冲动性总是让人瞩目,因为这些是社交中最常见的特征。这些特征让孩子鹤立鸡群，成为人群中的焦点。有多少观察者知道或者了解低反应阈或者不规律节奏的概念呢？即便是最敏感的父母，通常也没有意识到孩子的问题是由他较差的适应力造成的。

至此我们发现，孩子的这些行为显然是由多方面因素构成的；是否能学会控制孩子行为取决于对孩子整体气质的了解。将他们当作棘手儿童，有助于你更好地应付他们。

棘手还是多动症？

许多家长问我，我认为他们的孩子只是"棘手"还是患有"多动症患者"。我确定你现在肯定已经猜到了，我通常都会回答："如果你是要去买保险，参与管理式医疗，或者将孩子放到小型、个性化的课堂环境，你才需要确切的诊断。除此之外的其他情况则不需要。重要的不是诊断，而是你的孩子是否在遭受苦楚，他是个怎样的人，需要做些什么来帮助他。"

试着不去想"她是个多动症患者"，甚至不要去想她"有多动症"。事情并不是非黑即白。我觉得说多动症范围和多动症类行为更有用。如果你的孩子自控力差，容易分心，极度活跃不断给他带来麻烦，如果你拿他没办法，如果他的老师沮丧挫败，如果他的朋友开始避开他，他开始觉得自己是坏孩子或笨小孩，他"只是非常棘手"，或他是否"被诊断为患上多动症"的答案真的重要吗？总之，无论从家长教育、学校咨询到药物疗法的试验呈现的观点如何不一，可以确定的是，他确实需要帮助。

我个人曾从严格诊断的药物治疗模式转变到对病人持更为宽容的看法，这种转变让我获得解脱，也让我变得更加富有创造力。我经常试图寻找激发孩子长处的方法。我乐于使用药物疗法来解决严重的病症，即便孩子并不完全符合多动症的标准——但是比起我的同事，我开的剂量会更少，服用期更短。如果一个妈妈过于愤怒紧张，无法达到接近我方法的中立性立场，我会建议她服用几周少量的镇静剂，这时我并不担心她是否患有"焦虑症"。我还发现，一旦许多家长和专业人士了解到这些先进但实用的方法背后的逻辑，他们都非常乐于接受它。

诊断多动症是件正确的事情吗？

绝大部分的专业人士是这么认为的。然而，对于诊断标准的解读却有各种各样的观点。于我个人而言，我对任何关于"精神障碍"的诊断都持保守态度。但是，诊断标签可能是恰当的，如果对象是无论身处何地都极度活跃的孩子，几乎无法安静坐下的孩子，行动随意完全没有目标性的孩子，几乎对任何事情都无法集中精力的孩子，无法听指令的孩子，总在干扰别人的孩子，冲动容易失控的孩子。换句话说，我在描述的是一群行为几乎完全由环境决定的孩子，在这种情况下，即便是最好的管教也远远不够。对于这群相对数量较少的孩子来说，药物疗法不再是个选择，而是必不可少的治疗方法。

比起其他孩子，确诊具有多动症症状的孩子在其他一些相关问题上也有非常明显的表现，包括缓慢的语言发展、显著的学习障碍、运动性抽动（自发的抽搐）、怀孕或分娩综合征病史、协调合作问题，或有类似家族病史。

这种孩子肯定需要得到正确的评估，可能需要语言疗法、职业疗法、特殊教育、药物疗法或其他心理疗法；而你们这些家长，至少需要指引和支持。（对于这些问题的更全面探讨，请参考第 12 章。）你们将需要多名专业人士的帮助。请确保这些专业人士协同一致。其中一人担任监督者；优秀的儿科医生无疑是此角色的最佳人选。

第 4 章 "但他是不是有多动症呢?"

什么是学习障碍?

学习障碍已经成为社会、政治和经济影响下的又一个产业。学习障碍这个词本身,如果说和注意力障碍或多动症有什么区别的话,那就是它的使用频率更高,但给家长带来的不安却是一样的。该术语让人很是困惑。"语言障碍""阅读障碍""表达障碍""处理障碍"这些术语对不同的专业领域其意味也各不相同。那些孩子有学习障碍,即便是有轻微学习障碍的父母都很容易掉进专家所编织的网中,那些专家带来令人眼花缭乱的复杂测试,随之带来的影响和处方听起来更是模棱两可,让人感觉不妙。"障碍"这个词本身就意味着事态非常严重。

再一次,我们需要秉持更为保守的态度。可以肯定的是,现实中确实存在一群有学习障碍的孩子。他们需要有能力的专业人士提供专业服务,专业人士会严格遵循标准来达到诊断目的。但是,更多的孩子只是有学习问题。他们可能需要一些帮助,但是绝对不应该被划分到"学习障碍者"的行列。记住,"多动症"和"棘手孩子"这两个术语都指向行为,可能会影响到学习能力,也可能不会:他们并不等同于学习障碍。

学校环境

由于教育基金的短缺,很多学校老师少,课堂大。在这样的大环境下,不守规矩的行为越来越多,实际上,在很多学校里,多动症几乎是不守规矩的代名词。不管是出于什么原因,表现出不规矩行为的孩子,特别是那种跟不上班里进度的孩子,会在老师的建议下被带去看医生,希望医生能给孩子开些利他林。通常儿科医生在压力之下,时间又很紧迫,也就随手"开药"了。

另一个经常受忽视的重要因素是班级的学生组成成分,而不是班级的大小。通常来说，一个班级里女孩子越多，气氛会越安静。一个班级如果有三个以上的"困难"儿童，那么任何老师都管不住这个班级。这里的第一步应该是和老师一起和校方协商，寻求管理上的改变。

表现不佳还是障碍？

现代生活的压力造成了孩子需要更多人照顾。年幼的孩子，有些还没有发育完全，就被带去日托中心或者学前班；公共学校的教室通常都很大；学术竞争从孩子很小的时候就已开始；在一些社区没有普通的孩子——只有"有天赋的"孩子和"有学习障碍的"孩子！在我看来，这种压力是不可逆的。同时，社会在给年幼孩子及其家庭投入资源、提供一流的服务上却进展缓慢，这些资源包括家庭可负担的高质日托中心，以及收费极高的儿童早期教育和其他专业人士培训。

家长们，特别是那些孩子有气质问题，无法很好适应当代社会环境的家长们，会怎样做呢？精神障碍的诊断能起到帮助作用吗？药物疗法有效吗？如果利他林可以提供一种相对安全的方式帮助普通棘手、与老师有拟合差度的孩子更好地适应学校指令，它的存在也是错误的吗？而使用利他林帮助一个聪明但是不怎么开朗的大孩子提高成绩，以便她为竞争激烈的未来做好充分准备，这个做法怎么样呢？又或者让一个有轻微专注困难的中学生在高考那天吃利他林如何呢？提高专注力可能会大大提高她的分数。

这些都是引发哲学矛盾的难题。家长和年纪大些的孩子需要勇敢诚实地面对这些问题。但是这些问题与疾病的治疗关系不大，也不应该像治疗疾病一样来对待。许多医生，在面对上述问题的时候，也同样不清楚自己应该怎么做，也会受到相同压力的影响；因此，诊断的可信性进一步遭到破坏，正常和障碍之间的区别变得越发模糊。

促进适应性，取代治疗障碍

儿科医生经过的专业训练让他们能够了解病史，检查患者，随着科技进步选择特殊的诊断调查来区分疾病，找出病因，然后开出治愈患者的处方。从本质上来说这是一种符合病理学的有缺陷的模式。除了新兴的"替代医学"（alternative medicine）领域，医生还不习惯在没有确凿的诊断测试情况下处理大量相关的病因，医生也无法充分考虑病人的个性以及病人与环境的交互关系。然而，在我们试图理解有行为和/或情绪问题的孩子（不管我们说这种孩子是气质困难或者患有 ADHD）时最需要的恰恰是这种对个人、长处和拟合优度的关注。我们需要接受孩子情况的复杂性，拒绝"诊断结果是什么？""对这种疾病的治疗方案是什么？"这种简单化的问题。

在适应性而非治疗性的模式下，我们会这样提问：

◎ 这个孩子是哪种孩子？
◎ 她现在正在遭受什么，原因呢？
◎ 他的自尊是否受到了影响？
◎ 他的家庭受到了什么影响？
◎ 他对环境的适应力怎么样，拟合程度可以优化吗？
◎ 她的长处和天赋是什么，如何激发它们？
◎ 我们如何让缺点的影响最小化？
◎ 最重要的不是"我们如何治愈孩子的障碍？"而是"我们如何改善孩子的适应力，增强他的自尊心？"

这种适应型模式很容易将最好的精准医学思维囊括其中。孩子试着吃药不是问题，只要吃药是治疗计划的一部分，而不是为了专门治疗障碍的，而这种障碍是否存在都没有定论。

棘手孩子
The Difficult Child

环境的重要性

在适应型模式下，孩子行为的环境总在考虑之列。即便是"正常""非正常"这类的术语通常也不是绝对的。它们不是固定的，而是动态的概念。这意味着，尤其是年幼的孩子，并不是在任何环境下，或者在同一环境的不同时间，都是高度活跃的。取决于孩子的环境、一天内的时间不同、孩子的情绪变化以及孩子处理情绪的方式，他的活跃水平可能会在普通、高以及非常高的范围内变化。换言之，他有时看着活跃但是是正常的，有时是"极度活跃"。

下面我们来看看关于我说的动态概念的一些例子。

"但是医生说他患有多动症！"

杰里米是个5岁的小男孩，吵闹、易激动，总是待不住。每次杰里米的妈妈带他去看医生的时候，他在等待室里总是横冲直撞。没事可干的时候，他无法安静坐着，而医生的办公室总是很忙、人来人往，所以他每回都需要等很长时间。在等候的时候，杰里米会与其他孩子玩闹得很厉害。到医生可以接待他的时候，杰里米已经变得过度兴奋，像条鱼一样扭来扭去。毫无疑问，医生脑海里浮现的诊断就是多动症。但是，杰里米的妈妈跟医生说她无法理解为何孩子在家里自己房间玩的时候的表现会那么"好"。她觉得一个极度活跃的孩子应该任何时候都是高度亢奋的，但是杰里米在玩乐高积木的时候会长时间保持安静状态。而且，虽然去年在托儿所的时候他很调皮，今年他换了个幼儿园的小班级，老师耐心温柔，尽管他还是不好管教，但是情况已经好转多了。杰里米妈妈跟医生诉说这些的时候，医生看起来不大相信。杰里米是偶尔有多动症？他是正常还是不正常呢？他是有时候不正常吗？这可能吗？

第 4 章 "但他是不是有多动症呢?"

假小子

克莱尔是个 6 岁的小女孩,平时看不出有太多行为问题——除了在学校的时候。教区学校的老师告诉克莱尔妈妈,孩子在她就读的一年级班上惹麻烦了,因为克莱尔不听老师指令,拒绝排队,希望挤到最前面,在玩游戏的时候会变得特别兴奋,有时会打其他孩子。老师建议克莱尔妈妈带孩子去看心理医生或者儿科医生进行评估,因为种种迹象表明孩子可能有问题,而孩子的愤怒可能是未来暴力倾向的先兆。克莱尔的妈妈对此疑惑不解;克莱尔是她的第四个孩子,前面三个都是男孩,她此前从未有"过度活跃"的问题,也从未惹过祸。如果克莱尔打了她的哥哥,哥哥会回打她;她表现得并不比哥哥们活跃。克莱尔的妈妈知道克莱尔不是个听话安静的孩子,但是也从来没有为她操过心。所以,孩子从一个活动跑到另一个活动,不愿坐着玩玩具又有什么问题呢?克莱尔的妈妈不愿意去看医生,但是学校步步紧逼,还进一步暗示,如果克莱尔不"接受帮助"的话,可能会产生更严重的问题。克莱尔有障碍吗,甚至是严重的那种,还是说她的行为只是反映了她较差的学校适应能力呢?显然,这是个关于同种行为在不同的环境下被当作正常或不正常的例子。

"他一向都很乖……"

学校开学的前一天,当地的大型商店经常鸡飞狗跳。妈妈们需要等上两个小时,直到孩子挑中适合上学的新鞋子。很多家长想要躲过这种场景,但是如果家里之前出去度假了,这种场景就躲不了了。史蒂夫今年 3 岁半,是个相对活跃的快乐孩子,偶尔会情绪爆发。史蒂夫的妈妈带着孩子去商店给孩子购买上托儿所的球鞋。他们到店里的时候,拿到的号码是 132 号,此时销售接待的是 45 号和 46 号。史蒂夫妈妈决定先离开,晚点再回来;她带着是史蒂夫去了附近的一家商店给孩子买了几件新的保罗衫。孩子这时开始变得烦躁了；孩子妈妈承诺待会买完鞋子后给孩子买甜筒。他们回到鞋店坐下。随着时间一分一秒过去，史蒂夫变得越发焦躁不安；他不停地从位子上站起来，在店里跑来跑去。很快，他撞到了其他顾客，也撞到了忙碌的销售员。他越来越兴奋，最后来了个大爆炸：他从另一个孩子手中抢了玩具，当那个孩子企图把玩具抢回去的时候，史蒂夫将她推倒在地。史蒂夫的妈妈尴尬万分，意识到店里的其他人都在看着他们，于是试图夺走玩具。史蒂夫大发脾气。最后史蒂夫妈妈抓起他，把他从鞋店里拽了出去。她听见两位坐在门边的妈妈讨论她，她们说："可怜的女人。她有个过度活跃的孩子。"

　　我们来看看最后一个例子中普通活跃，显然是正常孩子的史蒂夫。他的行为不适用于一般情况下的临床概念，虽然在无聊的购物之后，他被告知需要长时间地等候，虽然他被限制在拥挤鞋店的一张椅子上，虽然他变得过度活跃、脾气古怪，最终他的行为变得野蛮起来。但是这些就足以诊断孩子吗？当然不行！只是在鞋店的时候，他看起来很像"过度活跃的"孩子。

　　即便是被诊断出多动症的孩子，例如按时看儿科医生的杰里米，也经常有行为体现不出一些专业人士定义为障碍的时候。在一些环境里，比如在家里自己的房间中，他可以坐下来，集中精力做些他喜欢的事情。与老师待在一个祥和、井然有序的班里时，他的表现特别好，虽然他需要老师的一些额外关注。然而，在医生的办公室，就跟在其他过度刺激的环境中一样，他的行为恶化到绝对让人觉得他"不正常"的地步。

　　在克莱尔的例子中，我们有趣地注意到她轻松的家庭环境，和她作为家中的第四个孩子的身份（前面三个都是男孩）遮盖了许多"障碍"特征。注意力差、兴奋、冲动、打架、混乱的玩闹，在这样的家庭结构漩涡中几乎可以忽略。克莱尔的妈妈又是个经验丰富、波澜不惊的人。试想想，如果这个小女孩是年迈父母的唯一孩子，生活在一个非常讲秩序甚至有些死板的家庭，她会像只疼痛的拇指那样显眼。在这样的家庭里，即便是中等活跃的孩子看起来也是过度活跃。

在配备刻板老师的教区学校里，克莱尔的行为清楚地将她识别为"问题"，即便相同的行为在家里是可接受的甚至是受鼓励的。如果克莱尔妈妈和老师同时填写关于克莱尔行为的调查问卷，即诊断多动症的"测试"，我们就会清晰地看到主观看法对评级所起的重要作用。（顺便提一下，这是在家拟合优度高、在校拟合差度高的完美案例）。所以我们该如何定义克莱尔呢？她是否是个极度活跃的麻烦制造者，可以诊断出障碍，还是说她只是个很活跃的假小子去了个不适合她的学校呢？

以上三个例子很好地诠释了多动症这个词的两个主要问题：年幼孩子的行为几乎取决于他们身处其中的广大环境的影响；正常和非正常行为的界限实在难以界定，通常只能由观察者的视角决定。

其他影响行为的因素

从随和到棘手，每个孩子都会面临自控力、活跃水平和专注度这些因素。任何时候都棘手的孩子几乎不存在。孩子与所处环境互相影响。在不同的环境，不同的情形之下，一个极度活跃的孩子会变得平静，或者一般活跃的孩子会变得过度兴奋。因此，环境的作用非常重要。不过，其他因素也在起着不小的作用。

孩子的年龄很重要。一般、高和极度高的活跃水平的分界线，或者说关于自控力和专注力我们期待孩子所能达到的水平，在孩子年幼的时候会比较含糊。而在大一些的孩子身上，这种区分会更加明显。在诊断年龄非常小的孩子时，专业人士应该更为谨慎，孩子如果小于 3 岁，则不应该做出多动症的诊断。另外，孩子社交能力的发展与他的身体和智力发展可能并不匹配，假以时日是可以跟上去的。

一天内的时间不同也有关系。"半夜三更"的时候，或者孩子当天没有午睡，都可能导致孩子难以约束自己。正如成人在日常行为中会体验到的生物周期，孩子也是一样的。你的孩子属于"白天人"还是"夜猫子"？这些起起伏伏都会影响孩子的行为。孩子睡眠是否充足也很重要。如果孩子没有睡够的话，他的行为和在校表现就会变差。

当孩子因**疾病**无法上学的话，比如耳部感染复发，类似的情况也会发生；**一些药物**，比如用于治疗哮喘的药物，会让孩子产生多动症行为。

饮食也起了一定作用。很多妈妈已经观察到孩子对甜食或者对添加了添加剂的食物的反应，越来越多的儿科医生意识到某些孩子的行为和营养有关。很多家长的直觉告诉他们，饥饿影响行为。

孩子一旦觉得**不安或者受到威胁**，就会表现出极端行为。有谁可以言之凿凿地说出超市门口大声哭闹、大发脾气的孩子是个受到家长约束的过度活跃的孩子，还是个因不喜欢任何新事物而不知所措，被迫进入吵闹陌生地方的孩子？对于路人来说，这两种孩子表现出的最终行为是完全一样的，家长都无法控制住孩子。此外，长期处于不安状态的孩子通常会表现得不耐烦，无法集中精力。

总而言之：适应性、强度和环境模式比起缺陷明显的病理学模式更为有效。孩子本身比诊断更重要。无论孩子是诊断出多动症还是被当作"棘手儿童"，无论他是否需要其他形式的帮助，通过了解气质因素得到的知识可以帮助到作为家长的你，帮助你更有效地应对和管理孩子的行为。

第 5 章

▼

一个棘手孩子的一天

你将读到一个特别棘手的孩子的故事,这是一个真正的妈妈杀手。他的难带程度非一般孩子可以匹敌。但是不同之处在于棘手的程度,而不是棘手的基本因素,我将用这个极端的例子来强调可能同样发生在你那个不那么棘手的孩子身上的特征。

亚当·约翰逊出生的时候,他的妈妈玛乔丽料想的是和养育亚当的哥哥杰里米一样的体验。当玛乔丽得知自己生的又是个男孩的时候有些失望,因为她觉得女孩会"随和"一些。不过孩子身体健康让她十分开心,她也适应了在医院的日子,觉得自己是个经验丰富的妈妈,可以从容应付另一个男孩。

在住院的时候,玛乔丽给亚当喂食时感到有些吃力;后来回到家里,亚当没有像杰里米那样形成饮食规律。亚当与妈妈待在一起的时候经常很烦躁。他很容易睡着,也很容易醒来,一醒来就开始大哭大闹。他比杰里米要吵闹,然而玛乔丽觉得自己有这样的感觉是因为她已经习惯了大儿子的安静(杰里米 3 岁)。亚当的爸爸斯蒂芬则很为自己的小儿子感到骄傲,声称孩子的这种行为是"精力旺盛"和"意志坚强"的表现,预测孩子将来会是个"小淘气"。

棘手孩子
The Difficult Child

　　父母双方没有一个人能预测到未来什么会发生在亚当身上和这个家庭。亚当·约翰逊的饮食、睡眠和哭闹问题仅仅只是开始而已。他焦躁、古怪、多变的行为继续增加，到他两个月的时候，他的父母晚上再也没有睡过安稳觉。亚当一晚上要醒来无数次，每次都要哭闹。他在吃饭和换衣服之后哭声更为响亮。他总是扭来扭去很烦躁，抱着他也无济于事。摇晃也没有用；音乐公仔也吸引不了他，拨浪鼓也无法转移他的注意力。儿科医生说他是"疝痛"的时候玛乔丽一点也不惊讶，然后她焦急地等待了几个月，希望孩子的病快点过去。然而很多个月过去了，亚当还是一如既往地哭闹，睡眠质量差。医生没法解释了；疝痛通常在婴儿4个月的时候就会停止。玛乔丽变得筋疲力尽、心神不宁，她的丈夫在孩子哭闹得最厉害的时候只能睡在楼下客厅的沙发上，这样第二天他在出庭时才不会打瞌睡（作为律师，他有着良好的执业记录）。

　　开头，玛乔丽的妈妈给了很多建议，但是没有一个管用，当她妈妈逼问她，还告诉她一定是她做错了什么的时候，玛乔丽感觉既无能又无助。在她养育杰里米的时候，她妈妈也是十分投入，然而因为杰里米本身是个"乖宝宝"，妈妈提的那些建议并没有给她带来很大的干扰。而现在她觉得自己妈妈是对的，自己确实做了些错事。她是个"坏妈妈"，或者至少"没有我自己妈妈做得那么好"。但是即便亚当的外婆有无数对付亚当的建议，当她来访的时候（因为她住得很近，因此这种来访很常见），她也无法久抱孩子，也不能帮女儿照看孩子。亚当的吵闹、扭动似乎吓坏了外婆。她觉得自己无法"管住孩子"。

　　到亚当6个月的时候，他的整个家庭显然都受到了影响。玛乔丽在去购物，送杰里米去托儿所，或者做日常事务的时候总是担心自己吵闹的小儿子，她还不能不顾及其他妈妈的想法。其他妈妈在亚当哭闹的时候似乎总是盯着她看，让她因为无法让孩子停止哭闹觉得越发愧疚。奶嘴也不奏效；玛乔丽甚至试着在孩子的橙汁里加小剂量的威士忌。只是，一切似乎都徒劳无功。她的婚姻也饱受折磨,玛乔丽总是很疲惫,斯蒂芬对妻子变得不耐烦起来,他们经常因为如何解决孩子的问题而争吵。斯蒂芬希望玛乔丽"把孩子丢在一边""让他哭个够",而玛乔丽坚信孩子有毛病"需要帮助",所以怎么能放下心任由他哭泣呢?

随着亚当渐渐长大,父母开始注意到大儿子身上的转变。杰里米是个待人友好、容易满足的孩子,喜欢在院子外面或房间内玩耍,他会哼着小曲玩乐高积木或沙盒。弟弟的存在自然而然地干扰到他,但是随着时间推移,父母察觉到他身上更多的变化。他受到弟弟哭闹的影响,变得忧心忡忡。他会问:"亚当怎么了?他为什么总在哭?他为什么要尖叫?"他会站在婴儿床的旁边,试着抚慰弟弟,希望他不再那么烦躁。玛乔丽注意到大家一起外出的时候,杰里米不再喜欢单独玩耍,而是不停地叫父母过来"帮助"他,他变得比过去更黏人。亚当的需求让玛乔丽很少有时间留给杰里米,她担心这些压力是否同样也会伤害到他。这种感觉加重了照顾这个"极难对付型"孩子的压力。

到亚当学步,也就是他大概1岁的时候,父母的婚姻和整个家庭氛围已经非常紧张。因为亚当是个淘气包,与其说他开始学步,不如说他想奔跑(在他刚可以站起来的时候就这样),这让事情雪上加霜。屋里必须做好防护措施以保证亚当的安全,需要防护的东西比杰里米3岁前加起来的都要多。亚当睡觉、饮食的不规律仍旧持续,给他穿衣服、追赶他、控制他都是问题。他完全对管教免疫。玛乔丽不再觉得亚当"无助"或"有问题",而是开始觉得他是个"小恶魔",故意搞破坏。

到亚当3岁的时候,约翰逊家的生活已是完全围着亚当来转。他总是很野蛮,从不听话。一次次的权力斗争通常都以亚当发脾气收场。他要不睡得特别多,要不特别少,没有规律可循。父母无法轻易给他喂食,因为对他来说安静地坐在桌边很困难,更别提找到他喜欢吃的食物有多难。他不愿意穿任何他觉得"令人发痒的"衣服,包括新衣服,而且他喜欢不换衣服就睡觉。他从不换睡衣。他无法安静坐着玩游戏或拼图，但是可以不间断地看灯光绚丽、吵吵闹闹的音乐电视。亚当的爸爸讨厌这种电视节目，希望亚当可以对运动节目发生兴趣。但是亚当对看棒球运动毫无耐心，会哭闹着要看音乐电视，最终爸爸只能厌恶地换台了事。

不间断的斗争让亚当和整个家庭都伤痕累累。亚当在夜里变得胆小，更加黏妈妈。上托儿所的时候他相对安静些，但是依旧不好管教。在积极的一面来说，亚当在没有生气或不安的时候，性格似乎很是开朗。亚当爸爸喜欢和他打闹，为他的"强壮"感到骄傲。亚当妈妈喜欢他的"创造性"。他喜欢画色彩斑斓的鲜花和车子。

约翰逊一家的普通生活中，亚当总是那个主角，他的父母、哥哥、爷爷奶奶、朋友、同学和老师都是配角。对亚当的妈妈来说，世界围绕着她的棘手孩子和孩子的不良行为打转，从某种意义上来说确实如此——每个人都在对他的行为做出反应，而这些行为绝大多数都是消极的，这些消极行为又引起了周围人一系列的消极反应。

在工作日里，斯蒂芬·约翰逊的定时收音机闹钟会在早上6点响起。听到闹钟后他会起床去淋浴，而玛乔丽会快速地收拾一下自己，准备迎接已知的前方斗争。早上开始的时候是最痛苦的，因为这时她会再一次意识到，尽管过了一夜，什么都没有改变或过去。亚当的表现会跟前一天早上一模一样，而这一切并不会像噩梦一般倏然消失。

玛乔丽起床，下楼到另一间卫生间刷牙。然后她敲了敲杰里米的房门，不过并未查看他是否真的起床了，因为不管怎样，亚当在早上的大吵大闹肯定会吵醒他。玛乔丽深深地吸了一口气，走进亚当的房间。迎面而来是亚当房里的杂乱无章。她喜欢井然有序，事实上在这方面杰里米和她如出一辙，杰里米会把自己的书和玩具分门别类地摆放好。而亚当只要手之可及，什么东西都会去抓，在玛乔丽给杰里米买了个门下面带锁的柜子之后，他才可以不让弟弟碰到他的东西。玛乔丽绕开满地的

第5章 一个棘手孩子的一天

积木、玩具卡车和汽车,走到亚当床边。她已经不再给亚当铺床,也不给他盖毯子,因为他总是觉得热,睡觉也不老实;现在他只有一床被子,被推到床尾,卷成一堆。他侧着身子瘫躺着,腿蜷曲着,好像在跳围栏似的。亚当妈妈迟疑着要不要叫醒他。只有他睡着,屋里才有安静的时候。但是早上的时候他们需要更多时间以保证上托儿所不会迟到。

虽然夜里让亚当睡觉很困难,早上要叫醒他却更是难上加难。玛乔丽唤醒了亚当,他坐了起来,擦了擦眼睛。她给了孩子一个吻,然后一切开始了。玛乔丽对亚当说:"去卫生间刷牙。"亚当下床,然后开始坐在地板上玩玩具。玛乔丽又叫了一遍,亚当无动于衷。玛乔丽打开衣服抽屉,拿出干净衣服。亚当身上还穿着前一天的运动套装。玛乔丽的脸上露出一个微笑,说:"我们穿这件干净的T恤和牛仔裤吧。"亚当回答:"我不要。"她开始讨价还价,亚当还是拒绝。运动套装皱巴巴的,满是污渍。玛乔丽抓起他的袖子,把衣服从他头顶脱了下来。亚当大叫了一声,从妈妈的手里挣脱出来。玛乔丽叹着气放下干净衣服,开始设法说服他刷牙。她不明白为何让亚当做什么事情都这么累人;她只知道,从他起床的那一刻开始,就是一场接一场永无休止的斗争。

在给亚当的球鞋系了无数次鞋带以确保鞋带的"位置正确"之后,玛乔丽将注意力暂时转移到杰里米身上,他已经洗漱好,换好衣服,正在自己的房间里玩耍。有时玛乔丽觉得大儿子过于安静,过于乖巧了;她反倒希望他可以顽皮一些。他鲜有不听话的时候,但对亚当得到所有人的注意力却反应激烈,她知道当杰里米年龄再大些肯定会出现问题。然而,现在她不可能有多余的时间、精力花在大儿子身上,这增加了她做妈妈的愧疚感和无能感。

厨房里,斯蒂芬往餐桌上放了一壶咖啡,玛乔丽在往餐桌上摆放黄油、糖和牛奶的时候喝了一杯。亚当的行为总是毁掉大部分吃饭的时光,不过也有早餐比中餐和晚餐要容易一些的时候。早上亚当通常很饿,而且比起午餐和晚餐，他似乎更喜欢早餐的食物。他喜欢吃加糖的燕麦片，再加上大量牛奶和葡萄干。他总是用勺子把燕麦片戳得稠稠的，然后一个个地吃葡萄干，最后才吃软软的燕麦片。他每天早上都要用同一个碗吃饭，那个碗从他婴儿时期就开始使用，碗的底部图案是个泰迪熊。

在父母无数次召唤和警告上托儿所要迟到之后，亚当才姗姗来迟。斯蒂芬吃完早餐，起身开车去了火车站。杰里米去了学校巴士站，玛乔丽将亚当留在了厨房一会儿，上楼换了条裤子和衬衫，准备送亚当去托儿所。当她回到楼下时，看到亚当已经打开冰箱，把一夸脱牛奶全部倒进了燕麦片碗里，餐桌上也满是牛奶。此时亚当正在开心地玩着地板上的牛奶。玛乔丽不耐烦地将他拉到一边，喊道："你是个坏孩子，非常坏的孩子！"她发现自己责备亚当的声音比责备杰里米要大很多；在应付亚当的时候，她觉得自己的精神过于紧张，过于激动，更糟糕的是，孩子并不听她的话。她想如果不大吼大叫的话，孩子甚至压根就不会听她的。和往常一样，她大叫的时候，亚当会大声喊回来："你是个笨蛋，你把这些收拾干净！"

亚当一周要去托儿所三个早上，在去往托儿所的途中，玛乔丽平静了下来，得以享受孩子的陪伴。亚当很喜欢坐车，在车上的短短几分钟里，玛乔丽可以假装自己孩子就跟其他孩子一样，友善，讨人喜欢，随和。她对着亚当微笑，伸手握了握孩子的手。亚当这样的时候，她可以放松，对他感觉良好。当亚当对她回以微笑的时候，整个人魅力四射。那也是亚当有趣的一面。虽然他做起普通事情有这样那样的问题，但他还是个惹人喜欢的孩子，至少有时候是。

他们到达托儿所之后，玛乔丽知道她必须严厉起来，因为亚当不喜欢改变正在做的事情，从车里出来通常都会引起一片混乱。玛乔丽打开车门，探身进去抓起亚当的胳膊把他拉了出来。她动作非常快，因为孩子在校门口发脾气让她感到尴尬。其他孩子蹦跳着走上步行通道进入教学

第 5 章 一个棘手孩子的一天

楼；亚当则拖拖拉拉，又哭又闹。一旦进入教学楼，看到其他孩子东奔西跑的话，他会变得很兴奋，很快会踊跃地加入其他孩子的行列。但是让孩子进教学楼总是大费周章。

接下来的三个小时里，亚当会和 15 个三四岁的孩子待在一起。他喜欢积极主动地玩耍，但是他的老师总是留意着他，因为如果过于兴奋他就会打人。他已经打过踢过很多个孩子了，虽然老师已经告诉他学校不允许这样的行为，但他还是控制不住自己。当他变得过度兴奋的时候，他会闯入其他孩子中间，试图夺取他们的玩具，甚至痛打他们。老师们已经学会了，在他们将亚当从做一件事情转移到另一件事情之前，给他额外的时间让他冷静下来。但是老师无法处理亚当"拒绝"遵守规矩的难题；每天老师都试图让他安静坐下或者与其他孩子一起排队。他们坚决要求，他们试图贿赂，他们惩罚他，他们对他吼叫，但是都无济于事。他总是徘徊在故事小组或歌唱小组的边上，或者在喷泉式饮水机旁用水喷射领队的小伙伴。老师跟亚当的妈妈反映过这些事情，妈妈告诉他们孩子无法坐着吃完一顿饭，有时他虽然对自己正在玩的东西很感兴趣，但是也无法集中精力太久。从老师的角度看来，他们认同亚当升入小学的时候，他会有适应性问题。

亚当能够安静坐下参与的一个活动是画画，这一天，老师给孩子们分了画笔和颜料，让他们画一幅关于他们家的画。亚当努力地画出一间色彩缤纷、比例协调的房子。他在家的时候也喜欢画画，妈妈乐于帮助他并且鼓励他画画。亚当的父母、老师都无法将这种创造力和其他的"野蛮"行为联系起来。

在操场玩闹的时候，亚当变得过于兴奋，把一个小男孩从秋千上拽了下来。男孩摔下来的时候磕破了膝盖，亚当爬上秋千的时候还险些撞上男孩的脑袋。老师警告亚当下次不能再这样做了，但是亚当扭头望向别处，似乎根本没听。他抓起一个球，跑开了。

棘手孩子
The Difficult Child

到放学的时候,玛乔丽来接亚当,亚当给妈妈送上自己画的那幅主题为家的画。玛乔丽告诉他画得太漂亮了,然后他们一起度过了一段美好的时光。但是当玛乔丽提出他们要从另一条路回家,或者她想在超市门口停下买些牛奶时,亚当开始变得烦躁不安。他喜欢之前那条他已经习惯的回家的路,于是他开始大吵大闹。亚当妈妈感觉到麻烦要来了,但是她又需要买牛奶和其他主食,所以她还是开车去了商店。亚当沉浸在自己的沮丧中,继续大声地埋怨,到他们到达超市的时候,亚当妈妈不得不把他从车里拖出来,强迫他坐在购物车上。亚当在购物车上咆哮着,面红耳赤,妈妈推着车子,整个超市的人都停下来盯着他们。即便她往亚当手里塞他喜欢的东西,亚当还是停不下来;他把饼干扔在地上,对着薯片和椒盐脆饼干拼命摇头,继续发脾气。妈妈只能缩短购物时间,快速买了一些东西,为的是赶快把儿子带出超市。

亚当的坏情绪一直持续到吃午饭,对午餐他连碰都不愿意碰一下,中间他在自己的房内会"安静"地待上一段时间,那时妈妈可以听到他乱扔玩具的声音。突然,他开始哭起来,然后冲出房间,喊道:"妈咪!"他的手指割伤了,他看到血有些害怕。妈妈清理了一下小伤口,贴上了精致的创可贴,然而他还是大惊小怪了将近一个小时。经历了超市的闹剧之后,玛乔丽已经有些撑不住了,她满心期待一会儿迎接杰里米回家,打扫完房子,准备好晚餐,给两个孩子洗洗澡。杰里米放学之后,她把两个孩子叫到后院去玩,自己则瘫倒在椅子上,筋疲力尽,心力交瘁。每一天,亚当都要哭上十几回。从来没有心平气和、风平浪静的时候,而且事情并没有朝着顺利的方向发展。

杰里米跑进跑出好几次给妈妈报告亚当的不良行为:亚当抢了他的棒球棒,亚当去追邻居的猫去了,亚当打了他。斯蒂芬希望教会杰里米反击回去,而她觉得这样做是不对的。斯蒂芬似乎很喜欢亚当的蛮横,他认为杰里米太文弱了,像个"女孩子"。这让管教显得很混乱,亚当的不

第 5 章 一个棘手孩子的一天

良行为变成"好行为",而杰里米反倒显得像是个"善于讨好卖乖的孩子"。玛乔丽对此感到非常烦恼,她发现自己有意无意忽略了两个孩子的争闹,从而让自己享受一些不受他们干扰的时光。

在外面玩了一会儿之后,两兄弟进屋看电视。因为亚当总想看自己喜欢的节目,所以他们总为看什么而争吵。玛乔丽通常会让杰里米同意看弟弟喜欢的节目,因为只有在电视播放亚当喜欢看的电视节目的时候,他才可以长时间待着。但是今天,杰里米坚持要看自己喜欢的节目,所以他们打了起来,结果是一盏灯被打翻,摔碎在了地上。"等着,让你爸爸看看这些!"斯蒂芬停车的时候玛乔丽喊道。他走进屋里,发现自己妻子在喊,大儿子满眼泪光,小儿子满屋跑,晚餐还没开始做。

玛乔丽要求丈夫去管教孩子。

斯蒂芬反问为什么她不管教:"你为什么不能让孩子规规矩矩?你是怎么了?"

玛乔丽大脑迟钝,埋怨他说:"我今天过得糟透了,你却一点都不在乎。"

"你为什么要拿我出气?"她丈夫回答,"为什么屋里总是这么不整齐?我回到家都不能喝杯酒了?你究竟是怎么回事?我们这一家子,你一个都照顾不好!"

玛乔丽冲进厨房开始做晚餐,猛甩橱柜门,瓶瓶罐罐砰砰作响。斯蒂芬对孩子们说:"离我远点,走开。"然后他看到了地上摔碎的灯。他走到餐厅的吧台边,开始喝起来。

每逢父母吵架的时候,亚当的行为会变得更糟。这天晚上,他从桌上的抽屉里拿出了一支马克笔,开始在墙上画起画来。玛乔丽一看到,马上从亚当手中抢回笔,吼道:"你这个可怕的孩子,我恨你!回房间去。"亚当一动不动站在原地,双脚摇来晃去。

"你听到我说什么了吗?!回房去!"

亚当走进客厅,打开电视。

"我数到三,"妈妈警告道,"你最好按照我说的做,否则……"她并不知道应该怎样威胁他。她应该关掉电视吗?她怎样才能准备好晚餐呢?为什么她的丈夫不来帮忙呢?他上楼洗澡换衣服去了。亚当站在电视机的前面,非常接近她之前警告她不要站立的地方。他从不听她的话,她的话完全不奏效。

"亚当!"她大叫,"你最好按照我说的做!"然后她走回厨房。

亚当继续待在原地,直到晚餐做好。

斯蒂芬到楼下的时候,灯的碎片已经清扫干净,餐桌已经摆好,孩子们在看电视,他可以闻到厨房发出的阵阵饭香。他心满意足地想,这才像样嘛。然后他瞥到墙上的斑驳,跑到厨房指着外面质问妻子:"那是什么时候发生的?"

"不久前。"她继续盯着炖锅里的蔬菜说,"我已经惩罚了亚当。"

斯蒂芬开始喋喋不休:"你知道的,他是个小男孩。对男孩子你真的必须要严厉。我对此完全了解。我曾经也是个小男孩。我妈妈说……"

玛乔丽打断道:"我知道她说了什么。亚当不像你,他情况更糟。他根本不听人说话,总是乱发脾气。你真应该看看今天在超市发生的事情。"

斯蒂芬强调说:"你要对他更严厉些。他听我的话。"

玛乔丽疲惫地回答:"你不是一整天都围着他。"

"好吧。今晚这顿我来吧,"他说,"我将向你展示要怎么做。"

"祝你好运。"玛乔丽小声说道。他们今天的晚餐是鸡肉,亚当不怎么喜欢吃鸡肉,所以玛乔丽给他做了点不一样的食物——英式松饼比萨,这是他爱吃的。这产生了杰里米的一个问题,因为他也想吃最爱的食物,所以她给大儿子做了一根热狗。

斯蒂芬又喝了一杯酒,然后带孩子们去洗手,准备坐下吃饭。亚当拒绝了,他想要继续看电视。斯蒂芬关掉电视,亚当大叫一声表示抗议,

第 5 章 一个棘手孩子的一天

然后又开了电视。斯蒂芬再次关掉电视。亚当伸手按电视按钮,爸爸狠狠地打了一下他的手。亚当盯着爸爸大哭起来,然后躺在地上,脚狂踢地板,嘴里喊着:"电视,电视,电视!"

杰里米目瞪口呆地看着这一切。

爸爸命令孩子们:"去饭厅,坐下来吃饭。"杰里米马上去了,而亚当继续又踢又闹。

爸爸吼道:"你听见我说的话了吗?"他将亚当提起来,带到餐厅,放在椅子上。亚当站了起来;他爸爸又把他摁了下去。这种情形翻来覆去持续了几分钟,最后斯蒂芬放弃了。亚当在地上打滚,继续发脾气。玛乔丽开始上菜。

没有人再管亚当,5 分钟之后,他自己平静了下来,然后坐在了椅子上。他的腿晃来晃去,踢在餐桌上。餐桌上没有人说话。杰里米吃着自己的热狗,父母嚼出鸡肉和蔬菜,亚当尝了一小口比萨,然后吐了出来。

他妈妈问:"怎么了?"

"尝起来味道怪怪的!"

玛乔丽撒谎道:"跟你以前吃的味道一样。"她使用了另一个用优惠券购买的牌子的番茄酱。每次她变了某样他喜欢的东西的牌子,他都可以分辨出来。她糊弄不了他。

他的爸爸,因为饭前的场景已经精疲力竭,于是同意孩子们离开餐桌去看电视。他说:"我投降了。"

他的妻子直勾勾地看着他,他白天时根本就不在家。

"你根本不知道那是怎样一种滋味。"她有点挑衅。

他回答:"我不知道吗?好吧,你不用每天工作 8 小时,然后回家面对一团糟。"

他们的音量逐渐提高。他们又将开始之前已经吵了无数遍的话题,每次模式都一样。他们抨击对方放任亚当的不良行为,然后斯蒂芬会谴责玛乔丽不够严格要求孩子,而玛乔丽会过于护着孩子,辩白说亚当还是个"孩子","有问题的孩子";接着斯蒂芬会控诉妻子过于"溺爱"孩子,亚当只是个蛮横、爱吵闹的小男孩,需要强硬的态度来引导他,偶尔打屁股也成。

"为什么你那么害怕灭他的威风呢?"斯蒂芬继续说,"你是他的妈妈。你让他做了错事不必受到惩罚!我告诉你,最大的问题就是你,孩子他妈。"

玛乔丽扔下手中的叉子:"那你每天在家里陪他。你看看他做了什么。他和其他孩子不一样,他不像杰里米。问问他学校的老师。"

"我只是说如果你可以强硬一些……"

"我要洗碗洗澡了。你去强硬。"玛乔丽站了起来,推开厨房门,然后任由背后的门自动关上。

斯蒂芬看了看表,他觉得该让孩子们准备睡觉了。

在客厅里,亚当正聚精会神地看着电视。电视里正在播放他最喜欢的一部警匪剧,呼啸的汽笛声、燃烧的车祸现场和尖叫而过的摩托车都让他很感兴趣。

"亚当,杰里米,"斯蒂芬用盖过电视声的音量大声喊道,"该上床睡觉了。"

亚当一动不动。杰里米抬起头问:"妈妈呢?"

"她在休息。"

杰里米问:"为什么?她对我们生气了吗?"他是个爱担心的小孩,总是希望可以取悦别人。

"她只是累了。现在我们上楼去吧。"

杰里米说:"妈妈说我们今晚必须要洗澡。"

斯蒂芬再一次意识到他们的大儿子完全成了一个乖乖儿(goody-

goody）①。是不是因为亚当太调皮了，而玛乔丽总让他逃过惩罚？他对妻子的愤怒更增一分。

"过来，孩子们。"

亚当没有移动。爸爸关掉电视。他再次大喊起来，声音很是刺耳。"不，亚当。该去洗澡了，然后我们要去睡觉了。"

"不要！"亚当叫道。

爸爸抱起他，他开始拳打脚踢，然后打在爸爸的手臂上。"你这个小恶魔……"他爸爸开始骂道，之后一巴掌打在亚当的脸上。亚当爬在地板上，一边大哭一边乱踢。杰里米站在一旁看着，说："妈妈不喜欢这样。她会让弟弟看任何他想看的电视。"

斯蒂芬回答："嗯，但是我不会。"他抓起亚当，避开儿子胡乱挥舞的手脚，把他带上楼。他把孩子放在浴室的地板上。亚当依旧在发脾气。斯蒂芬吼着让他停止，威胁着要打他，威胁着再也不让他看电视。他一直吼着直到声音沙哑，完全不在意妻子是否听见。他要向妻子展示如何应对这种情况！他关上浴室门，等着亚当停止发脾气。他看了看手表，时间是7点45分。他这时已经很疲惫了，于是决定不给孩子洗澡。他抱起亚当带到房间。杰里米已经在他自己房里，正在自己换睡衣。平生第一次，斯蒂芬觉得特别欣慰，自己的大儿子太棒了。

斯蒂芬说："好了，我们要换睡衣了。"

亚当回答："我不换。"

这孩子太喜欢和人作对了。他绝对在自找麻烦。斯蒂芬说："你在找麻烦，你是故意这样做的。"他心里想，他肯定是对我生气了，因为玛乔丽不在这里，他不能像往常一样得到溺爱。

---

① 指尽量表现好以取悦父母的孩子，含贬义

亚当又说了一遍："不穿睡衣。"

"不管你喜不喜欢，你一定要穿睡衣。"他一边说着，一边抓住亚当的运动服，那件运动服亚当已经穿了一天一夜了。亚当号哭不已。

杰里米站在门边说："妈妈会让他穿自己的衣服睡觉。"

"我不想听到妈妈怎么做！"斯蒂芬喊道，"我有自己的办法。"杰里米眼泪夺眶而出，然后回自己的房间去了。

亚当的身体不断地在扭动，踢来踢去，斯蒂芬试图将衣服从他身上扒下来。斯蒂芬不明白为何亚当精力会那么旺盛，为何在情绪失控、发脾气那么多次之后还不会疲倦，不愿意上床休息。

奋战了几分钟后，斯蒂芬终于把亚当的裤子脱了下来，但是上衣还没有脱掉。他决定就这样了。他喘着气说："好了，该上床了。"

亚当哭喊道："妈咪。"

"她待会儿会过来。"斯蒂芬曾幻想把亚当擦干洗净，让他穿着干净睡衣安安静静躺在床上准备睡觉。现在，他怎么能让妻子看到他和儿子对峙，导致亚当床上和房间一团糟呢？而且亚当的脸还是脏的，满是泪痕。他在哄孩子上床睡觉方面并没有做得很好。他甚至不知道杰里米去了哪里或者该对他做什么。一晚上对付亚当产生的麻烦就够了。

"好了，亚当。现在我们睡觉了。我要关灯了。"

"我不要！"亚当尖声叫道。

"我要睡了，"斯蒂芬回答，"现在很晚了，你该睡觉了。"

"我不累，我想要看电视。"

"不能再看电视，"斯蒂芬说，"现在是睡觉时间。"

亚当又开始号哭起来。

"好吧，你可以不睡觉，但是只能待在自己的房里，而且只能玩几分钟。"

亚当停止哭泣，起身开始玩起了散落在地板上的各种玩具。

第5章 一个棘手孩子的一天

疲倦的斯蒂芬走下楼,喝了一杯酒。他不知道自己还能做些什么。

他躺在扶手椅上,闭上双眼。待会儿等他感觉好些之后,他要跟玛乔丽道歉。事情比他想象的要困难得多。他完全不知道妻子每天是如何过来的。他从未想过亚当可以如此棘手。

根据多个具有极度棘手儿童的家庭的经验,亚当的家庭属于混合型家庭。亚当是个高度活跃、热情、适应力差、高度坚持、容易分心而且不规律的孩子;他的反应阈很低,面对新环境容易退缩。而且,在不生气或者不痛苦的时候,他是个天性非常阳光,可以享受事物,在艺术领域具有创造力的孩子,如果处理得当的话,他会成为一个有趣、活力四射、充满好奇心的孩子。但是这是个身处麻烦中的家庭。家长都不知道应该怎么做,显然有些事情有些人需要做出让步。这个人会是谁呢?亚当,妈妈,爸爸,哥哥还是父母的婚姻呢?这一天只是漫长生活中的其中一天,其中有哭喊,有对峙。其他日子有的好一些,有的坏一些。但是没有哪一天,亚当没有影响当天的日常事务和活动。这个家庭长期生活在这个孩子的阴影之下。

当你准备为自己的棘手孩子制定一些计划的时候,请再次记住以下的基本法则。

- ◎ "棘手"这个词是相对的。在你这个家庭里你的孩子的棘手程度有多深?在此拟合的概念非常重要。
- ◎ 棘手儿童各有不同。从某些方面来说,你的孩子可能和亚当很不一样。你的孩子棘手的原因取决于他自己独有的棘手特征的综合。
- ◎ 在应对你的孩子的过程中,你需要改变的程度取决于孩子的棘手程度,以及家里的恶性循环存在的时间有多长。

现在,让我们开始针对孩子的全面学习。

第二部分
part two

针对你棘手孩子的计划

我坚信大部分家长可以通过了解孩子来大大地改变孩子的态度和行为。如果你能学会了解孩子的棘手气质,你可以开始修正他身上以及你家里正在发生的事情。慢慢地,你会成为自己孩子气质和行为方面的专家。

通过坚持不懈地实践这个计划,你的孩子和家庭的状况一定会得到改善。

计划简介

你将开始一个计划,通过坚持不懈的实践,这个计划可以改善你的孩子和家庭的状况。你将学到的许多原则和技巧均包含在我创立的棘手儿童计划之中,该计划于20世纪80年代被引入贝斯以色列医院,还被我在纽约市的私人门诊内的棘手儿童中心使用、修改并得到完善。

我的理念基础是,我坚信大部分家长可以通过了解来大大地改变孩子的态度和行为。如果你能学会了解孩子的棘手气质,你可以开始修正他身上以及你家里正在发生的事情。

慢慢地,你会成为自己孩子气质和行为方面的专家。因为专家能够更好地处理事情,所以你也可以。因为能够置身事外,变得更为公正地看待问题,你将不会过度沉溺在自己的情感里。从积极的意义上来说,一旦你有了更中立的看法,你会变得更加变通,更加包容,更加权威,更像个领导者。

开始这个计划将首先改变你的思维和反应方式。然后你会学到管理孩子的具体原则和技巧。

计划的五大元素

评估——找出问题

本计划的第一部分将帮助作为家长的你更加清楚地了解自己的处境。

你将会研究你的孩子,把注意力集中在重要的家庭问题中,比如父母对孩子的反应、管教和其他相关领域。你将在第 6 章进行这项评估,评估将为你做出任何关于孩子的决定提供基础。评估将呈现出一幅关于你家特有的家庭状况的综合图景。

重获成人权威

想要重新获得在家里的领导者位置,你需要学习新的方法来主张成人权威。第 7 章概括了清楚有效的管教原则。你将逐渐学会考虑孩子的气质,解决孩子的行为问题,而不是情绪化或本能地对感知到的孩子动机进行反应。你会发现你惩罚孩子的次数少了,但是每次惩罚都富有成效。

你将会学习:

◎ 脱离,往后退
◎ 态度变得中立
◎ 反应之前思考和评估
◎ 随着将孩子令人疑惑的行为特征与棘手气质关联起来,你将会一点一点地了解孩子的行为
◎ "他为什么要这样对我?"的想法变成"我该如何理解他的行为?"

随着你越来越成为自己孩子的专家,你对孩子的消极干预以及对恶性循环的参与将被成人态度所取代,而成人态度更强调魄力、善良、简洁、严厉、清晰的界限和一致性。

管理技巧

一旦你和你的伴侣重获成人管理的位置,你就可将新的家长态度与各种各样的管理技巧结合起来,以适应日常与棘手孩子在一起产生的冲突、难题和问题下潜在的气质问题。我用的管理这个词,与惩罚大不相同。

管理更具有同情心，适用于孩子"无法控制自己"时产生的行为。你传递给孩子的信号是"我懂你"。这些技巧可以帮助改善那些单靠惩罚无法得到控制的行为。相关内容详见第 8 章。

信息整合

在第 9 章，你将会学习如何将管理技巧与管教孩子的新方法整合起来，完美应对日常生活中孩子的各种情况。

在棘手婴儿的案例中，惩罚甚至称不上是一种办法。你能做的只有尽量了解孩子的行为，然后尽可能地去管理它。你无法将你的孩子变成一个"随和宝宝"。但是通过辨识孩子的气质，通过第 10 章的建议学习如何管理孩子的气质，你的日子将会好过一些。

互助小组

本计划的最后一部分包括如何成立家长或妈妈互助小组的建议，包括小组会议中的议题，如何联系其他棘手儿童的家长，如何自己运营这样一个小组等建议。你将会懂得热线电话对于其他妈妈的价值，以及如何帮助排解你的孤独感和疏离感。专业人士的帮助对互助小组的组织不是必需的；你将学会无论住在哪里，都可以有效地组织互助小组。第 11 章将详细解释这些信息。

如果你需要进一步帮助

棘手孩子的涟漪效应会带来许多问题。一些问题可以通过应用该计划的管理技巧得到解决，而另一些问题则需要予以进一步的关注。第 11 章"孩子之上"还包含了一些关于家庭生活的建议，哪些家庭生活方面需要你额外的支持。其中包括与父母、兄弟姐妹、整个家族、同龄人以及学校特殊部门和医生的关系。

如果你觉得你的孩子或家庭可能需要更多特殊专业的协助，第 12 章会提供一些指引，包括什么时候寻找，如何选择合适的专业人士咨询，以及可能会帮助到你孩子的药物疗法方面的信息。

该计划试图全面解决养育棘手儿童相关的所有问题。每个家庭需要的可能只是这个计划的一部分。比如，基本随和但是伴随一些棘手特征的孩子父母可能只需要改变他们的态度，学习部分管理技巧。但是在你决定应用或者不应用某部分于你个人情况的时候，我强力建议你先按顺序详细阅读第 6 到第 12 章。

第 6 章

▼

评估你的情况：学习阶段

棘手儿童的家长第一次来看我的时候，我一般都有这样一些假设：他们在养育孩子上有问题，他们觉得沮丧，他们丧失了至少一部分父母权威。如果他们的孩子非常棘手的话，他们还会疑惑不解，经常感到愧疚和羞愧，他们的婚姻正受到影响，他们觉得自己和孩子都是"棘手的"。

虽然这些共性普遍存在，但差异同样也有不少。正如你所知道的那样，棘手儿童并不是每方面都是一样的，他们的家庭亦是如此。一旦我了解了孩子及其家庭的问题，我就可以针对他们的情况给出有针对性的建议。当然在你的案例中我无法这么做，但是我可以向你展示如何自行评估自己的孩子和家庭。这样做的目的是为了让你们，父母，成为自己孩子的专家。

在开始你们的评估之前，你们夫妻最好从头到尾阅读本书。虽然没有父亲的直接干预有时也可以得到重大改善，但是根据我的经验，如果父母双方都积极参与的话，成功的概率会大大提高。

学习阶段

你们应尽快开始本环节。挤出一些你们双方都感到平静，没有干扰的时间段。如果孩子在旁边的话，他们会需要你的关注。你们还可以在孩子睡着的时候交流（如果不太疲倦的话）。或者把他们送到爷爷奶奶或其他亲属家里。也可以雇个保姆，然后找个安静的餐馆吃饭。如果有必要的话，请一天假也行。

这个学习阶段的重要性，我怎么强调都不为过。通过学习，你管教孩子的方式可能大有改变，家庭的氛围会得到改善，甚至你的孩子能更好地适应未来。与这些可能性相比，"我不可能请一天假不工作"的说法根本站不住脚。

在学习阶段，你们的主要目标是完全熟悉你的孩子的行为、气质，以及在不同的每日环境中二者的关联。同时你们也会审视自己，审视自己对孩子以及整个家庭情况的反应。

这一阶段你们应该：

◎ **简化你们的生活**。不参与任何社交活动，不给孩子派无关紧要的差事，让你们的日常生活尽可能地简单。

◎ **尽量多安排时间用于家长讨论**。这一点非常重要。完成评估的过程应该是施与受的过程。所有事情都能讨论，试图从中找出反映你们夫妻两人感觉的答案，而且，最重要的是，不要指责和批评。

◎ **特意准备一个笔记本**，尝试记录接下来的调查问卷的回答。我知道有些家长觉得这一步无关紧要，但是将答案写下来能帮助家长理清思绪，而且写下来的评估在日后你们学习新的管教方法和管理技巧的时候会派上用场。随着你们情况开始改善，这些记录将可以作为记录具体进步的工具。

◎ **在留意孩子行为的同时留意你们自己的反应**。记录你跟孩子发生争端时犹豫不决的次数，屈服的时候，"输给孩子"、过度反应或者使用过度和无效惩罚的时候和次数。

请务必记住你们的目的。你们正在学习一种全新的思维方式和反应方式。在你们运用新方式之前,你们必须停下手中的一切。清除一个固定模式,即便是无效模式,也并不容易,也需要花费时间。

孩子的行为概况

首先我们着眼于给你的家庭带来问题的行为的类型,和你的孩子所做的给你带来最多麻烦的事情。这里有一张表,列举了问题行为的主要类型,以及家长们相应的描述。将这些分类当作指南,在你自己的笔记本上做出自己的表格。

以下哪些行为在你的孩子身上表现出来?

行为类型	家长描述
叛逆	——做任何他想要做的事情 ——忽略我说的话 ——完全按照我说的反着去做
抵抗	——不合作 ——偷懒 ——总找借口
不听话	——不听指令 ——不理人 ——常说"我忘记了"
固执	——必须按照他的方式做事 ——不接受别人说不 ——难以置信地固执己见 ——像个坏了的唱片喋喋不休

续表

行为类型	家长描述
黏人	——极度胆小 ——不愿离开我身边 ——经常把脸藏起来 ——往后缩
极端	——非常挑剔 ——只要确定的东西 ——很难取悦 ——过分讲究,总是注意到别人注意不到的细节
苛求	——想成为人群中的焦点 ——当我当作奴隶 ——无论我怎么做他都不满意
埋怨	——总是发牢骚 ——噘嘴 ——生闷气
插嘴	——打断大人的交流 ——不让我打电话
干扰	——侵犯我的隐私 ——即便我让他不要来我房间,他还是会来
恶语相向	——说脏话 ——直呼别人的名字,即便对方是大人 ——大喊大叫

续表

行为类型	家长描述
没礼貌	——餐桌上表现糟糕 ——对我无理，总是顶嘴 ——从其他孩子手中夺取玩具 ——粗鲁
自私	——不与兄弟姐妹或者朋友分享玩具 ——所有东西都是"我的！"
亢奋	——让人精疲力竭 ——永远都在四处奔跑 ——无法保持不动
举止野蛮	——容易过度兴奋 ——容易激动 ——引起骚乱 ——具有破坏力；扔东西，打碎东西
不会自控	——不动脑子就行动 ——无法停止做某事
攻击性	——推挤他人 ——踢打或者咬其他孩子，甚至成年人
乱发脾气	——程度和持续时间不同，从短暂的爆发到非常长的"崩溃"

下一步是将孩子的行为类型与其发生的情况或环境结合起来。这一点很重要，因为我希望你能看到同样的行为可以在完全不同的情境下表现出来。比如，一个"抵抗型"孩子会在穿衣服时（通过磨蹭），在学校时（通过找借口），在吃饭时（通过无视你对餐桌礼仪的解释）表现其抵抗

特征。将任何适用于你的案例的其他情况和环境加入你们的清单。

- ◎ 早上起床
- ◎ 吃饭和吃东西
- ◎ 看电视
- ◎ 家庭活动
- ◎ 与家族里其他成员互动
- ◎ 与管家、保姆互动
- ◎ 学校和老师
- ◎ 穿衣服
- ◎ 睡觉时间
- ◎ 玩耍
- ◎ 与兄弟姐妹互动
- ◎ 与同龄人互动
- ◎ 日托中心
- ◎ 公共场所

我在此提供一个例子展示怎样才算一个完整的行为档案,这是由一个非常棘手的儿童詹妮的父母完成的。

詹妮的行为档案,4 岁

行为类型	情况或环境
抵抗	——早上起床
	——穿衣服
	——睡觉时间
	——吃饭和吃东西时
固执	——穿衣服时
	——吃饭和吃东西时
	——学校和老师
挑剔 黏人	——对衣服和食物
	——学校和老师
	——公共场合

续表

行为类型	情况或环境
抱怨	——早上起床
	——穿衣服
	——吃饭和吃东西
	——睡觉时间
	——家庭活动
	——与兄弟家姐妹互动
	——公共场合
自私	——看电视
	——家庭活动
	——与同龄人互动
	——与兄弟姐妹互动
	——学校
发脾气	——穿衣服
	——公共场合

请将詹妮的当作指引，创作你的孩子的行为档案。这一点非常重要，因为档案将帮助你开始厘清让你疑惑不已的印象，让你看到孩子的问题行为存在一些内在的模式和连贯性。他在学校的反应事实上可能与你尝试给他换衣服的反应非常类似。因此，一种行为可能会在多种情况下产生麻烦。

"相关行为"清单

无效管教的最重要的一个原因是家长被孩子完全缠住，变得过于急躁，以至于对孩子做的任何事情几乎都有反应。他们的过度反应越多，孩子的不良行为就越多。从某种意义上来说，孩子因此持续地得到了越来越多的关注。过多的关注，即便是消极的，对于孩子来说都是强有力的"奖赏"，起到了强化孩子不良行为的作用。你需要学会克制，减少对情境的反应，可以问自己这些问题："这个真的重要吗？""我可以不管这种行为吗？""我等等看的话会发生什么呢？""我什么都不做就是输了吗？"

为了帮助你减少反应，你需要另一个清单。一个家庭前来我这里咨询的时候，我会让孩子的爸爸妈妈们分别写出他们真正无法接受的孩子行为清单。这种叫"相关行为"，客观来讲，相关行为指的是你作为家长觉得必须要表明立场并改变的行为。在你关注孩子的每样行为时，请确保询问自己你真正期待的是什么？比如，虽然在吃饭时能够安静坐着对你来说可能很重要，但是你是否反应过度了呢？请记住，活跃的儿童可能无法长时间安静坐着。或许你可以放任这件事情。试着只把真正重要的事情放入你的"相关行为"清单。

一旦你做好清单，并且确定上面列举的行为是客观相关的（重新回到你的清单上，每一项询问自己至少一次），然后和伴侣交换清单。两个清单很可能大有不同。你们开始与对方协商，然后制作出一张与你们双方都相关的行为清单。在你们的协商中，你们应该再次努力客观而不是带着怒气做出结论。比如，许多妈妈非常纠结于孩子穿什么衣服、吃什么早餐的权力斗争。她们会这样说，"她听不进去任何对于她有好处的事情，她总是想按照自己的方式来。"孩子的每件事都成为妈妈要担心的问题；孩子每天早上不愿意吃燕麦片而要吃薯片也成为危机。妈妈变得过度担心营养问题。她担心孩子的未来。她在是否要生气还是放弃上摇摆不定。但是现在，除非儿科医生担心孩子的营养状况，妈妈应该尽量将这种行为视为无关行为。之后，当整体的家庭氛围得到改善时，任何时候她都可以回来解决这个问题。另一个让人非常生气的行为是穿衣服或直呼名字。许多棘手儿童会叫他们的父母"笨蛋",甚至更难听的字眼。可以理解,父母对此非常生气。现在,为了达到你们的清单的目的,除非你的孩子具有攻击性,否则将此视为无关行为。一样的,你可以之后再回来处理。目前,很可能存在很多更重要的问题,那些问题需要你们的即时关注。

以下是一些帮助你缩小关注点的指引:

1. 你客观吗?往后退一步,对孩子的行为做出合理的评估。在你们都心态平静并且有足够时间讨论的时候这样做,而不是随意地在纸上写下,就当"完成了"。
2. 只列举行为,不列举原因。集中于孩子不愿意换衣服的事实,而不是她不愿意换衣服是因为"她只想按照她的方式来"。
3. 这项重要吗?避开那些让人恼火的小事情。他大声地敲打玩具真的重要吗?还是说他用那些玩具去打他的兄弟姐妹更为重要呢?
4. 列举的事项是否对父母双方都重要?你们的最终清单必须一致,因为你们对这些行为必须秉持同样的立场。
5. 从程度来说该行为发生的频率有多高?比如,是每天晚上都发生,还是一段时间才有一次?
6. 不要担心未来的规划。只处理现在。孩子长大之后的个性不在讨论的范畴之内("如果我放任他说那些粗口,有不良的餐桌礼仪,在介绍他给别人认识时不会打招呼,他会变成一个怎样的人?我担心他会变成一个坏人。")。

梳理、协商出一个双方认同的真正相关行为的清单并不容易。如果结果没有马上出来,不要灰心。你们可能需要花费比想象中更多的时间来梳理事情。但是我怎么强调这个步骤的重要性都不为过,因为你们的清单将会成为有效管教的基础，相关与不相关行为的概念将会被运用于任何需要家长权威的情况。

将你们的最终清单放入笔记本中，标题为"相关行为"。

（你们可以随时改变或更新你们的清单。你们身上可能会发生一些重要的、应该被纳入其中的事项，或者有些事项你们决定去掉）。

为了帮助你完成这项工作，我们来看看我们假想的一对夫妻苏珊和道格拉斯完成的清单，他们3岁半的儿子罗比是个典型的棘手孩子。当他们首次完成清单时，清单是这样的：

妈妈的清单	爸爸的清单
吃太多热狗	闷闷不乐
打其他孩子	不喜欢礼物
不分享玩具	目之所及都要触碰
发脾气时间长	不听我说话
故意打碎物品	对陌生人不礼貌
不穿戴新物品	太喜欢看电视
糟糕的餐桌礼仪	晚上来我们房间
洗澡时大喊大叫	打其他孩子
总想别人听他的	经常哭
无法带他出门	脾气坏
	扔食物

完成后他们交换了清单并开始讨论。道格拉斯马上问："为什么他吃热狗你那么反感呢？"苏珊解释说，因为孩子喜欢吃热狗，她在午饭总给他吃热狗，如果给他其他食物的话，他通常都会拒绝。她因此担心会

给孩子的身体造成损害。但是经过一些讨论之后，他们意识到热狗问题并没有那么重要；孩子的身体总体来说还算健康。他们的儿科医生甚至告诉他们，不要担心孩子的饮食习惯。热狗从清单中被删除。苏珊注意到道格拉斯清单上的那条"晚上来我们房间"。她告诉丈夫，自己并不介意。苏珊很爱护孩子，担心罗比晚上会害怕。道格拉斯坚持孩子必须和他们分开睡。再三讨论之后，他们将这条留在了相关清单里。他们觉得餐桌礼仪一条有问题，因为当他们将餐桌礼仪与打人和发脾气相比时，餐桌没有礼仪就显得微不足道。他们决定把扔食物留下，不过删去了另外一些不太重要的关于餐桌礼仪的事情。他们也决定，如果罗比变得过于焦虑的话，他们将允许孩子离开餐桌。苏珊指出道格拉斯"不听我说话"不够具体，应该修正。道格拉斯指出故意打碎物品引出了动机的问题。他觉得大多数时候都是意外造成的。他们同意应该把更多东西放在罗比碰不到的地方，在他兴奋的时候更仔细地照看他。他们还同意，洗澡时大喊大叫并不算太糟糕的行为。在多次讨论之后，他们达成的相关清单如下：

长时间大发脾气

咬其他孩子

无法带他出门

在桌上扔食物

不穿任何新衣服

不听话

闷闷不乐

晚上来我们房间

经常哭

苏珊和道格拉斯制作的清单非常出色，不过他们还能再润色一番。苏珊写了"无法带他出门",但这只是表达了她认为烦恼的事情,并不是关于孩子行为的客观描述。罗比很难带出门是因为他发脾气、哭闹、黏人,还是因为他喜欢到处乱跑呢?在什么时间什么地点罗比的哭闹显得多余且不合时宜呢?是否存在特殊的状况导致他失控呢?"不听话"具体指什么呢?可能苏珊和道格拉斯希望孩子听话的场合太多了。他们应该列举出更具体的孩子不听话的例子。

最终写在清单上的行为需要是你们双方都同意孩子必须改变的行为,至多五六种。这些行为可能包括发脾气,过度的肢体挑衅行为(咬人就是其中之一),过分侵犯父母的隐私(在父母床上睡觉),公共场合行为粗野(在超市乱跑乱抓东西),打断大人的交流,早上拒绝换衣服,扔食物,等等。一般来说,你们最终列举的相关行为清单应该包括那些你们完全无法接受的行为,以及那些你们都同意孩子将来可以控制的行为——至少从某种程度上来说是的。

孩子的气质档案

在学习如何应对孩子的过程中,分辨出经常导致孩子问题行为的气质问题是成功的一半。随后你会学习到,当你找到行为中暗藏的气质问题时,你将能够管理孩子,而不是惩罚孩子。

现在你们需要写下孩子的气质档案。请根据以下棘手特征清单列出你们的信息。询问你们自己关于孩子在各个领域的气质问题。他是不是很活跃?他不正常吗?他热情(大声说话)吗?你们要试着找准棘手孩子在各个领域的棘手程度。记住,问题不在于他总体来说是否非常棘手,而在于他在某特定领域是非常棘手、一般棘手还是轻微棘手。

这里出现的还是詹妮,她的行为档案在前面几页曾经出现过。

第6章 评估你的情况：学习阶段

詹妮的气质档案，4岁

	非常棘手	一般棘手	轻微棘手
活跃水平	☐	☐	☐
自控力	☐	☐	☑
专注力	☐	☐	☐
反应强度	☐	☑	☐
规律性	☐	☑	☐
消极坚持	☑	☐	☐
反应阈	☑	☐	☐
初始反应	☐	☑	☐
适应力	☑	☐	☐
情绪	☑	☐	☐

你的孩子的气质档案

	非常棘手	一般棘手	轻微棘手
活跃水平	☐	☐	☐
自控力	☐	☐	☐
专注力	☐	☐	☐
反应强度	☐	☐	☐
规律性	☐	☐	☐
消极坚持	☐	☐	☐
反应阈	☐	☐	☐
初始反应	☐	☐	☐
适应力	☐	☐	☐
情绪	☐	☐	☐

棘手孩子
The Difficult Child

将行为与气质关联起来

每当你们将孩子的行为与棘手气质特征关联在一起时，孩子的行为马上会变得清楚明了起来。现在回归到孩子的行为档案。回想每一种行为及其发生的环境。询问你自己："我是否可以将这种行为与孩子的气质关联起来呢？"每遇到一次这样的关联，在这种行为旁边写下一个"T"。即便这种连接没有达到100%也这么做。比如，有时抱怨行为显然与较差的适应力相关（当需要转变时），然而在另外一些时候可能实际上是孩子故意的。在这种情况下，还是在这种行为旁边写下"T"，但是用括号括起来。

为了解释清楚，我们现在将詹妮的行为和她的气质关联起来：

詹妮抵抗、固执的行为通常体现在穿衣服上。她坚持穿一条旧牛仔裤。她不喜欢某些衣服，或者认为那些衣服穿着不舒服。这些行为的原因是较差的适应力和消极坚持，加上对衣服质感的低反应阈。如果穿衣这件事情成为一个问题，她妈妈又坚持要她穿某些衣服，结果可能是詹妮大发脾气。

睡觉时间问题的起源在于她不规律的睡觉模式，从她婴儿时期开始就很明显。她的父母想让她去睡，但是孩子每天晚上感觉疲倦的时间都不一样，因此睡觉变成了每晚抗争的事情，后面逐渐发展成复杂的恶性循环。

饭桌上的挑剔和固执行为是低适应能力，对食物触觉和味觉的低反应阈，以及不规律的饮食习惯的共同结果。

詹妮一贯的自私态度和趾高气扬，体现在看电视上（她只想看自己喜欢的电视节目）以及和同龄人及兄弟姐妹的互动中，在学校和家庭活动中的行为可以与消极坚持和较差的适应力关联起来。她会"沉浸于"自己在做的事情，无法转移方向。她不会变通。因为冲动性，她双手会不受控制，打断正在打电话的妈妈。由于初始回避性，她表现得很黏人，在遇到陌生人或在公共场合会躲闪，加上她对声音和光线的低反应阈，导致她过于兴奋。太多这些因素会导致她发脾气。

在学校里，她的大部分问题行为与转换困难、日常习惯的变化困难以及分享困难有关。产生这些行为的原因也是因为她的适应力差。固执和趾高气扬则与消极坚持有关。

最终，詹妮平时的抱怨，看起来"闷闷不乐"的行为部分原因是因为她的消极情绪，她大声、戏剧性地表达自己，说明她高度紧张。

请注意詹妮的父母没有给孩子在两个领域评级——高活跃水平和分心——因为孩子没有这两个问题。

在回顾孩子气质档案的时候，你可能会惊讶地发现你能将大量的问题行为，直接或间接地与孩子与生俱来的气质特征关联起来。这些信息是该计划成功的决定性因素，在未来的几周，你们将需要不断地复盘这些信息。

家庭问题

在这本书的第一部分，我介绍了恶性循环和棘手儿童如何影响整个家庭。现在我希望你们能审视自身的处境，看看你们的孩子如何影响你们的家庭。这件事情的关键是需要你们夫妻两人共同去做。你们无须列表，而是应该多加讨论。试着从双方的观点看问题。

1. **孩子妈妈受到怎样的影响？** 这里包括妈妈的反应，比如疲倦，迷惘，孤独感和感觉能力不足，觉得受到别人排斥，"与众不同"，内疚，生气，过度干涉孩子和过度的保护欲。
2. **孩子爸爸受到怎样的影响？** 你是否觉得被妈妈和孩子的关系排除在外？你是否觉得你的妻子作为妈妈表现很糟糕？你是否也觉得

生气、愧疚或疲倦？你的妻子是否抱怨你总是置身事外，没有支持她——但是每次你试图帮忙的时候，她又阻止你呢？

3. 孩子的兄弟姐妹受到怎样的影响？这里包括，有的兄弟姐妹为了和棘手孩子相反，表现得"过分乖巧"，或者故意表现得"很差"来吸引注意力，他们觉得受到忽略，或者变得沉默寡言。

4. 你们的婚姻受到怎样的影响？你们是否觉得没有时间留给对方？你们是否就如何管教孩子的话题总是争吵？你们是否总在指责对方？你们的关系总是很煎熬吗？你们是否有过属于自己的周末？

5. 你们的家族受到怎样的影响？这里包括与父母、岳父岳母、公公婆婆，以及你们兄弟姐妹的关系。你们的家族是否经常批判你教育孩子的方式？你们的聚会也受到了不利影响吗？对于孩子，你们是否和你们的妈妈、岳母或婆婆（或者都有）发生了颇多的争论？

6. 其他家庭问题是否正在恶化呢？饮酒问题，财务压力，父母一方的抑郁倾向，以及其他问题变得更为严重。

再次记住：你们在讨论时不要往旧伤疤上撒盐，不要指责对方，或者再次发生争吵。要聆听，聆听你们的家庭成员的感受和反应的新信息。任何家有棘手孩子的家庭或多或少都会受到一定程度的影响。

损 耗

了解了恶性循环是如何影响你们和你们的家庭之后，我们也来看看它是如何影响你们的棘手孩子的。由于紧张和与他人的冲突，孩子会遭受由此带来的很多问题。我将这种反应称为"损耗"。询问你们自己，孩子是否出现了以下问题，或者说以下问题明显增多：

第 6 章 评估你的情况：学习阶段

	是	否
看起来经常生气	☐	☐
表现得孩子气、黏人	☐	☐
经常觉得害怕	☐	☐
看起来很不开心，经常哭闹	☐	☐
经常做噩梦	☐	☐
过度敏感，容易不安	☐	☐
看起来很紧张、担心	☐	☐
说"我很坏""我是个笨蛋""我讨厌自己"之类的话	☐	☐
说要离家出走	☐	☐

当你们将此计划的原则应用于管教孩子的时候，这些问题可能会减少。你们将学会一些共情的方法来有针对性地解决损耗反应。之后，如果在家庭氛围有所改善时这些问题依旧持续，你们可能需要为孩子寻求进一步的帮助。

你们的管教是否有效？

棘手孩子的家庭里，最大的问题是无效管教。请尽量诚实回答以下问题。这些问题并不在于让你们觉得能力不足，而是为了将你们的注意力集中于那些对付孩子无效的方法上。问卷上的"是"这个回答表示无效技巧，你无须觉得挫败。让人吃惊的是，这些问题的答案意味着惩罚变少，而不是惩罚变多——下一章你将会看到。

棘手孩子
The Difficult Child

	是	否
你们是否想过或说过"我们什么办法都试了"或"什么都没用"?	☐	☐
你们是否发现你们经常大喊大叫?	☐	☐
你们是否也变得跟孩子一样了?(比如,孩子打你,你就要打回来?)	☐	☐
你们是否惩罚孩子的次数比想象的要多?	☐	☐
你们是否经常对孩子说不?	☐	☐
你们是否觉得时刻都在重复无效的行为?	☐	☐
你们是否经常打孩子?	☐	☐
你们是否经常抱怨?	☐	☐
你们是否经常和孩子讨价还价?	☐	☐
你们是否经常让孩子承诺再也不那样干了?	☐	☐
你们是否经常用你们并不会真去做的事情威胁孩子?	☐	☐
你们是否因反应过度对孩子惩罚过度,之后又意识到其实只是一件小事情?	☐	☐
你们惩罚孩子之后会觉得愧疚,然后通过"溺爱"来过度补偿孩子吗?	☐	☐
你们夫妻对孩子同一个行为是否反应很不一样?	☐	☐
你们是否有时觉得完全不知所措?	☐	☐
你们是否经常妥协?	☐	☐
孩子看起来比你们更有影响力吗?	☐	☐
与孩子在一起是否感觉到如履薄冰?	☐	☐

第6章 评估你的情况：学习阶段

最后的话

现在你们了解到的情况如下：

◎ 给你们带来麻烦的行为类型以及行为的发生地点（气质档案）
◎ 在父母双方的判断下真正相关的行为（相关行为清单）
◎ 关于孩子在每个气质领域的棘手程度的清晰画面（气质档案）
◎ 相关行为与其背后的气质问题的关系
◎ 你们的家庭是否受到恶性循环问题的影响
◎ 你们的孩子是否显露出损耗的迹象
◎ 你们的管教方法究竟是否有效

现在你们将开始学习针对这些情况，你们应该怎么做。

第 7 章

▼

重获成人权威：有效管教

每次接待一个家庭的时候，我的首要任务是说服家长放弃他们过去"管教"孩子的方法。即使他们知道老路行不通，要完全放弃从头再来也让人觉得恐慌。

他们试图坚持的"权威"最无效：虽然有时并不需要却总是说"不行"，陷入无休止的权力斗争，变得像个孩子，总是大嚷大叫，吓唬孩子。

本章的目的在于帮助你们，用温和、坚定、实用的成人态度取代无效管教。你们会发现，惩罚孩子的次数少了，但是在真正惩罚孩子的时候，效果变好了。

永远记住这条黄金法则：家长越有权威，惩罚孩子的次数将越少。

对付年幼孩子的有效管教系统分成两个组成部分：有计划的行动和反应。

有计划的行动指的是父母针对规则、日常习惯、期待和后果做出的各种各样的决定。家长在心平气和的讨论中，而非在失去理智的情况下，与孩子分享这些决定。（一个 3 岁半的孩子有能力参与简单的计划之内的讨论。）

反应指对无法接受的行为的当场回应。惩罚就是一种反应。

在学习阶段你们写下的关于孩子与家庭情况的信息，构成了你们在本章将要怎么行动的基础。

有计划的行动

为了重塑你合理的家长角色，即一家之主的角色，你必须制定出全面的方法——一种策略——对付棘手孩子。如果孩子特别难以养育，毫无疑问你处于"尾巴摇狗"①的不幸处境。为了扭转这种恶性循环，你需要缜密的计划。75%以上的有效惩罚来自于家长平和、理智地做出决定，而非通过与异常棘手孩子日复一日的"壕沟战"。

这些策略性的计划讨论特别重要。在孩子睡觉或者你们夫妻出门在外的时候进行计划讨论。尽量以达成某些待办事项和解决问题的态度为目标，不要让你们的讨论沦为"我好苦啊"的埋怨、戒备或指责的交谈。

规则的重要性

当你们得出关于规则、期待和结果更为清楚明了、双方意见一致的概念时，请确保将这些概念通知给孩子。我们总是过度猜想，认为孩子知道我们的期待。但是因为你们在表达观点的时候总是伴随着大嚷大叫和威胁，孩子能轻易地了解到你们的期待其实并不正确。如果你们不在气头上通知孩子你们的决定，孩子会做得更好。确定你们将要告诉孩子的规则，确保父母双方已经达成一致，然后在心平气和的时候与孩子坐下来（这种与孩子在一起的时间也是计划讨论）。表现得友好但是坚定，并且这样说话："我和你妈妈一直在想你在饭桌上扔食物的行为。我们家的新规则是不允许扔食物。请尽量做好，但是如果你无法控制自己的话，

---

① 尾巴摇狗是指次要部分支配或决定全局

你将必须单独在厨房吃完饭。"你们可能之前就告诉过孩子这个规则，但是没有用过如此有条理、平静并且严厉的态度，而且几乎可以确定的是，从来都是在事情发生的过程中这样说的。

在这种计划讨论中，孩子不仅接收到了新的规则和父母对他的期待，而且还得到了希望他尽力而为的友善而坚定的鼓舞。我坚决相信，小孩子，包括棘手孩子，更愿意取悦父母，而不是与父母起冲突。这样接近他们的方式，可以让他们更容易追随天性。当然，在孩子真正取得某些成功的时候，承认他的努力非常重要——无须每次孩子小有成就欣喜若狂地赞扬，而是细心周到地让孩子知道你们注意到了他在努力，你们为他感到骄傲。

你们应该确立怎样的规则呢？显然这取决于每个人的家庭环境。我不相信存在适用所有家庭的通用的"正确方式"。比如，孩子花多少时间看电视取决于家长，这不是我可以解决的问题。但是，我确实想建议一样"规则"，那就是确保在家里对隐私有清晰的概念。在许多家庭里，孩子可以任意接近父母——他们可以随时插入大人的谈话，闯入家长的卧室甚至浴室。这显然是不对的。特别是在棘手儿童占主导地位的家庭，家长必须建立关于隐私的清晰规则。作为家长，你有资格享有进入自己的卧室的权力，至少你有进入浴室、关上门独处的权力。反过来，取决于孩子的年龄，他们一样有权力拥有隐私。举例来说，当4岁大的孩子使用厕所的时候，你们并不需要陪伴左右。

行为框架、步骤与日常习惯

在现代社会，许多家长深刻意识到他们需要帮助孩子准备好应对复杂的未来。孩子从很小年纪开始接受正式教育成为常态。电视经常将孩子描绘成小大人。我常常看到4岁大的孩子表现得像是8岁，10岁的孩子被误认为是青少年。

第 7 章 重获成人权威：有效管教

在我们努力激发孩子智力的时候，我们很容易忘记孩子们从情感上来说还是个孩子。事实上，棘手儿童通常具是"不平衡性"——智力上超群，情感上幼稚。随之而来的惩罚和行为框架的缺失并不符合大多数孩子的最大利益，也必定不利于棘手孩子，恶性循环无法避免的结果是将孩子看得过于强大，而家长失去了部分或者大部分权威。

行为框架是有效管教的重要组成部分，指的是对期待清楚、连贯的强调。棘手儿童如果知道家长对他们的期待，总是能够做得更好，前提是那些期待没有经常变化。孩子日常生活的许多事件和活动可以安排得更有规律——睡觉时间、饭点、看电视和洗澡只是其中一些例子。每逢你遇到不稳定的或由情绪支配的情况，通过加入新的行为框架将可以改善它。而正如你们已经知道的那样，要通过心平气和、有计划的讨论，而不是在令人不快的情境下来告知孩子。

你自己的行为也可能从这种强调中受益。举个例子来说，工作压力很大的职场女性大多数时候都需要工作到很晚。只要时间允许，她都会满怀愧疚地在下午2点赶回家，与孩子共度一些时间。这种妈妈，如果可以有计划性地每周选择相同的两天下午4点钟回家，对她和孩子而言会更好。许多家长发现，如果孩子爸爸明确说每周会几次准时回家吃晚餐，家庭氛围会有所改善。

但行为框架并不是一成不变的。事实上，行为框架和灵活性总是亦步亦趋，就跟坚定和友善一样。你们可以要求孩子在每天的某一特定时间穿好上学的衣服，但是让孩子选择要穿的衣服（即便孩子选的衣服颜色搭配让你们郁闷地倒吸一口凉气）。你们可以要求孩子在工作日内有稳定的睡觉时间，但是在周末和假期的时候可更加灵活。孩子能够与爸爸有个稳定的周末"父子"外出时间，不过孩子可以帮忙决定他们要去做什么。

步骤指确定的做事方式。在大型机构工作过的人都知道清晰步骤的重要性。一旦人人各司其位，监管员就无须时时介入其中。虽然缺乏步骤导致混乱，但过多规则和步骤则会导致不安和反抗。同样的原则也适用于家庭。事实上，我鼓励家长将自己当作"杰出的监管员"。

日常习惯是步骤的一种，每天规定好事情发生的前后顺序。日常习惯会让棘手儿童茁壮成长。这是利用孩子的积极坚持的绝佳时机。在孩子想要某样东西或者沉迷于某样活动时，这个气质特征会让小女孩像个坏唱片一样喋喋不休，但是一旦她养成了日常习惯，这个气质特征将为你所用，然后形成"好习惯"。许多过度干预棘手孩子的妈妈惊讶地发现，一旦确立日常习惯，孩子就会变得不怎么需要她们了。

在很多家庭里，要确立的两个最重要的日常习惯是晨间习惯和晚间习惯。这里是些简单的日常习惯模板。

晨间习惯	晚间习惯（吃完晚饭之后）
起床	家庭玩乐
去浴室（洗脸、刷牙等）	看电视
换衣服	去浴室
吃早餐	换睡衣
看电视	上学
讲故事	睡觉时间

这些事情发生的时间和时长可以稍微灵活（比方说，孩子晚上看电视的时间长短可能有所不同），但是事情发生的顺序必须保持一致。孩子总是在看完电视后去浴室，然后换上睡衣。顺序需要维持一致。你们可以让孩子决定这些事情发生的顺序。询问孩子他是否想要在晚上刷完牙后换睡衣还是喜欢反过来。给予孩子掌控感和参与感。

选定顺序清单之后，绘制出一张图表，上面列出事情发生的顺序。做图表时要表现得聪明、有创造力，让图表具有吸引力。你们可以从杂志里剪下各种活动的图片（比如孩子吃早餐的图片来对应吃早餐这个事项）。让这个过程趣味十足，并且让孩子参与其中。

接下来选择一天开始实行，可以是周一，提前一天提醒孩子，并且让他尽量做好。不要零碎地开始不同的日常习惯，而是要全部在同一天开始。孩子刚开始日常习惯的几次你们可以在场监督，不过之后让他自己来就好了。记住，这是孩子的习惯，不是你们的。在这里，爸爸可以通过鼓励过分热心的妈妈不去干预来起到帮助作用。

如果孩子想要拉你们参与其中，坚定地拒绝她的"邀请"。告诉自己这已经不再是你们和孩子之间关系的问题，而是一个步骤，即完成任务的确定方式，比如上学前应该做的准备。

最后一个建议：如果你们将看电视放在晨间习惯上，确保将其放在去学校之前的最后一项。让孩子知道他必须完成所有的其他事情才能看电视。

有计划的奖励

许多家长觉得，他们需要更有效的惩罚来应对棘手孩子经常性的不良行为。但是是否存在其他不需要惩罚孩子又能改善孩子行为的方法呢？如何让孩子听你们的话，遵守家里的规则呢？很多家长向我抱怨他们不断地唠叨、惩罚以及对孩子说不，但还是无法得到他们希望从孩子身上得到的东西。为什么呢？

如果你们后退一步，客观地观察形势，你们会发现你们与孩子形成了危险消极的模式。你们和孩子都受困于孩子所做的错事。你们一遍又一遍地想要修正错事。你们惩罚的次数越多，孩子的不良行为就越多。事实上，所有的消极关注都在加强孩子的不良行为。（这是个简单的行为法则，但于家长而言是个非常关键的意识。）重复的消极反应对任何孩子都没有用，对棘手孩子肯定更是无效。

将你们当前使用的模式转变成支持孩子所做的积极事情的态度，你们觉得如何呢？

你们会说："但是，如果我的孩子从来没做过什么积极的事情呢？"

那就引诱孩子做积极的事情。

你会回答："但那是在贿赂他啊。"

不对！贿赂和奖赏是不一样的。贿赂是指家长做某些事不让孩子烦自己。家长受到来自孩子行为的压力，说："如果你停止喊叫，我就给你买玩具。"这是在紧张的情绪氛围中的当场反应。如果这种事情再三发生，孩子就会被宠坏，他会在做任何事情之前要求得到某些东西。

棘手孩子被宠坏可能还有其他原因。他们的父母因为感觉过于愧疚，所以通过不断地给孩子买礼物来进行补偿。结果可能是，孩子变得既没有安全感，又很专横，这是另一种"损耗"的例子。

贿赂和溺爱对任何孩子都不好，对棘手孩子更是不行，但是有计划的奖励则是另一回事。

这样来想：大人去工作，或者青年人做保姆，并不是因为受到贿赂，他们只是在挣钱。同样，我们可以教孩子通过家长可接受的行为得到奖励。

奖励系统的原则

◎ 奖励是有计划施行的，而不是当场的反应。

◎ 家长操作的模式是中立的。家长在思考，并不是被情绪所控制（"让孩子不要再来烦我！"）。

◎ 给孩子奖励通常是在完成某件事情之后，而不是之前。

◎ 奖励是针对特定的行为，而不是态度。绝对不要因为孩子"很乖"或"让人开心"就奖励他。

◎ 奖励本身应该是具体的，而不是模糊的"特殊待遇"的承诺。

奖励系统是这样操作的：选好某种你们希望孩子达成的具体行为。比如："早上都是我给你换衣服。如果你可以在看电视前自己换好衣服，连续5天，你将会得到一个小礼物。"（5天这个目标是可变的；如果5天超过了孩子的能力，可以把数字缩小。设定切合实际的目标，记住，你们是希望孩子达成的）。

一旦决定好希望孩子做的事情，你们还要与孩子商量奖品。从某种程度上来说，奖励可以协商，但是要确保奖励是恰当的；你们不会希望仅因孩子自己刷了两天牙就奖励给她价值50美元的电子游戏。记住孩子的喜好，带他去选礼物。

当涉及艰巨的任务时，将其分解为多项行为的组合会更为容易。我们来看看孩子的房间保持整洁这件事。刚开始，对孩子来说保持房间整洁似乎特别艰巨，所以要分解任务。第一步是整理床铺，第二步是将玩偶放在架子上，第三步是收拾好衣服。你们想要的结果不要模棱两可，而要具体，你们可以因此判断孩子做得对还是错。她要把所有玩偶都放回架子，还是大部分放回，抑或只放一小部分？孩子应该清楚知道需要做什么。

对日常习惯的奖励：星级系统

正如我已经提及的那样，大多数棘手孩子对日常习惯做得很好，特别是没有其他事情插进来的时候。对于一些孩子来说，简单地设立日常习惯就可以了，但是对另一些孩子，需要奖励系统来帮助他们开始。

这种方法适用于3岁大的孩子。

孩子每完成日常习惯一次，给一个小奖励。奖励可以是个贴纸或者星星。帮助孩子挑选五颜六色的贴纸或星星，以及用来张贴奖励的漂亮书或图纸。对大多数孩子来说，单靠星级系统不足以引诱他们。告诉孩子如果他完成日常习惯达到一定数量，他将会得到一个大的奖励——一份礼物，不过不一定要连续做到。大概来说，比如4岁的孩子完成晚间习惯五六次，就可以得到一份大奖励。如果孩子有一天没有完成，可以这样说："倒霉。你没有得到今晚（或今早）的星星，不要紧，明天再来。"礼物应该在你们和孩子确定星级系统的时候就决定好，但是要等到他真正赢得足够的星星之后才去商店挑选。

以下是星级系统的操作方式：

1. 选出你们想要确立的日常习惯。
2. 与孩子决定日常习惯的顺序。绝对不能改变顺序。
3. 与孩子一起制作出吸引人的活动表格。
4. 告诉孩子他每次完成一项任务都会得到一颗星星或一个贴纸（二选一）。
5. 每当孩子积累了五颗星星（或者其他你们决定的数量），他会得到奖励（他需要参与挑选礼物的活动）。
6. 让整个过程好玩一些，但是不要改变期待。孩子或者得到星星，或者没有得到，不要有其他结果。请确保告知孩子他必须做的事情。
7. 星级系统唯一的"惩罚"就是不给星星，再加上一句简单的话，比如"明天好运"。

理想情况下，星级系统会帮助孩子的习惯成为日常生活的一部分，家长无须再密切监督。达到这种目的之后，即便家长不再给奖励，孩子也不容易后退到以前的状态。归根到底，孩子得到的真正奖励是掌控感以及家长的认同感。如果遇到一些问题，你们可以短暂回到星级系统。但是孩子并不想回去。他们喜欢更平和的氛围，还喜欢有成就感。一般来说，几周之后，日常习惯的星级系统就不需要了。

记住四件事情：

◎ 跟孩子解释星级系统是帮助他形成良好行为的方法。
◎ 对日常习惯的步骤了如指掌，对得到礼物的星星数量规定明确。反复检查。
◎ 刚开始你们可以监督孩子，但这只意味着你提醒孩子一次该放下积木去刷牙了，而不是指替孩子刷牙。（如果你们能成功克制自己，或许你们也值得奖赏礼物）。
◎ 记住，当习惯没有完成的时候，不要指责孩子。孩子没有完成任务就不给星星，此外没有其他惩罚。

如果你们发现孩子只对星星或贴纸感兴趣，或者要求越来越多的礼物，那就放弃星级或者其他奖励系统。只有在这些系统对确定的恶性循环能起到"改变"的作用时，奖励才有意义。因此，如果你们的女儿因为你们拒绝给她的"努力"一个星星奖赏而大发脾气，将她的行为看作是操纵行为，即便你们感到愧疚也不要妥协。

最后一点说明：一般而言，鼓励和表扬棘手孩子的可接受行为比惩罚他们的不可接受行为对孩子更好，而且关注孩子的成就也比唠叨孩子的短处更让家长感到释放。

有效反应

惩罚只是管教的一部分。你们已经知道，管教指的是你们对成人权威的普遍态度。你们如何制定规则，规则是否具有一致性和实用性，执行起来是否简练和严格：所有这些品质都是管教的一部分。一旦孩子感觉到你们是掌控的一方，你们就会发现需要惩罚的次数明显减少，但是如果需要的话，你们将会毫不犹豫地实施。

棘手孩子
The Difficult Child

孩子在可控的情况下做出了不可接受的行为，惩罚就是针对该行为实施的清楚、坚定的后果，家长认为后果和行为是有关联性的。在理想的情况下，孩子应该是在心平气和的讨论中被告知父母不再接受哪些行为。我相信，当惩罚是客观、中立的行为时最为有效，家长在惩罚孩子的时候应该尽力控制好自己的情绪。你们可以看到，这需要你们开始对孩子的行为用不同的方式做出回应。

中立性：思考取代感觉

在你们可以有效应对孩子的行为之前，你们必须持有客观态度。这里的关键是中立性。因此，当孩子有不良表现的时候：

◎ 不要情绪化或用本能反应。记住，你们的反应必须是经过思考的，而不是凭感觉而来。
◎ 往后退，尽可能保持中立。
◎ 不要将问题私人化。每逢你们对自己说："为什么他要这样对我呢？"你们的感觉便自动占了上风，也因此站在了错误的轨道上。
◎ 关注孩子的行为，而非孩子的动机和情绪。

在这里，你们需要尝试不使用习惯性的本能来对孩子做出回应。因此，停下来思考，抑制住之前对孩子行为的自动反应：马上说"不行"，威胁，受害者心理。要试着让情绪从这个过程中脱离出来，用教授研究课题那种专业的态度来替代情绪。目的是获得可掌控范围内尽可能冷静的超然态度。

这是否意味着你们必须成为一个没有感情的人，需要通过计算才对孩子进行回应呢？当然不是！当你们觉得孩子变得随和了一些，你们更具有权威的时候，你们的自然反应就会回来。然而必须记住，在根深蒂固的恶性循环中，本能反应对孩子和家长都是消极的。而且，我已经强调多次，本能反应没有效果。让你们改变自己反应的底线非常简单：你们正在做的是无用功。为了学习新的自然反应，你们必须先往后退。

如果在三个让人不悦的情形中，你们做到了一次不自动反应，那么你就事半功倍了。如果没有每次都做到，也不必沮丧。罗马不是一日建成的。

问问自己：这是由气质引起的吗？

只要将行为和气质问题关联起来，你们就占据了知道如何对付它的有利位置。如果行为来自气质，孩子从某种程度上来说是"无法控制自己"的。试着辨认出这些情形。如果你们能看到棘手气质和难堪行为的关联，你们的态度将会自动变得更有同情心。

在学习阶段，你们的关注焦点要放在行为、气质以及二者的联系上。继续练习找到这种联系，并且加入任何新的观察结果。（在第8章，你们将会学习管理气质相关行为的技巧。）

至此，每当孩子做出让人生气或恼火的事情，问问你们自己，孩子的行为是否与气质有关。孩子发脾气了。是什么导致他发脾气？一件新衣服？拥挤的百货商店？不要过于关注最无关紧要的因素。女儿发脾气是在你叫她换内衣的时候吗？问问自己新内衣是怎样的。是不是由白色换成了紫色？孩子发脾气可能因为低反应阈，对颜色极度敏感。她还会强烈表达她的敏感。

你们还必须关注转换的环境，因为这种环境可以引发适应力差的孩子的问题行为。孩子在外面玩耍的时候，只是叫他进来吃午饭都可能引来疾风暴雨。因此，当孩子变得不安的时候，往后退一步，看看是不是什么发生了变化：脱离了日常习惯，活动的改变，速度的变化都会让孩子产生抵抗心理。

问问自己：后果和行为有关联吗？

你们前面已经看到，过度惩罚没有效果，只是延续了恶性循环而已。你们希望的是惩罚变少，但是更加有效。

随着你们能区分出"情不自禁"（显然是气质相关的）行为，你们将会学习不同的应对方法——通过管理而不是惩罚。你们还能更清楚地看到孩子可以控制的行为。如果你们已经清楚告知孩子某些行为是不允许的，他需要知道如果他故意做出那些不端行为，他将要承担后果。清楚明白地处理显而易见的情况，你们会看到灰色地带变得越来越清晰。

不要惩罚过度

根据我的经验，惩罚的程度和强度，甚至类型都没有家长惩罚时的态度重要。让孩子在房间单独待5分钟给孩子留下的印象和60分钟的效果几乎是一样的。事实上，希望小孩单独待在房间的想法并不合理。

如果惩罚看起来"轻微"的话，你们并不会丢失家长的权威。只要你们言行一致，惩罚就会变得有效。因此，基本规则是让惩罚合理化，并且记得用严肃甚至凶狠的态度去惩罚孩子。"凶狠"并不是说要表现得吓人，而是说话的语气应该表现出你们是掌控者，并且十分严肃。让孩子知道你们是认真的。如果你们只是简单继续以往的做法，他将无法知道这一点。有些家长发现，在镜子面前练习严肃的面部表情和坚决的语气大有用处。一旦孩子开始意识到你们威胁的时候是认真的，你们会发现以后只需要简单声明就有效，"如果你不马上关掉的话，你将会有麻烦！"

清楚了解规则和后果

孩子知道家长说话当真的时候表现是最好的。家里不容许发生的某样不良行为会带来特定的后果。无论行为发生在任何时候，都自然而然会产生那种后果，意思就是后果是与不良行为直接相关的。你们的规则应该是清晰易懂的。这样，孩子才能准确知道你们的期待。这就是规则。

你们已经确立了一些基本规则，并且尽可能简单公正地解释给孩子听："我们家有个新规则。从现在开始，你不准打姐姐。如果打了，下午余下的时间你们都不能在一起玩耍。"（或者任何一段适合的时间段，这取决于孩子的年龄）。孩子第一次打姐姐时，你们可以提醒他。但是如果他再次打姐姐，你们需要快速有效地进行反应。你们的反应需要始终一致。他打人，破坏了规则，就需要马上被分开。

另一个例子：每天晚上关电视都跟打仗似的。告诉孩子每天晚上看一个电视节目是特殊待遇，如果他一定要看更多的节目，那么家长可以撤回这个特殊待遇。

只因行为惩罚孩子

如果你们已经明确表明某样行为无法接受但孩子一如既往，他当然应该受到惩罚。但是，你们并不想让他因为不良行为觉得自己一无是处。尽量不要使用"坏男孩""坏女孩"这样的词汇。你们希望传达的是你们不赞同这个行为，并不是你们不喜欢他（她）。

在这种情形下，你们还应该避免的是寻找动机。这一点很难做到，但是我提出这个建议是有原因的。所有的孩子，包括棘手孩子，他们的行为当然是有动机的。然而，在真正棘手的孩子的案例中，问题在于他们的棘手行为过于难懂，家长因此把某些毫无关联的动机安在了他们身上。因此，特别是在实行此计划的初始阶段，你们要竭尽所能停止寻找孩子的动机。另外，只在你们亲眼见证不良行为时惩罚孩子。如果两个孩子经常打架、吵架，一个孩子跑过来跟你抱怨另一个孩子，如果之后你试图调解的话，很快就会陷入三方的恶性循环。因此（在平静的时候）跟你的孩子解释，你将不会听了别人的小报告就来惩罚所谓"犯法的人"。

最后，不要将"坏情绪"与不良行为混为一谈。我知道生闷气的孩子可能让父母抓狂，但是尽量让自己关注孩子的行为，而不是他的情绪。

如何惩罚孩子

简单：惩罚孩子的时候解释要非常简单。"你做了这件事情，我不允许这种事情发生，所以我要惩罚你。"除此之外什么都别说。不要过度解释。

比如，你们的客厅里有一张抛光好的木桌。你们的儿子喜欢把玩具放在上面玩，你们担心孩子会把木桌刮花。什么都喜欢解释的父母会说：

"约翰尼，这家具非常名贵。如果你把玩具放在上面，特别是玩具车或玩具卡车，会可能会刮花桌面。如果刮花了，妈妈必须让家居店的人过来维修，这将花费很多钱。爸爸也会很不开心。所以，不要在桌上玩耍。"

取而代之的是，你们应该口头提出一个警告，而且只提一个警告："约翰尼，你知道不能在桌上玩，如果你这么做了，你的那些玩具就只能待在房间里了。"如果约翰尼违抗你们，你们就可以说："好了，就是现在！把玩具带回房间，马上。"

不要协商：许多棘手儿童的家长的问题在于，在他们眼里孩子变得过于强大，就像是另一个大人一样，因此他们必须解释他们的所有行动和决定。但是面对棘手儿童，你们不能协商；你们要立下规矩。如果孩子问你原因，你认为他的行为和你设定的后果是相关的，就回答："因为这就是规矩。"这并不是说你们必须要成为喜怒无常的暴君。事实上，新规则对孩子来说很可能意义重大。这样做的目的是通过客观中立的方式维护你们的权威。

举个例子，你们的女儿在饭点的时候吐食物，你们已经判断好此行为是相关行为。你们在非吃饭的时间提前告诉过孩子，如果吐食物的话，

第7章 重获成人权威：有效管教

她就必须在厨房吃晚餐。她第一次那样做了，你们给她第一次也是唯一一次警告。然后她第二次那样做的时候，你们不应该产生以下对话：

"好了，詹妮弗，你现在该去厨房了。"

"妈妈，拜托了，我这次不是故意的，这只是个意外。"

"呃，我是认真的。"

"但是妈妈，你做的这个肉块太黏了，很难吃进去，全部都黏在了我的牙齿上。"

"你应该听我的话。"

"妈妈，我不会再这样做了，真的，这是最后一次了。"

"詹妮弗……"

"或许我可以待一会儿。"

以上场景不应该出现，取而代之的应该是以下场景：

"好了，詹妮弗，我警告过你了。去厨房吧。"

"妈妈，我不是故意的。"

"不用再讨论了。"

"为什么？"

"因为你破坏了规矩。"

家长经常会问："但是如果她不愿意怎么办呢？"如果你们这样做，她多半会愿意。如果她不愿意的话，你们就把她带到厨房。区别在于，你们要保持冷静，同时态度非常坚定，动作迅速，而不是犹犹豫豫。

在温和的专政制取代民主制之后，棘手儿童家庭理想的"政治体制"便得以确立。孩子无法决定他应该受到的惩罚。再次记住：你们并不想成为暴君，你们想成为的是有效的领导者。

保持坚定：不要对孩子大吼或者乱叫，而是要练出一副让人觉得不妙的嗓音。你说话的声音要让人听出来你是认真的。特别是对付小孩子，语调非常重要。

不要跟孩子说甜言蜜语，好像你说的话只是闹着玩似的：

"现在，宝贝，我们不喜欢你在墙上画画。好孩子不会这样做的，好吗？对吧，宝贝？下一次你要画漂亮的图画时，画在纸上，然后给妈妈。"

而是要说严厉的话语：

"我不想再看到你在墙上或者其他地方画画，只能在本子上画。你明白吗？"

许多家长没有意识到自己的行动经常是在征得孩子的同意。妈妈说"现在去你的房间好吗？"这样的话，就是在削弱自身的威信。难道她希望自己女儿甜美地回复"好的，妈妈，现在正是回房间的时候"吗？

另外，要注意你们是如何使用人称代词的。"我们该睡觉了"与"你现在该睡觉了！"传递的信息截然不同。

不要过度警告：孩子可能会考验你们说的话是否是认真的。在这种情况下，坚持你们之前所说的话，而不是重复警告，不采取实际行动。警告一次没有问题，但是之后就要行动。必须使用坚定的语调和态度。

你们不要重复警告：

"苏珊，妈妈的新表很贵，不要玩。"

"苏珊，你再玩妈妈的表我就要惩罚你了。"

"苏珊，我是怎么说的，不要玩妈妈的表了。现在是我最后一次警告你。"

"苏珊！听到我的话没有。我说不要玩表。你再玩一次就有麻烦了。"

取而代之的是，警告一次，然后行动：

"苏珊，如果你再玩我的表你就要出去。"

"就是现在！出去"（出于实际情况的考虑，拿开手表。）

家长对孩子的威胁经常前后不一致。但是如果你们一向将后果说得简单明了，孩子知道什么不准做，事情就会变得更加简单清楚。

警告还有另外一种，那就是"过度警告"——心里觉得孩子会做错事而提出的警告。这种情况会发生在孩子要去某个地方的时候（比如去奶奶家）。出于担心，妈妈会在出发之前的几个小时这样说：

"到奶奶家，一定不要碰屋里的东西。你碰东西的话奶奶会生气的。"

"现在记住，到了奶奶家什么都不要碰，好吗？"

"我不想见到你碰奶奶的东西，知道吗？"

你们的正确做法是，在到达奶奶家之后进行警告：

"记住，你绝对不能碰奶奶看重的东西，东西可能会损坏。如果你这样做了，你就不能吃奶奶特制的饼干了。"

因地制宜：惩罚取决于环境；在特定的环境中你们的做法也需要变通。有时你的做法需要灵活一些，还要善于创新。另外也要记住，孩子的年龄必须要考虑在内。如果2岁的孩子不懂也不能待在房间里，那么你让他待在房间就没有意义。但是如果你不同意放映孩子喜欢的《芝麻街》或拿走他喜欢的饼干，孩子会明白你的意思。

必须对突发状况做出即时反应。在购物广场行为不端的孩子不能在事后才回房受罚，你们也不想将反应推迟到家里。你们可以告诉孩子，如果他有不良行为的话，他将无法吃到冰淇淋。如果他大发脾气的话，就带他回家。实际上，不管任何时候，只要是在公共场合面对尴尬的局面，你们都要尽可能快地把孩子带走。

保持专注：记住有效管教的目标是让孩子听话。他听话时所持的态度则无关紧要。他可能需要挽回面子。不要将爱面子与不听话混为一谈；惩罚的信息需要传达到位。比如，当孩子违抗你们的时候，你们告诉他他将要受罚，必须马上回房间，他可能会说："我不在乎，反正我也不想待在这里。"然后就跑回房间了。无视孩子的话语，并当作惩罚依旧有效。

惩罚的方法

从我本章说的所有信息看来，惩罚只是更普遍的成人权威态度的一部分。一旦有效管教系统的其他方面到位的话,你们将不需要懂得25种不同的惩罚方法。你们可能只需要两三种,比如让孩子回房待一段时间或者收回孩子的某样特权。另外,再次记住语调与严肃、坚定态度的重要性,特别是在对付年幼孩子的时候。

许多家长会问到体罚。专家的意见有分歧,其中大部分都持反对意见。体罚导致许多家长产生强烈的愧疚感。我相信,家长在控制自身情绪的情况下,偶尔谨慎地打一下孩子的屁股并没有错。这种做法可以扫除阴霾,快速地终止冲突。但是,在脾气发作的时候打孩子则另当别论,需要避免这种做法。我还认为通过打孩子耳光羞辱他是错误的做法。另外,不该在孩子打人的时候打孩子。这种做法显然传递了双重信息。

如果你们的行动始终坚定、简洁,并且是有效管教系统的一部分,你们将几乎无须惩罚孩子。事实上,你们在给孩子提供选择,并且始终坚持执行明确的后果。比方说,即便在孩子确立了稳定的睡眠时间,习以为常的睡觉斗争很少出现之后,你们4岁的女儿还是时不时地跑出房间。在严肃、平静的讨论中告知她,她在房间里的时候可以选择房门是开还是关,但是没有其他选择。当她晚上跑出房间的时候,第一次警告她,但是第二次就直接把她带回房间,关上房门,并且从外面关上门少于1分钟(对小孩子来说需要时间更长)。她很可能会变得非常不安。咬紧牙关,坚持住。到你们让她出来的时候,等她平静下来,然后说:"看到了吧,爸爸妈妈是认真的。你还是可以选择。现在我们再试一遍。"你们可能需要重复这种结果几次,然而当你们用简单、相对友好但是坚持的方式来完成你们的角色时,成功的概率将大大增加。

这里还有另外一些关于选择的例子:如果孩子显露出不错的态度,孩子可以和家人一起吃饭——反之则要自己吃饭。年幼的孩子如果不抢哥哥的玩具的话,可以与哥哥玩耍——反之则要自己玩耍。

为了夺回对棘手儿童真正意义上的成人权威，这些有效管教的原则绝对必不可少。事实上，很多家长也发现，在对付没有那么棘手的儿童时，这些原则非常有用：在练习与改进管教方法的时候，永远以友善但是坚定的态度为目标；在对付真正相关的不良行为的时候表现要果断，但在面对小麻烦的时候要变通；友善，坚决支持孩子，但是要非常清楚谁才是主导的人。通过这样做，你们很快就会感受到更强烈的掌控力，与孩子的关系也会改善。但是至此故事只讲了一半，因为在下一章你们将会学习一些专门针对"情不自禁"行为的特殊技巧，"情不自禁"行为主要是由孩子的棘手特征引起的。

第 8 章

管理气质：通过行动来了解

你在上一章学到的关于家长权威的原则并不是单独起作用的。事实上，这些原则必须与一系列基于你对孩子气质的新认识产生的管理技巧一起使用。

由气质引起的行为问题通常会因恶性循环带来的紧张和压力而有所增加。随着你慢慢学会对付这种行为，家庭的氛围逐步得到改善，这种行为肯定会有所减少。并不是说孩子变得不一样了，而是说她积极的品质开始出现。因此，你将会越来越多地看到孩子有趣、独有的特征，这只有在管理良好的棘手儿童身上才有。

管理，与惩罚不同，常在家长觉得棘手孩子确实是"情难自禁"时使用。管理大多发生在家长可以将孩子的行为与潜在的气质关联起来的时候。然而，管理也用于一些损耗类型的行为，比如过分害怕的时候。家长管理孩子时的态度通常更具有同情心，与惩罚时的严厉态度截然相反。

与管教一样，管理可以大致分成两类：当场反应，以及在其他时间有计划的行动，后者是为了防止和减少由气质引起的棘手行为。

第 8 章　管理气质：通过行动来了解

标签化：了解你们的孩子

既然你们现在是羽翼渐丰的专家，在多个方面了解孩子的行为及其潜在气质，那么这时候也应该让孩子看到你们是了解他的。这个过程的第一步叫标签化，而且你们必须丢弃对标签的常规印象。这个词在这里指的是辨别行为的气质基础，给其取名，并且不仅与孩子分享其中的信息，同时也使用它来修正自己的态度。说白了就是跟孩子说："我懂你身上正在经历什么。"过去，你觉得"标签"这个词具有贬义、冒犯人的意思，现在丢掉这些想法吧，因为这里使用这个词不但有助于你们和孩子的相互了解，还可以提醒你，你的目标是以中立、客观但和善、友好的立场对待孩子。

在此，你的态度很关键。其实，除非保持中立、富有同情心，否则你不能应用标签或者使用任何技巧。这当然不容易，因为与棘手孩子在一起，人的情绪容易起伏不定。你无法马上达到中立，但是给自己一些时间。标签会帮助提醒你保持中立。然而有时候你会突然对孩子大发雷霆，或者忘记给孩子贴标签。记住，未来的机会有很多。在成功使用技巧的基础上再添砖加瓦，虽然刚开始的时候成功的概率很低。

如果你了解孩子，并将这种了解与孩子分享，孩子会逐渐对你态度的变化有所反应。作为家长，你要试着在你真正了解对孩子来说什么是重要的问题的基础上与孩子建立沟通。你们的反应不应该是针对你们认为孩子正在对你做什么，而是应该坚定但友好地指出孩子的行为与气质是相关的。

这里有一个例子：
不说："你让我要疯了。"
而是说："你兴奋过度了。"
另一个例子：

不说:"为什么每次让你上床睡觉都如此麻烦呢?"

而是说:"我知道有些晚上,经常是到了睡觉时间你还不想睡。"

通过思考标签,你开始思考气质问题。然后你将标签翻译成容易理解的语言。你不会说:"我知道你有低反应阈,所以对某些东西非常敏感。"而是说:"你对衣服的标牌特别敏感。"说话要具体、友好,但是不要带有任何情绪。让你的标签尽可能简单。

标签化通常是对行为的当场反应,是向孩子展示你了解他的方式。对3岁以上的孩子来说,简单、有计划讨论他们对变化的反应或者对衣服的敏感也是大有裨益的。随着孩子学着意识到自己的一些行为特征,他会变得更有自控力。被良好管理的棘手儿童会和父母说:"我现在还没有适应。多给我一点时间。"

以下是我们建议的一些标签。你们可以使用这些,也可以使用自己的标签,只要你们设置的标签简单友好,并且可能保持平静。你们说话的语调很重要,因为当你们生气的时候,任何话语听起来都高度亢奋。

气质特征	标 签
高度活跃水平	我知道对你来说安静坐着非常难。
	你过于兴奋了。
	你开始有点疯狂了。
冲动性	对你来说不干扰别人很困难。
	试试在行动前先想想。
分心	我知道对你来说很难做到。试着记住你把你的……丢哪儿了。
高度紧张	我知道你会变得非常不安,但是……
	我知道你无法温柔说话,但是……
不规律	我知道你现在还不饿(不困)。

第8章 管理气质：通过行动来了解

续表

气质特征	标　签
消极坚持	我知道在你真的想要什么东西的时候，让你放弃很困难。
	你卡在这儿了。
低反应阈	我知道你在别人不觉得热的时候觉得热。
	我知道这件毛衣不好穿。
	我知道有些东西闻起来（尝起来或看起来）很滑稽。
初始趋避性	我知道这对你来说是新的。
	我知道你交个新朋友需要时间。
	我知道新地方（新朋友或新环境）让你不安。
适应力差	我知道让你突然改变很困难。
	我知道你非常忙，但你已经开始"受困"（教会孩子这个词的意思）其中了。
消极情绪	在情绪的例子里，这个标签不是给孩子而是给你设立的。这个标签可以帮助你不再因为孩子总是很悲观而生气（别的孩子都觉得很高兴的事，在你的孩子看来却可能很糟糕）。告诉自己说："他就是这样，情难自禁。"

标签化这个技巧仅仅是对付孩子棘手气质的新方法的基础。接下来我要阐述的是专门的管理技巧，用于预防和制止由棘手气质引起的最常见的棘手行为。非常重要的一点是，如果孩子年龄够大，已经可以明白事理，计划好一个讨论，简单地跟她解释一下这些技巧，尝试引导她合作。

野蛮行为

野蛮行为常见于高度活跃、冲动的孩子身上，他们很容易兴奋、容易受到刺激。孩子从活跃，变得兴奋，变得过度兴奋，变得野蛮，然后失去控制。应对野蛮行为的黄金法则就是早期干预。你需要认出危险信号,变得中立,贴标签,然后进行干预。

对于高度活跃、易兴奋、冲动型的孩子的家长或老师,关键一点是学会辨认出孩子变得过度兴奋的点,然后介入并采取相对应的行动。如此想,你就会有希望在孩子变得野蛮和失去控制之前控制住孩子。

一般来说,这个点的转变非常微妙,很不容易掌握。你必须在多种孩子行为失控的场合观察孩子,看看你是否可以察觉到变化。你自己来确认什么时候孩子从三挡换到了四挡,然后就超速了。大体来说,你们可以告诉自己"四挡和超速是不行的"。你们不希望在孩子才开始兴奋的时候就马上干预,这样就行动得有点快。你们也不希望总是掌控孩子。然而,你们希望避免孩子行为在家长未察觉的情况下迅速升级。

有时,一些孩子会急速升级到失去控制的点。这种情况下要去阻止孩子就为时过晚。高度冲动的孩子可能会在没有预警的情况下时不时地推人、抓人或者打人。孩子的这种野蛮或冲动行为,大部分情况下都不受孩子自身的控制,因此不应该受到惩罚,提醒你这一点非常重要。有意的不良行为和冲动失去控制做出的行为是有区别的。

一旦你开始寻找孩子行为升级的变化点,你们就将学会在大部分情况下掌控局面。你们干预其中的目的是为了让孩子远离失控的情形。如果你们可以尽早发现事态升级的征兆,那你可能只需要简单地分散孩子的注意力,让他去做其他事情。在另一些情况下,孩子就需要**冷却**或者**放出热气**。

冷却是在孩子就要变得野蛮之时使用的技巧。家长保持中立,走向孩子,做眼神交流,给孩子贴上"你变得太过兴奋"的标签,然后告诉孩子是时候冷静下来了,如果需要的话,把他带走。或者,如果你很擅长发觉孩子行为的早期变化,或许可以给他一个警告:"你马上要变得过度兴奋了。冷静下来,不然你就得停下手头正做的事情。"

第8章 管理气质：通过行动来了解

你需要准备一些特别的"冷却活动"让孩子平静下来。

◎ 对年幼的孩子来说，可能是你们一同分享特别的书或唱片。
◎ 对于更年幼的孩子，可能只是一句"过来，坐在我腿上"那样简单。
◎ 大部分高度活跃的孩子喜欢玩水。将他们放入水池或者浴缸，让他们玩泼水。（这不但适用于孩子需要冷静的时候，也适用于家长需要休息的时候。）
◎ 孩子喜欢的电视节目也会派上用场，提前录下孩子喜欢的视频或电视节目，在需要的时候放给孩子看。
◎ 如果孩子有特别喜欢的小零食，比如冰淇淋、水果，这时你可以给他。坐下来，把享用美食当成一个冷却活动。
◎ 一些大孩子在尝试冷静的时候宁愿自己待着。

无论冷却的行为是什么，它都应该传递这样一个事实，孩子现在需要变挡并且冷静下来。聪明、机智一些，不要将这些冷却活动当作是不良行为的奖励。实际是，你正在把暂停时间作为一种早期干预的方法来使用。这样使用暂停时间，比将暂停时间当作惩罚手段，要有效很多。

如果干预的时候，孩子已经失控，那么将他从那个环境中带走就可以，安抚孩子的情绪，让他安静下来，而不是允许他进一步失控。在这种情况下，你们甚至不要和他说话，只是抱起他，将他带离现场即可。如果家里有地方的话，将一个房间或者房间的一角作为特别的"冷却地带"。这个地带要保持简单。记住，实行冷却行动并不是惩罚，而是对付孩子过度行为进一步加剧的具有同情心的技巧。尽量保持和蔼、友善。

你们可能还需要使用到另一种相反的方式，那就是第二种干预方式——**放出热气**。在下雨天，高度活跃的孩子待在公寓或者困在家里可能会发疯。你们可以看到他的状态正在变糟，但可能不是在几分钟而是

棘手孩子
The Difficult Child

超过半个小时后才发作。你们在这里也可以贴上标签:"我知道你感觉到烦躁。"

然后选择一样活动让孩子发泄出一些精力。比如去公园。如果天在下雨,带他去家里的地下室,让他奔跑。打开音乐跳舞。友好地说:"嘿,我知道你因为坐得太久要疯了。我们走动走动吧。"

事实上,当你在孩子身上使用"冷却"和"放出热气"这些词的时候,他也会慢慢习惯,并开始了解它们的含义。

始终要记住,你越早了解可能会越演越烈的行为,就越容易进行干预。但是犹豫不决,"以孩子为先"的家长会过度干预孩子的行为,最终就会像只鹰那样盯着孩子,时刻准备,一有风吹草动就采取行动。你们应该试着保持平衡。你们不会每次都能成功。

如果错过了孩子从未超速到超速的转折点,孩子就会变得无法控制,你可能也不会保持中立。不要沮丧。试着跟孩子也跟自己说:"运气真不好,我们明天再试着恢复正常吧。"下一次以中立为目标就好了。人的行为无法在一夜之间就改变,所以事情时不时会以孩子变得野蛮或者发脾气来结束。(本章的后面部分我们会讲到如何管理孩子的脾气以及其他失控行为。)

焦虑不安

与活跃、易分心的孩子在一起,时间感非常重要,尤其是在学校和做作业的时候。家长或老师应该问自己:"孩子做手头的事情可以坚持多久?"你能发现孩子变得焦虑,坐立不安,无法专注。孩子可能会开始在椅子上动来动去,呆呆地凝视前方,挠自己的头,摆弄铅笔和纸。这种行为会发展成"兴奋",还意味着孩子正在开始积攒能量。

告诉孩子:"我留意到你越来越焦虑。"然后让孩子休息一会,给他分配一些可以释放能量的事情。在学校，老师可以教孩子上来擦黑板，去走廊喝杯水，帮老师传个消息，还有帮忙做些小事比如收拾好书本。在家里，家长可以告诉孩子做些小任务，比如清空废纸篓、腾空洗碗机或者收拾桌子。也可以让他玩一会自己的玩具，或者使用我们前面提到的"放出热气"的一些建议。

在做作业和吃饭期间，已经从孩子那里学到时间感的家长可以使用**有计划的暂停**。如果看到孩子在开始兴奋前可以"稳住"10分钟，那就让他每隔10分钟休息一次——允许他离开桌子，四处走走，然后回来。但是，家长应强调孩子要有规矩，孩子应有礼貌地请求离开。打弟弟或乱抹食物是不可接受的。**具有同情心的管理不等同于容忍坏习惯。**班上有高度活跃、易分心的孩子，使用有计划的暂停对于老师来说同样大有裨益。

对焦虑、兴奋、冲动的孩子有两件其他事情需要时刻牢记。家长和老师经常指出，孩子发展为不可控制的状态时他们可能并不在场。孩子的爆发可能发生在食堂或者操场。对于这种事后才知道的情况，你所能做的事情甚少。希望找出"究竟发生了什么"的长久讨论既让人沮丧也没有意义。惩罚你并未亲眼看见的可能是孩子情不自禁的行为也没有任何意义。尝试只是简单地描述说："运气真不好。你肯定是失控了。下一次努力吧。"然后看看你在未经安排的环境中，是否可以更密切地监督孩子。

（有时候，无论气质是不是棘手，孩子会故意表现得令人不快或者具有攻击性。这种行为不是冲动而是故意为之，如果被大人看到，应该受到更为严格的对待。）

然后到第二点。高度活跃、毫无组织、冲动的孩子在安排好的环境中茁壮成长。如果家长可以平静、有计划性地引入更多的习惯到孩子的日常生活中，包括家里和学校里，孩子通常会表现得更好。

现在，当然，这种程度的监督对家长或者繁忙的教师来说并不总是能够实现。如果孩子反复表现出攻击性，老师会受到来自其他学生家长的压力。在所有家长都满腔怒火的时候，你最好把孩子接回家里待几天，好让事态平静下来。这种"暂停"非常宝贵，但对家长和老师来说并不容易。如果你不断接到从学校打来的电话，而且孩子表现得愤怒、紧张，记住以上这一点。孩子所待的班级或学校是否合适也要认真考虑。

解决改变带来的问题

你将再一次中立地寻找表面行为之下的气质问题，然后给它贴上标签。面对改变这件事情，孩子的问题在于适应力差与初始回避性。这里，关键技巧是**做好准备**以及**给孩子时间适应新环境**。对你来说极为重要的一点是，要把让孩子准备好和过度警告孩子加以区别。焦虑的妈妈让孩子"准备"应对新环境的办法是一遍又一遍重复她们对孩子行为的恐惧："今天下午，我们要去参加生日派对。我不希望你抓蛋糕。在生日派对上你要规矩点。"同一天晚些时候，妈妈可能会重复道："记住，在生日派对上规矩点。"而喜欢过度解释的妈妈可能会说："今天我们要去拜访你的朋友克莱尔。我们必须出门坐公交车。你还记得公交车站吗，就是我们经常等车的那个地方？我们要坐10路车，就是你经常看到的那种蓝色公交车。你还记得我们上周坐车时你看到一位妈妈带着一对双胞胎吗？你还和孩子聊天来着，孩子还跟你笑……"

这种重复和过度解释会让孩子察觉到妈妈的焦虑。反之，妈妈应该对即将到来的变化做一个基于气质的声明："今天下午你将要去参加生日派对，我知道这对你来说是件新事，因此在适应新环境之前如果你想待在我身边，没有问题。"

如何区别给孩子做准备和警告孩子呢？如果你非常不安，不断地重复话语，那你很可能就是在警告。如果只是简要中立地关注方法、趋避性和适应力,也没有过早提及,那你就是在做准备。

还有一点也需要记住,对于成人来说可能是稀疏平常的环境,对孩子也可能是全新的困难的环境。有的妈妈这样想:"我的孩子不需要为参加生日派对做准备,因为她已经去过别的派对了。"她忘记了,每个派对都有新的孩子、新的食物、新的环境或者新的娱乐方式。对于孩子来说,每个派对都是不一样的。因此,家长对可能影响孩子的事物一定要敏感。

给孩子时间适应环境对你和孩子一样宝贵。知道你的孩子在全新、不熟悉的环境中会退缩回避让你们更加放松,而且不会强迫孩子。反过来,孩子知道你在左右提供支持,通常会更乐意勇敢地迈出第一步。但是需要保持好平衡。孩子可以待在你身边,但是她不能坐在你的膝盖上或者黏在你的腿边。这是另外一个关于基于气质的行为和坏习惯的区别:前者可以帮助孩子,后者却不可容忍。

允许这些害羞、适应力差的孩子按照自己的步伐发展的原则对老师来说也非常重要。这种孩子可能要花上数周甚至数月才能完全融入班级。不要将这一点当作情绪问题。用一切办法温和地鼓励孩子参与其中,但是不要强迫他,并且不要将他的害羞看作是对老师能力的消极反应。

在有计划的外出或旅行中,如果家长言简意赅地告知适应力差的孩子**活动的顺序**,孩子往往会表现得更好。

比如告诉孩子:"我们今天要去你朋友家里。首先我们要出门,然后走到公交站,然后坐半小时的车,之后走到约翰的家里。"

或者:"我们出去吃午餐。我们先上车,然后开到超市买点果汁,然后去麦当劳,之后回家看《芝麻街》。"

帮助适应力差的孩子适应变化的一个辅助工具叫**改变时钟**。这是一种电子数码时钟(秒并不重要),表盘上会显示一串数字,比如6:45或11:15。在家里这个时钟不作他用,只是用作帮助孩子适应改变的工具。如果你喜欢的话,可以用颜色各异的贴纸或孩子的名字装饰,让时钟更个性化。告诉孩子使用时钟将帮助他适应从一个活动到另一个活动的转变，帮助他先完成手头的事情，然后才开始后面的事情。比如，你的孩子无论在做什么事情，都很难一下子放下跟你们出门坐车离开。你可以告诉他，有了这个改变时钟后，他在活动变换时将没有那么困难。然后，在重要改变要发生的时候开始使用时钟，并且时钟不用来派其他用处。（记住，在学习阶段，你需要了解哪种改变会给孩子带来麻烦。）

这种技巧应该这样使用。你家后院有个浅水池，你的女儿很喜欢在外面玩耍，在池子里玩水，把水倒在地上，每次都玩得很高兴。当你叫她回家吃午饭的时候，她会反抗，通常最后都会吵架或发脾气。有了改变时钟在手，现在你可以走到孩子面前，告诉她现在时钟显示是12:10。"当最后一个数字从0变成5的话，你就必须进屋吃午饭了。"

适应力差的孩子讨厌惊喜，改变时钟给孩子们在有限时间内准备好应对变化的机会，这段时间是由某样中立的物品（时钟）而不是家长决定的。将时钟用于任何重要的变化，那些变化不断地给你们的孩子带去麻烦——来暗示睡觉时间、上学时间、出门购物、结束看电视的时间即将到来。但是不要用得太过。就像其他技巧一样，改变时钟如果一天用上20次的话也会丧失效果。

假以时日，一些大点的孩子就会学会应对变化的各种技巧。他们将会询问他们还剩多少时间，或者在新环境中要求和妈妈待在一起，或者说他们需要更多一些时间，甚至会主动使用改变时钟。更为和谐、合作的态度取代了固执、抵抗或发脾气。学会应对变化是打破恶性循环的重要一步。

不可预见性

家长常常因孩子的古怪行为不知所措，缺乏预见性在两个重要方面让人特别为难：饮食和睡觉。对付每天不在同一时间觉得饿或困的孩子特别困难。父母和孩子因睡眠和吃饭发生冲突通常都会陷入矛盾激化的恶性循环和过度惩罚之中。导致这个问题的原因是气质上的不规律性，应对的关键在于将上床时间和睡觉时间、上桌时间和吃饭时间分开。

没有困意的孩子会激烈地反抗上床。这会成为一个最难应付的家庭问题。作为家长，你享有绝对权力来设置睡觉时间，但是却无法控制孩子的生理节奏，因此你没有权力迫使孩子睡觉。买一个小夜灯。当睡觉时间到了的时候，孩子必须上床。打开小夜灯，然后关掉房间里其他的灯。可以允许孩子在床上放一两个玩具或一两本书，也可以放点轻柔的歌曲。但是孩子不准下床。现在是**上床时间**，不过不是**睡觉时间**。他可以在感觉到困倦的时候才睡觉。可能每晚孩子感到困倦的时间都不一样，但是每天晚上他都必须在同样的时间上床。正如前面章节所描述的那样，如果你可以用安排好的日常习惯来引导上床时间，成功的概率会大大增加。

允许孩子在床上放书或玩具应该被视为是特别待遇。你可以告诉孩子，如果现在下床，他将不再享有此特别待遇。但是如果你发现，即便有夜灯在旁，玩具在床，孩子还是无法自个儿待在房间里，你要对付的可能就不是孩子的叛逆，而是恐惧。在本章的后面部分，你将会学习帮助孩子应对恐惧的一些技巧。

与上面的原则一样，你同样不能强迫肚子不饿的孩子在饭点吃饭，但是你可以坚决要求他在其他家庭成员吃饭的时候坐在桌旁。在你们吃饭的时候，他可以喝果汁，吃一点饭，还可以加入家庭对话和互动。

将你的判断力用于判断孩子坐在饭桌上的时间为多长时间。在这里牢记你的时间感；年幼的孩子持续的时间不会长于大孩子，而活跃的孩子安静久坐特别困难。

如果孩子在饭点之外的时间饿了，家长应该给他食物。这就是吃饭时间。这里你需要平衡。孩子妈妈不应该成为快餐厨师。尽可能简单地做这些非饭点的点心，比如三明治、一碗汤或切好的生胡萝卜。你不必在孩子每次吃东西的时候摆上肉、土豆或者两种蔬菜。你还可以把晚餐冷冻或者简单地冷藏一下，在孩子要吃的时候再拿出来。

这种方法的升级版就是准备**好吃拼盘**。允许孩子选择任何他想吃的食物（无须理由）放到餐盘上：胡萝卜、饼干、葡萄干、冻肉、芝士、薯片等。然后告诉孩子，如果他在非饭点饿了，他可以吃好吃拼盘里的任何食物。这种技巧也可以用在那些晚上在床上不断要求喝牛奶、吃饼干或者喝水的孩子身上。好吃拼盘可以提前准备好，放在床边的桌子上。

永远记住，虽然你可以决定饭点，但是你控制不了孩子的食欲。

有些孩子的情绪和行为可能无法预测——他们没来由地会有好的或者坏的时期。这种"不规律"通常都预示着损耗，但随着家庭关系的缓和会有所改善。

不听话

"他从来不听我的话，"很多家长这么说，暗示孩子的任性和叛逆。实际上，这里的气质问题通常是分心。这类孩子对自己不感兴趣的事物无法集中精力。对此，这样的思维方式是错误的："他故意不听我说话，因为他不想听我说话。"你应该想到，你那个容易分心的孩子在集中注意力上是有困难的。

这里使用的重要技巧是**建立眼神交流**。在告诉孩子你希望他做的事情之前进行眼神交流。确保孩子并未"心不在焉"。这样做的时候保持中立尤为重要。如果你用生气的语调说"看着我！"，孩子孩子只会反着来。所以，你要保持中立，贴标签（对自己贴标签："这是我的孩子，容易分心，无法集中精力。"），然后说："我希望你看着我，听我接下来要说的话。"切记说话也要**简短**。如果家长的指示过于复杂或冗长，孩子将会不加理睬。

不听讲对老师来说也是个重要问题。老师对易分心的孩子的最常抱怨就是他们不听讲。家长可以跟孩子的老师建议这些技巧,指出孩子不应该被安排在教室的后面,而是应该放在前面,这样老师就可以和孩子进行眼神交流。

"不快乐的"行为

常带负面行为的孩子的家长会陷入恶性循环,因为他们没有意识到孩子行为背后的含义就妄图阻止这种行为。大多烦躁、"不快乐的"行为隐含的气质问题是消极情绪。情绪积极的孩子可能会偶尔烦躁,但是不会像情绪消极的棘手儿童持续的时间那么长。这些孩子看起来似乎总是"闷闷不乐"。他们更为严肃。他们不会踊跃地表达情绪,总对父母生闷气。

如果你的孩子表达观点消极多过积极的话,你可以假定某种程度上是由气质造成的。如果你的孩子离开新环境,并表现出消极情绪,那么他并不是简单的离开,他会在离开的同时抱怨和指责:"我们为什么不走呢?为什么我们一定要待在这里?我不喜欢这里!"如果他是个固执孩子的话,他的抱怨会持续很长时间;他会受困其中然后不断埋怨。消极情绪会大大激化其他困难。家长对这些孩子会变得有点沮丧,为自己无法取悦他们愧疚不已,并且拟合的问题会增加。

对付消极情绪没有"技巧"。家长的主要原则就是增强意识,转变观点意识到这是气质带来的问题,消极情绪是孩子的常态。除了给消极情绪(针对家长而不是针对孩子)贴标签,家长什么也做不了,然后尽己所能忽略这种情绪表达。

家长总是觉得孩子不开心,甚至抑郁,是因为有什么真正的"大问题"。但是事实并非如此,除非孩子的这种不开心在近期才表现出来,这种情况就不是因为气质的缘故。意识到孩子的消极情绪是源于气质并不容易,然而这种意识可以帮助家长不至于过度反应;而且,随着家庭氛围的改善,孩子的态度也会变好。

"我不喜欢这个"的行为

这类行为大多与低反应阈有关,包括孩子对触感、味觉、味道、声音、温度、光线或颜色的敏感性。再一次,家长经常发现他们陷入恶性循环,特别是在孩子高度坚持表达自己喜好的时候。

在这里,**贴标签**尤其重要,需要意识到孩子并不是简单的叛逆而是真的烦恼。不要挑战孩子的反应阈。反过来,用标签来认识孩子的反应阈:

"我知道你不喜欢嘈杂的音乐……"

"我知道运动鞋穿得太紧的时候你感觉不舒服……"

"我知道你不喜欢番茄酱……"

"我知道你怕热……"

对于追逐时尚的妈妈来说,可爱女儿对衣服的感觉、质地和颜色的敏感会让她特别沮丧,因为女儿会坚决拒绝穿那些妈妈认为"好看"的衣服。

这里使用的原则是**不挑战孩子的反应阈**,而是要将与反应阈相关的行为看作无关紧要。反应阈代表着孩子的"口味"和舒适度。在这上面大做文章有什么意义呢?行使家长的权威肯定存在其他更加有效的方式。

◎ 你的孩子喜欢每天穿一条柔软、老旧的灯芯绒裤子。你给孩子买了新的抛光棉裤子。孩子不愿意穿,你坚持要她穿。但是有必要吗?孩子是应该穿得舒服,还是应该迎合你的"口味"呢?

◎ 你的孩子喜欢穿朴素的白色棉内裤。奶奶给她买了宝蓝色内裤,她不穿。你觉得这很愚蠢，但是这值得你们争吵吗？她不喜欢宝蓝色。

◎ 给孩子系上运动鞋鞋带的时候，孩子不停地抱怨鞋带"看起来不对劲"。然后，你就开始不断陷入给孩子重新系了多少次鞋带的战斗中。然而，通过给孩子购买带尼龙塔扣的鞋子就可以避免这个问题。当你了解到运动鞋的脚感确实是反应阈的问题时，你自己也会好过一些。

◎ 你的孩子坚信紫色、粉色和绿色是完美搭配，或者她的宴会鞋和牛仔裤是绝配。每天早上，你都跟孩子争论应该穿什么去学校。这难道有什么意义吗？试着为孩子的"鉴赏力"感到自豪，对其他妈妈的侧目视而不见。（如果你本身个性十足的话，会更容易做到。）

孩子偏好的类似问题还经常出现在食物上。对食物的味道和外观具有低反应阈的孩子一般对选择吃什么特别挑剔。除非孩子真的出现营养方面的问题，最好不要去干预，因此，在你们把吃饭的地方变成战场之前，和家庭医生确认一下。

如果医生表现出对孩子营养的担忧，给了一些饮食建议，那么健康代替喜好成为第一，孩子没有其他选择。

总之，问问自己为什么孩子特别坚持自己的偏好。在脑海中过一遍你对孩子偏好的反应。通过进一步审视，很多此类问题都可以归为气质问题，而你最好能够退后一步。你的孩子本身就是如此，这是她个性的正当表达。

如果孩子无法自己做决定，或者让你卷入反反复复的争论之中，你可以通过**提供简单的选择**避免权力斗争。不帮孩子选择要穿的衣服，而是问孩子："你想要穿蓝色T恤还是白色T恤？"你应该接受任何一种选择，并且允许孩子拥有一定的选择权。对家长似乎无关痛痒的选择权，可以让年幼的孩子无比满足。但是，给孩子开放式的选择要很谨慎，这既可能导致沮丧的孩子无法做出选择，还可能带来你无法接受的结果。"你早餐想要吃什么？"这句问话的初衷是希望能够找到挑剔孩子喜欢的食物，但是却肯定会导致家长和孩子双方都不满意的结果：孩子不想要你潜意识中希望他选择的食物，他还可能会在你把他选择的食物放进他的碟子时突然反悔。通常而言，只给孩子提供两个选择最为安全，这两种食物应该都是孩子爱吃的。

即便是在面对交通拥堵，你很想管教孩子时，也要记住这条技巧。"可怕的两岁孩子"在过马路时会拒绝牵着妈妈的手，但在面临"牵右手还是左手"的时候态度都会有所缓和。你还可以这样问："你是要牵着我的手，还是要我抱着你过马路呢？"

有的孩子在拥挤、嘈杂、明亮的环境中容易不知所措。他们会变得过度兴奋，可能会表现出"我不喜欢这里"的行为。这也是反应阈问题的一种，应该用温和、和谐的方式解决，而不是通过强迫孩子来解决。

"我不喜欢这里"的行为也可能与初始趋避性和适应力差有关，在被消极情绪主导的孩子身上更是如此。因为初始趋避性，孩子在面对新的环境、食物、玩具、衣服或者陌生人时的第一反应就是拒绝或黏人，然后做出"我不喜欢这里"的声明。这里使用的技巧是**逐步引入新事物，给孩子足够的时间，让孩子适应这些新事物**。

举个例子来说，父母给孩子买了一个新玩具，是一辆大型的牵引拖车玩具。孩子喜欢卡车，事实上也收集了一堆卡车。所以，送他新玩具的时候，他似乎并不想要。实际上，他看起来一点也不喜欢新玩具。因为他已经有类似的玩具，这样的反应便让人有些疑惑。在这种情况下，家长需要意识到，即使孩子很想要这个玩具，对他而言那个玩具也是新的，家长可以这样说："我知道你不喜欢新东西，所以我们会给你足够的时间让你慢慢适应它。"

如果孩子对新衣服表现得很抗拒,把衣服在橱柜里挂上几天。几天之后再拿出来给孩子看。这一次,你可以建议她试一试。这样认识到孩子的气质对她的影响会比通过批评孩子强迫她穿上衣服有效。你并不希望孩子因为自己的样子而觉得自己是个坏孩子。(这适用于所有的气质特征。)

温和、预备好的方式同样适用于新环境。比如上学的第一天,你可以这样对孩子说:"你将要开始新的学习,老师是新老师,同学中有你认识的老同学,也有不认识的新同学。前面一两天你可能会不大好过,但是不要担心,没问题的,妈妈会在旁边陪着你直到你适应环境。"

总的来说,面对新的事物——衣服、玩具、人或环境——如果孩子在接近或适应方面有困难的话,他需要时间,家长能做的就是给孩子提供适应的时间,不要觉得孩子在这方面的发展和别人不一致就是对家长的直接挑战。

乱发脾气

什么叫乱发脾气?这里的定义不单单指完全的失控行为,孩子用头撞墙或损坏家具那样的场景。这里的定义更为广泛,指孩子生气、哭闹或尖叫的任何场合。实际上,如果你用"脾气爆发"替代乱发脾气一词会更为恰当,这样,这一部分就不仅适用于极端的乱发脾气,它还适应各种各样生气的反应。

首先,乱发脾气可以分为两种:

◎ 操纵型发脾气或爆发

◎ 气质型发脾气或爆发

这两种脾气的根本区别在于：通过操纵型发脾气，孩子试图用行为来达到自己的目的。比如，他会说："给我棒棒糖。"妈妈会回答："不行，10分钟后就要吃饭了，你不能吃棒棒糖。"然后孩子开始埋怨、哭闹，想通过这种表现来得到棒棒糖。孩子这样做是为了达到自己的目的，因为其中包含着有意识的操纵行为。换言之，这是被宠坏的行为。

而气质型脾气，发生在孩子的气质受到干扰的时候，所以他大发脾气。举例来说，适应力差的孩子突然被要求停止手中的事情，转向做另一件事，或者高度活跃的孩子的棘手行为升级，变得失去控制。换言之："他控制不住自己。"

要怎么区分二者呢？气质型脾气会更为激烈。孩子会变得非常不安，甚至完全失控。而操纵型发脾气因为其本质不同，其强度更低，更多清醒和意料之内的特征。然而，它们有时候看起来是一样的。因此二者的区别可能会有些武断，毕竟二者可能可以互换。当孩子沉浸于发脾气的时候，操纵型可能转变成气质型；当孩子想了解他正在做的事情的价值的时候，气质型又需要操纵型的介入。

这里有一些指南，可以帮助你区分这两种脾气的区别：

◎ 操纵型发脾气相对缓和。
◎ 操纵型发脾气显然是孩子没有得到自己想要的东西的结果。家长都不需要找动机；动机就在那里。
◎ 气质型发脾气与潜在的气质问题相关。
◎ 如果中立地观察自己的反应，你会发现当孩子因气质引发脾气时你会觉得更为愧疚。你可能会对自己说："他无法控制自己。"而在觉得孩子是操纵型发脾气的时候，你会想："他只是想达成心愿而已。"

现在你意识到两种脾气的区别了，那么你会怎么做呢？这里知道二者的区别就很重要，因为你可以用不同的方式来解决它们。

操纵型发脾气

◎ 不要妥协，除非你开始的拒绝不合情理。如果你觉得开始的拒绝不合理，那么你的想法可以改变。但是在其他情况下，你必须给孩子传递一个信息，那就是发脾气是没有用的。如果你总是妥协，那么就是在告诉孩子通过发脾气可以让他达到目的。对这类脾气妥协的家长很快就会发现，他们对孩子的整个态度变得犹豫不决、踌躇不定。然后，所有争论的主要问题就变成了避免发脾气。这是"尾巴摇狗"的真实例子。你应该做的是，在计划好的平静讨论中，告诉孩子通过发脾气他将无法达到目的，鼓励孩子尽可能地控制自己。

◎ 对待孩子的态度应该更加强硬、严厉。不要过于具有同情心。不要跟孩子说："我很抱歉让你焦虑还大哭大闹，或许你晚点可以吃颗棒棒糖。"而是跟孩子说："你不能吃棒棒糖，没得商量，我希望你控制好自己的行为。"

◎ 分散注意力是有效技巧。分散注意力指的是在孩子快要爆发时做一些可行的事，让孩子不再惦记发脾气的原因。这和妥协不是一个概念。

◎ 如果孩子还没有失控的话，把孩子赶走也是可以的。你可以说："你必须回自己房间，直到平静下来。"如果你自己也离开现场那就再好不过了。

◎ 如果你不能离开现场，尽可能忽略孩子的行为是最好的办法。试着表现出不感兴趣，最重要的是，不要妥协让步。

◎ 当然，如果在发脾气的过程中孩子开始伤害自己——比如，用头撞击地板——你就应该进行干预。而且，如果你把他赶回房间，孩子继续发脾气，你需要走进房间或者通过房门观察孩子是否在伤害自己。在至少确保孩子身体安全的同时，保持态度的中立。

如果你的方法自始至终保持一致的话，对付操纵型发脾气会简单一些。在计划好的讨论中制定基本规则，然后严格执行。不要让步。无视孩子的发脾气，转移孩子的注意力，不要陷入无休止的讨论，表现得凶一些，或者把孩子送回房间。这些做法可以任意组合，但是执行起来一定要保持一致。下一章将会讲述在特殊情况下应该如何做的例子。

气质型发脾气

◎ 这种发脾气会更为剧烈，更大程度上你会感觉到孩子失去了控制。当你意识到"孩子无法自控"的时候，你的态度应该更为和善，更加具有同情心。

◎ 孩子发这类脾气的时候你应该陪伴在孩子身边，如果孩子允许的话，张开双臂拥抱孩子，或者只是在房间里陪着孩子，以起到抚慰孩子的作用。保持平静，并说些宽慰的话语："我知道你现在很焦虑，但是很快就会好的。"孩子平静下来想要独处的话，尊重孩子的意愿。

◎ 对于孩子的烦恼不应该进行长时间的讨论，除非孩子愿意提及，即便孩子愿意，在孩子发完脾气之后也只谈论一次。

◎ 如果可以的话，使用转移注意力的方法。

◎ 如果孩子高度不安，大发脾气的话，你只需要等着孩子的脾气过去。给自己准备好一副耳塞以及阿司匹林。

◎ 如果你能分辨出对孩子气质形成挑战的情况就是发脾气的原因，可能的话改变这种情况。比如，你给孩子穿上羊毛衫，孩子发脾气抗议羊毛衫穿起来不舒服。如果你让孩子脱掉羊毛衫，因为已经陷入发脾气的状态，他可能无法马上停止自己的情绪，但是发脾气的时间不会像你不让他脱掉羊毛衫持续的时间那么久。这并不是妥协；相反，这是你作为开明的家长，了解孩子发脾气的真正原因，并企图修正的表现。

这时你依旧需要前后保持一致，但是与对付操纵型发脾气不同，你需要表现得具有同情心，更让人放心，而不是对孩子视而不见；你陪伴在孩子左右，随时准备好改变想法。

无论是哪种发脾气，当孩子脾气爆发的时候，置身事外，观察5到10秒钟弄明白当前的状况非常重要。现在爆发的是哪一种脾气？你采用的方法取决于这个判断。当你做出判断的时候，你会采取以下其中一种方法：

◎ **你严厉且坚定**。遇到操纵型发脾气，这样说，"孩子，无论如何你的目的都达不到。"
◎ **你和善且富有同情心**。遇到气质型发脾气，这样说，"我知道现在你很难过。我将帮助你渡过难关。"

无论是哪种类型的发脾气，当发生在公共场合的时候，带着孩子离开。留在原地除了让孩子或你自己尴尬以外没有任何其他作用。没有必要出风头，特别是在你意识到孩子是因气质发脾气的时候，你并不希望人们因为你对正在气头的孩子态度"很好"而指责你。

受困行为

高度坚持的孩子不懂得放弃，适应力差的孩子无法忍受变化，低反应阈的孩子偏好明显，他们会跟父母受困于老习惯之中，最终可能演变成一场斗争。比如,孩子说:"妈妈,帮我系鞋带。"妈妈回答:"好的。"然后伸手帮孩子系了鞋带。"妈妈,没有系好,再系一次。""好的。""妈妈,穿着不舒服,再系一次。"这样的对话发生了一遍又一遍。这里最简单的技巧就是**终止这种对话**。每次孩子提出要求而家长照做的时候,你都是在将形势推向更为困难的局面。孩子可能开始的时候具有反应阈问题(比如觉得鞋子不合脚),但后来会陷入"再系一次"的怪圈。一旦这种情况开始,你越取悦孩子,孩子就越会觉得穿运动鞋或头上的发夹不舒服,埋怨就会越多,然后你和孩子会陷入同一个模式,变得更为不安。这种交流还会催生妈妈的受气包心态,她将无所不用其极去取悦孩子。这种循环必须结束。

但是你是如何意识到正在发生什么,而且意识到你需要做什么呢?

基本来说,你必须意识到超过某个点之后,你将不再采取缓解措施。意识到这一点,在你为孩子系鞋带之前,你会对孩子说:"我知道对你来说鞋带系得刚刚好,没有不舒服的感觉很难。但是如果我不停地系鞋带的话,你只会越来越不安。因此从现在开始,我会帮你系两次鞋带,如果还是觉得不舒服,你就换其他鞋子好了。"如果孩子必须穿运动鞋(比如说要去上体育课),那么你可以在最后加上:"虽然不舒服,但是你必须穿着它们。"

对于陷入与固执的棘手儿童的权力斗争中的家长来说,关键在于意识到对任何问题的犹豫不决不仅无效,实质上还使得斗争持续下去。来访的家长如果说到他们和孩子的斗争中还包括大量的争吵、妥协和解释,我马上就意识到家长走错路了。在这种情况下孩子以及家长都陷入了同一模式。

但是家长如何终止这种模式呢?

答案是:**关注过程,而不是内容**。这句话听起来很复杂,让我来解释解释。家长需要意识到孩子已经陷入了困境。孩子受困于什么(内容)

第8章 管理气质：通过行动来了解

完全不重要！她是否不停地索要棒棒糖、要求看电视、熬夜还是其他问题根本不重要。重要的是受困的过程；家长解释、妥协得越多，孩子（与你）受困的程度会越深。尽早意识到这一点，往后退，保持中立，然后非常严厉地说："你已经三次要求了。你不会得到的。别在提要求了。"

家长会问："但是如果她还提要求呢？"一半的概率是孩子会停止提出要求，因为家长已经直接解决了孩子消极坚持的问题。另一些时候则只需告诉孩子没有商量的余地，然后就不再做出回应。如果需要的话你可以走回自己的房间，关上房门。然后在之后孩子比较平静的时候，跟孩子解释你明白当他非常想要某样东西的时候他很难放弃，但是从现在开始只要妈妈说不，妈妈就是认真的，孩子必须接受这一点。

在这些情况下，中立性、严厉和贴标签对你来说非常有用：记住，走得越远，路就越难走。所以，要**尽早表明立场**。带着问题走下去只会让问题越变越严重。

尽早表明立场的原则可以适用于不同的孩子受困的情况。我知道我建议过你对孩子的消极情绪要更为包容。然而，这并不意味着你必须容忍无休无止、令人不快的情绪表达。比如，如果孩子不停地抱怨某样东西，承认他的感觉完全没有问题（这样他知道家长在听他的话），之后再严厉地告诉他你已经听够了，是时候该停止抱怨了。

许多家长无休止地顺从孩子的习惯，因为不这样孩子就会发脾气。在你拒绝给孩子系鞋带超过三次之后，你无法保证孩子不再发脾气，但是如果孩子已经发了三次脾气，你可以确定的是你拒绝他十次之后他还是会发脾气的。在你拒绝孩子的同时，你其实是消除了10分钟的恶性循环，温和但是坚定地重申了你的领导地位。通过往后退一步，意识到问题潜在的气质根源，对你和孩子来说问题都会变得更加简单。

表明立场并不意味着任何时候都说不。异常固执的孩子的家长通常都说了太多的不，但实际上并不需要说这么多，他们也真的不想说这么多。

在许多情况下，说可以也完全没有问题。这是让步吗？当然不是！你在反复的争论中最终妥协的做法才是让步。立即说可以是情感上大度的表现。你可以确定，这不会让孩子学会占便宜。

自助技巧

至此，你学会的几乎所有的知识都在围绕着教育家长，以及其他不可忽略的成人，比如老师，教育你们如何以更加积极、更有建设性的方式对付棘手儿童。

但是孩子自己呢？是否可以教孩子做些什么来帮助他更好地对付、控制自己的行为和情感？很大程度上，这取决于孩子的年龄、智力以及成熟水平。这里我提供了一些给大孩子的技巧。

孩子作为专家

从5岁，有些例子中甚至是4岁开始，你的孩子逐渐通过你的教育了解到自己的气质。这种教育显然需要通过平静、计划好的讨论来进行。确保让孩子明白他是一个独特的个体，他的一些行为就是这种独特的表达，但那不代表他身体有什么"毛病"。比如，你可以帮助孩子看到，她是个非常有好奇心的孩子，但是有时候好奇心会让她变得过度兴奋。坚持、退缩（害羞）、低反应阈（偏好强烈）、不规律和情感强烈（声音很大）这些特征，都可以用简单、友好的态度来进行解释。告诉孩子，她是个独立的人，有自己的情感、反应和观点，你对此感到自豪。

然后告诉孩子，有时候她的个性导致她有剧烈的反应，而你希望帮助她学习一些自控的方法。比如，你可以教孩子区别出自己变得过于"焦虑"的情况，给自己贴标签，因此她可以叫家长或老师给自己一些休息时间；当她开始变得过于兴奋或不安的时候，她可以深呼吸，慢慢地从1

数到 10；当她过于专注或坚持想要某样东西的时候，她可以重复要想要的东西三次，但是之后就要转移注意力；当她面对新场合感到焦虑的时候，她应该稍等一会，直到自己感觉到更舒服一些。

深呼吸或渐进的肌肉放松这些放松技巧对大孩子来说很有帮助。然而，孩子需要大人持续的监督和练习。即使你下定决心要尝试这些技巧，但在家庭氛围得到改善之前不要轻易尝试，因为家庭氛围改善之后，孩子的接受能力会更强。

据我所知，当孩子实现了这种自我调节，大人就可以惊喜地看到孩子的支配感——实现成就的自豪感。

孩子作为导师

如果你的孩子在特定的行为领域方面有问题，可以通过将孩子放在导师的位置来帮助她突破障碍。通过这种方式，你帮孩子建立起了她是掌控者的意识，也就是支配感。比如，你可以给孩子买一个娃娃，在她难以适应新环境的时候，让她教娃娃适应新环境。你还可以给娃娃也弄一个小改变时钟，让孩子用于娃娃身上。作为导师的孩子在对付咬东西上颇有一套。如果你告诉她娃娃有咬东西的问题，孩子现在是娃娃的妈妈，应该温和地对待娃娃，教她不要咬东西，这样将会得到很好的结果。对于去超市或者生日派对有困难的孩子，应该允许她带着娃娃去现场，给娃娃展示如何适应这些地方。这种技巧还可以用于帮助孩子战胜恐惧。通过教娃娃要勇敢，孩子可能也就克服了自己的恐惧。

"勇敢的伙伴"

棘手孩子的恐惧可能会强烈地表现在睡觉时间上。他们会变得缠人，不愿意睡在自己的床上，或者坚持要妈妈留在房内陪伴。有此问题的孩子会抱怨自己害怕，口渴了或者饿了，需要专门给他们讲故事或唱歌，等等。这个问题可以这样解决，给孩子一个凶猛的动物玩偶并且告诉他："这是你的勇敢熊（勇敢恐龙或勇敢狮子）。妈妈不在的时候，它将帮你减少恐惧。"玩偶需要是新的特定玩偶，只用来帮孩子克服恐惧。这种方法或许可以帮助年幼孩子缓解轻微的睡眠恐惧，但是还不足以对付更强烈更严重的恐惧。

这些管理技巧是作为战略方针而不是完整的反应目录提供给大家的。通过你的机智和善于应变，你将能对计划的成功实施贡献良多。

同时也记住，应用所有这些技巧的关键在于富有同情心的态度。你的态度至关重要。你需要时刻提醒自己，本章（以及本书）的整个主题就是气质，气质，气质。坚持寻找气质，当你找到气质的时候，用理解来管理它。

管理棘手特征——总结

特征	管理技巧
高活跃水平	确定日常习惯和安排；在吃饭和上课期间加入计划好的休息时间；包括有一些运动量的活动，用于释放精力；上床之前不要大吵大闹；避免过度刺激的情况，特别是在孩子已经处于"亢奋"的时候。
冲动	学会分辨过度兴奋的早期症状；用有计划的（非惩罚性的）暂停及时干预，避免情况升级；不良行为如发生在公共场合则快速离开；教孩子自控的方法。
分心	跟孩子交谈之前先与孩子建立眼神交流（非愤怒的）；教室里坐在老师附近；指令简单、明了，使用提示；帮孩子建立组织性，避免乱来。
高反应强度	跟孩子解释他发出的声音（在外人听来）比他自己脑海里的声音大很多；尽力容忍；成人如果对噪音敏感的话可使用耳塞。

续表

特征	管理技巧
不规律性	确定晚间习惯，以睡眠时间来结束；道过晚安后孩子必须待在床上，可以给他提供夜灯、书籍等，不强迫他睡觉；孩子可以加入饭桌，但不强迫他吃饭；如果孩子年龄较大的话，教他在饥饿的时候自己简单吃点点心。
消极坚持	避免权力斗争和长时间的解释；尽可能地说可以；不然就尽早表明自己的坚定立场；设定重复的次数限制；避免自己"受困"。
低反应阈	试图接受孩子即便是古怪的强烈偏好；避免针对食物和衣服的争吵；找到妥协之处；如担心健康问题，咨询儿科医生。
初始趋避性	逐步引入新事物；在陌生环境允许孩子亲近自己（但不是黏人），按照孩子自己的速度适应环境。
适应力差	通过描述事情发展的顺序提前准备（但是不要重复警告）；不要用突然的变化惊吓孩子；教孩子用时钟来预估变化。
消极情绪	承认孩子的情绪是他气质的反映；调整期待；接受孩子合理的坏情绪但要限制抱怨。

第 9 章

▼

信息整合：专家家长

家有棘手孩子的家庭，家长如何以前后一致的有效方法对日常生活中各种各样的复杂场景做出反应呢？通过本章，你将会学会如何整合你已经了解的管教（从第 7 章）和管理技巧（从第 8 章），形成应付孩子的新的实用方法。

这种反应的新方法建基于真正的成人领导力，可以分解成一系列步骤。接下来你将阅读的似乎是行动之前大量的步骤信息。你可能会想："如果我的孩子开始发脾气了，我怎么完成如此复杂的步骤来让孩子停止呢？"

不要因显而易见的复杂性而气馁。不要期待自己马上就能"达到目的"。通过日复一日的练习以及家长权威方面与日俱增的自信，最终你完成整个过程只需要几秒钟。这么做会成为你的第二天性。你将无须思考，自动就会做出正确的反应。但是这需要时间。如果你可以在几周内逐渐改变自己的反应，你就做得很好了。

应对待任何棘手、消极或"讨厌"行为的专业反应步骤如下：

1. **我现在可以应付吗？** 你脑海里想的是自己快速承担问题。如果你无法解决的话，尽快摆脱问题。如果你可以解决的话，继续第 2 步。
2. **成为领导**。往后退，抛开自己的感觉，变得中立，开始思考。

3. "框定"行为。从行为档案中找出行为类型。
4. 是不是气质问题？试图将孩子的行为与气质档案定义的棘手气质联系起来。如果这种情况是气质原因导致的，反应应该是管理，而不是惩罚。
5. 行为是否具有相关性？如果孩子的行为不是气质原因导致的，问题是否重要到需要表明立场？如果不需要就忽略它，或者做出最小反应然后摆脱它。
6. 有效反应。如果不是气质原因但与气质相关，反应要严厉、简单。

我们来进一步详细探讨这些专业的反应。

第一步：我现在可以应付吗？

你的孩子有不良行为，给你带来麻烦，发脾气，等等。你做出反应前的第一步是评估当前的状况，了解自己所处的位置。你可以询问自己："我今天总体感觉怎么样？我对自己、丈夫和孩子满意吗？"你希望集中精力。你现在还在纠结是否因为昨晚和丈夫的吵架？对你来说今天是否只是"糟糕的一天"？

如果你意识到自己正身处紧张、焦虑、不安的状态，或者觉得没有准备好面对任何事情，那么你不应该做出任何勇敢的尝试。你做得越少越好。你的主要目标就是摆脱。离开当前的处境或者让孩子离开当前的处境。

我们来看看如何实际应用。你头疼得厉害，而每两周来家里打扫一次的清洁工刚刚辞职。你需要做家务，但是孩子完全沉迷于拼图游戏，外面还下着雨。你试图给孩子做好外出的准备时孩子大声抗议。现在不是冒险让孩子大发脾气的时候。推迟外出活动，看怎么解决头疼的问题。如果孩子摔了你的化妆品，你只需把他赶出房间，让他回去玩拼图，或者让他看电视，关上你的房间门就可以了。

然而，如果你这天的心态相对良好，你的回答会是："是的，我可以应付。"

永远记住：如果你无法搞定，那就摆脱。

第2步：成为领导

这是决定性的一步，因为这一步包括了对付棘手行为异常重要的客观性。你的领导姿态始于往后退，有意识地让态度保持中立。关键在于不要情绪化或者本能地反应：

把你的感觉赶出去！

不要表现得像是受害者！

思考并评估！

对自己说："这里正在发生什么？""我是个大人。""我更大、更强、更聪明。""我是老板。""我是教育自己孩子的专家。"

永远记住：保持中立——不要做出情绪化的反应。

第3步："框定"行为

这一步的目标只是识别行为。你在寻找行为模式，并试图将孩子的行为归入其中某一类。永远关注孩子的行为：不去揣测孩子的动机。第6章列举了行为的分类以及发生的场景。问自己："我之前是否见过这种行为？"这个想法是为了不让你对孩子做出的任何事情感到吃惊、困惑或觉得受到打击。

永远记住：关注行为，不关注动机。

第4步：是不是气质问题？

这个问题还可以这样问："孩子可以控制这种行为吗？"这里你试图

将孩子的行为与潜在的气质问题关联起来。现在你应该在这方面相当于专家了。（如果需要的话，通过阅读第 6 章的"气质档案"来唤醒你的记忆。）

任何时候，只要你能将行为和气质关联起来，那就把你的态度快速转向富有同情心或对孩子的理解，然后开始管理而不是惩罚孩子。通过眼神交流、贴标签、应用技巧来完成管理孩子。你可能还是会很严厉，但是你的态度可以帮助孩子渡过难关。

永远记住：如果是气质问题，管理它。

第 5 步：行为是否具有相关性？

如果你不能将行为和气质关联起来怎么办？那就意味着孩子可以控制自己的行为。但是你是否要惩罚他呢？这取决于问题的重要性。作为家长，你们已经商讨出了一份最终相关行为清单——你们两人需要时刻坚持对这些行为的立场。因此，你们可以快速判断行为是否具有相关性。如果不相关，要么完全忽略当前情况，要么做出最小反应然后摆脱它。对付不相关行为的态度一般是随意、轻松、不太感兴趣。问问自己："我什么都不做就输了吗？""我是否可以放任这个行为呢？"（更多细节，请复习第 6 章的"相关行为"清单）

永远记住：如果是不相关行为，尽量什么都不做。

第 6 步：有效反应

这是你的"大枪"，只用于相关行为。现在，孩子应该已经知道了家里的新规矩。他知道哪些行为是不能容忍的，即使他不了解"相关"这个字眼。因此，如果孩子故意打破规矩，伴随其后的应该是某种后果，这种后果任何时候都应该是行为的逻辑和自然结果。如果有时间的话，你可以给孩子一个警告，但是有且仅有一次。快速决定如何惩罚，简单直接，无须过多解释或协商。"你知道我们不允许把盘子扔在地上。回房间待 5 分钟。"如果他拒绝去房间，你可以拉着他回房间。家长的一般态度应该是严厉的，甚至有些凶狠。你可以听起来很生气，但是绝不能失控。对于更为年幼的孩子，严厉的谴责作为惩罚就可以了。（更多信息，请复习第 7 章的"有效反应"。）

永远记住：如果是相关行为，只管惩罚他。

最后的建议是：要务实。使用常识和想象力。比如，孩子在公共场合发脾气，快速带他离开，去一个更为安静的地方。如果无处可去的话，可以坐在汽车的后座，或者退到厕所。这里并不是让家长放下常识和对实际情况的判断。有时，比如危险行为发生时，你就不要太过考虑这个决定过程，当孩子跑到街上或者爬树爬得过高时，你只需赶快做出反应。走上前去行动。不要压抑自己的常识和所有本能。

专家反应

家长的决定树

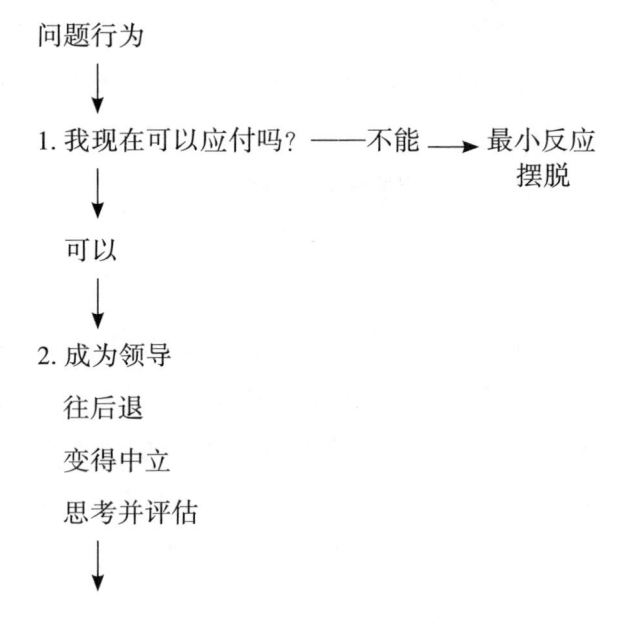

问题行为
↓
1. 我现在可以应付吗？——不能 → 最小反应
　　　　　　　　　　　　　　　　摆脱
↓
可以
↓
2. 成为领导
　往后退
　变得中立
　思考并评估
↓

3. "框定"行为

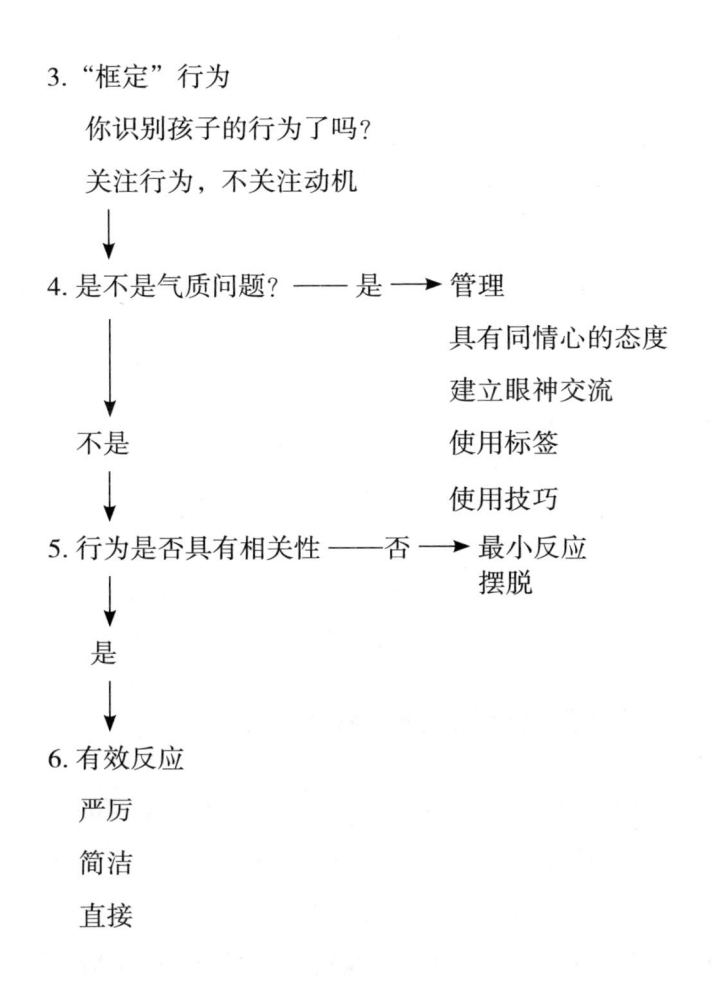

　　你识别孩子的行为了吗？

　　关注行为，不关注动机
　　↓
4. 是不是气质问题？ —— 是 → 管理
　　　　　　　　　　　　　　具有同情心的态度
　　↓　　　　　　　　　　　建立眼神交流
　　不是　　　　　　　　　　使用标签
　　↓　　　　　　　　　　　使用技巧
5. 行为是否具有相关性 —— 否 → 最小反应
　　　　　　　　　　　　　　摆脱
　　↓
　　是
　　↓
6. 有效反应
　　严厉
　　简洁
　　直接

　　你可能会说，理论很好，但是现实生活中如何运用呢？在这里，我将根据自己职业生涯中遇到的家长的经历来举例说明。这里一共有十个家庭片段，每一个片段抓住棘手孩子日常生活中的一种典型情况。每个片段后面都附有我建议的反应，即对孩子行为的即刻**反应**，以及用来解决更多问题的长期的**有计划的行动**。

　　正如你所知道的那样，有计划的行动指管教或管理的不同方法，用于改善孩子的行为和整个家庭气氛。有计划的行动是经过深思熟虑，提前讨论制订的，而不是在水深火热的瞬间想出来的。只要孩子的年龄许可，孩子是做出这些判断的"初级伙伴"。有计划的行动帮助解决孩子的环境变换或睡眠问题,或者提供改变行为的诱因。

此外,有计划的行动包括新规则、期待或后果的清晰定义,在有星级系统或者没有星级系统的情况下设立晨间和夜间习惯,引入改变时钟或其他准备的办法,勇敢的伙伴,孩子作为导师,为特定行为制定奖赏。这些细节可见于第7章和第8章。这里你将看到有计划的讨论和行动在阻止问题情境的再次发生上的有效性。

永远记住,在这些讨论中,父母双方首先定义好问题,然后清楚、具体地通知孩子,并友善但严格地让孩子尽量做好非常重要。

忠告一则:请不要照本宣科将以下建议应用在你们家。成功解决方案的基础是你对整个计划的学习,以及对孩子独一无二气质日益增长的了解。

"你为何什么都不喜欢?"

戈登一家正在短途旅行。孩子父母买了《芝麻街》现场表演的票,然后带孩子们去看。他们的大孩子是个行为良好、性格外向的6岁孩子。而小女儿黛博拉是个严肃、害羞、有时黏人的孩子。父母经常觉得小女儿很难取悦。黛博拉今年4岁,几乎从未从儿童电影或演出中得到过乐趣。但是她喜欢《芝麻街》,特别是大鸟这个角色。父母带她来到演出的剧院,但是她哭哭啼啼、黏着大人,不愿意进入剧院。进了剧院之后,她不愿意坐在自己的位置上,坚持要坐在妈妈的膝盖上。最终等她安静下来的时候,演出开始了,一个个角色登场亮相。大鸟出来了,黛博拉却害怕得抽泣着。其他孩子都在开心地大笑,喊着:"大鸟,大鸟!"但什么都安抚不了黛博拉。她的妈妈怒不可遏,在黏人的黛博拉耳边说:"你是怎么回事?"黛博拉哭得说不出话来,不过最终还是蹦出了几个字:"我很害怕。""但那是大鸟,你最喜欢的电视角色呀。""不,他不是,"

黛博拉哭着说,"他不一样。"黛博拉的父母又无奈又愤怒,只能带着哭闹的孩子离开剧院,返回家中,他们确信自己的努力又一次失败了。他们担心,孩子以后再也不会喜欢任何东西了。

专家家长会怎么做呢?

反应: 在黛博拉开始黏人,后来看到大鸟觉得害怕时候,父母应该有不同的表现。他们应该变得中立,往后退一步,框定孩子的行为。他们此前看到了什么呢?黛博拉是个黏人,特别挑剔,喜欢在公共场合抱怨的孩子。这里与气质有关吗?当然。这是黛博拉对新事物的反应,体现了她的初始趋避性。她很容易受到刺激,身处剧院多少有些不知所措。她的适应力差,由此她敏锐地觉察到大鸟"不一样"。她的严肃和抱怨反映了她的消极情绪。

如果黛博拉的父母意识到这是气质引起的问题,她需要得到安抚,妈妈就会心甘情愿地把她放在膝盖上,靠近她,平静地说:"我知道对你来说这一切都是全新的,你不习惯这样看到大鸟,但是没关系,你可以慢慢来适应。"她可以鼓励胆战心惊的孩子快速地瞥一眼角色。如果这不奏效,孩子还是很不安的话,她可以体谅孩子的难处,把她带到观众席的后方,那里孩子可以远远地看演出。

有计划的行动: 家里有个这样的孩子,家长可以在前一天就开始准备。告诉孩子家里将要做一些新的事情,你知道她需要时间来适应。跟孩子解释她将在眼前看到她最喜欢的角色,虽然和电视上看起来不一样,颜色更丰富,个头更大,但其实是同一个角色。演出当天,你们可以早一些到达现场,这样可以在外面待一会,让孩子适应新的地方。然后在里面位置坐满之前带孩子进去,给孩子介绍座位、舞台以及乐池。如果买了糖果,而孩子不要,那么给孩子留一些,供她适应了环境之后吃。家长应该提前制定好方案。决定谁坐在孩子旁边,谁抱孩子,如果需要的话,将孩子带到剧院后方。不要细想你们一天有多宝贵,你们经历了多少困难,你们有多希望孩子喜欢演出。记住,除了孩子其他一些气质特征,她最主要的气质就是严肃,因此不要指望她表现得像姐姐那样兴奋和喜悦。

没有赢家,每个人都是输家

爱丽丝·布莱克有一个嗷嗷待哺的6个月婴儿,还有一个古怪的6岁棘手孩子,她刚入学两个星期,适应得不怎么好。下午5点的时候,爱丽丝发现婴儿的配方奶粉吃完了,她必须快速去趟商店买一些回来。她的丈夫工作到很晚才下班,所以她不能等丈夫回来,于是她走到女儿的房间,见女儿正在玩玩具,打断她说:"请跟我来。我们要去趟商店。弟弟的奶粉喝完了。"孩子拒绝了,继续玩自己的玩具。妈妈试图说服她。小女孩更大声地再次拒绝。妈妈说:"好吧,你可以待在这里玩玩具。我叫隔壁的斯特恩太太过来照看你,我很快就回来。"小女孩尖叫道:"不!不许走!""那跟我一起去上车。""不,不,不!"孩子喊叫起来。小儿子因为饥饿也开始尖叫起来,妈妈感到绝望。"看看你对我做的事情。看看我现在有多烦。弟弟怎么办?他只是个婴儿,奶粉吃完了,这都是你的错!"小女孩看着妈妈怒气冲冲地走出房间。然后她开始不自觉地大喊大叫,把玩具扔得到处都是。

专家家长将会怎么做呢?

反应:妈妈变得中立,然后框定孩子的行为。这是孩子的抵抗、固执行为,气质问题在于孩子的坚持与适应力差,而从玩玩具到外出的变化过程过快。另外,实际上,妈妈还让孩子决定是要一起出门还是待在家里,而孩子没有准备好做任何一件事情。这里面还包括孩子不适应学校的脆弱，对任何孩子来说，下午5点通常都是"神秘时刻"，在这个时间的孩子具有脆弱性。当妈妈意识到这个时间不应该离开孩子时，她应该说："我知道你需要时间来结束，但很抱歉今天我们时间不够，但是你可以带玩具上车。"如果这样说没有效果，孩子只是僵持着，无法决定出去还是不出去，不要认为她在故意让你不爽。这时最好的做法是先不去买配方奶，给小儿子喂苹果汁，帮助棘手的大女儿渡过她的不安。如果你的孩子有这样的表现，你要表现得同情、支持，但是保持支配地位，帮她做好决定。如果去超市势在必行，那么告诉孩子她没有选择，用手抓住她，把她拉出去。无论是采取哪种方式，都不要犹豫不决。

有计划的行动：这是个坚持、适应力差的孩子，通常需要为变化做好准备。这里可以使用改变时钟。告诉孩子："5分钟后我们要去商店。10分钟后我们就会回来，你可以继续玩玩具。"记住，把孩子行为发生的背景也考虑在内。如果是开始上学的几周，孩子会更为脆弱，不要与她尝试任何意料之外或不同寻常的事情。

这究竟是谁的床？

因为很多原因，詹森已经在父母的床上睡了很长一段时间。但是现在，他已经3岁6个月了，他还不愿意在其他地方睡觉。在婴儿期，这个孩子晚上就老是醒来。当他可以爬出婴儿床的时候，他就来到父母的房间，爬上他们的床。

开始他们并不在意。詹森很讨人喜欢，摸起来很舒服，闻起来香香的。他的父母都有工作，白天的时候都很想念他。听人说与父母一起睡觉会破坏孩子的独立性，他们因此感到有些愧疚，但是那种充满爱意的亲密感占了上风，所以他们让孩子继续留在床上。另外，他们经常累到醒不来，无法把孩子带回自己的房间去。

但是，现在詹森已经3岁多了，还与父母睡在同一张床上。爸爸对没有与妻子相处的私人时间感到厌倦已经有很长一段时间了。而妈妈因为不想"拒绝"詹森还有所保留，但是当她尝试把詹森带回他自己房间睡觉时，詹森总是要她一同躺下。每当她想要离开的时候，詹森就会生气地大哭大闹。很快，她就会在筋疲力尽中与詹森一起睡着。下一个晚上，在爸爸的坚持下，他们让詹森先在他们的床上睡觉，然后在他睡着的时候把他送回房间——但是一个小时不到他又跑了回来。

夜晚变成了你来我往的游戏，而孩子最近开始的恐惧则让情况变得更为复杂。詹森抱怨说他害怕黑暗，躺在床上会做噩梦。父母对于如何处理这种情况开始产生了极大的分歧。爸爸试图给孩子设立固定的睡觉时间，并让他待在自己的房内，如果他想出门的话甚至会把他关起来，但是詹森会变得很惊慌失措，或把房间弄得一塌糊涂。

很快，事情变成爸爸在客厅的沙发上睡觉，而詹森和妈妈一起睡。爸爸对妻子抗议说："这究竟是谁的床？"

专家父母会怎么做呢？

反应： 没有现成的反应。经年累月的问题非一时可以解决。

有计划的行动： 对这种问题的回答在于了解问题及其根源。对于起初和孩子一起睡觉，家长并不觉得有什么不妥，很多家庭都是和孩子一起睡觉。唯一需要告诫的是，你应该避免和超过2岁的孩子一起裸睡。你还需要意识到，你正在形成一种习惯，这种习惯持续时间越长，想要打破就越难。一旦你觉得是时候该让孩子在自己房间睡觉了，那么请确保父母双方都想要这种结果，这样你们才能保持严厉和一致性。让孩子知道你们的期待已经变了。（如果你们可以看到，孩子与你们，也就是家长，均陷入复杂但是可预见的夜间习惯的话，你们将非常确定这已经是个习惯性的问题。）问你们一些问题。孩子上你们的床是因为他害怕吗？还是他只是故意的？你们是否把上床时间和睡觉时间混为一谈？（习惯、恐惧、控制以及不规律性确实会交织在一起，人们很难将它们区分开来。）

你们可能不得不尝试大量的技巧来找到正确的组合处理办法。家长无法强迫睡觉时间不规律的孩子睡觉，但是可以设定和实行规律的上床时间。孩子的恐惧可以通过"勇敢的伙伴"来帮助解决：给孩子提供一个"勇敢熊"或其他将在晚上保护他的毛绒动物。玩偶也可以用于"孩子作为导师"的技巧中，家长要求孩子照顾好玩偶，就像"妈妈"或"爸爸"那样。

如果以上这些措施还不足够的话，在有计划的讨论中跟孩子解释，任何时候他感到害怕，你们都会相信他，并且肯定会待在他身边；但是，你们将会坐在他床边的椅子上，在你们吻了他道晚安之后，他绝对不能再跟你们说话。这一点要非常坚定，也不要有愧疚感。通过你就在现场真正地应对孩子的恐惧。他不需要与你们产生交流。

如果孩子总是夜里惊醒，来到你们的床上，那么安抚他，然后尝试把他带回房间。用简单、严厉的态度做这件事情。如果他感到害怕的话，与他待在一起，直到他平静下来，但是不要和他一起上床。安慰他，但是不要做任何事情刺激他。

形成晚间习惯非常重要。星级系统可以加强这种习惯。睡前的习惯应该早早就开始，从晚餐过后的玩耍时间、看电视到洗澡这些常规的顺序，转入安抚人心的床上习惯，比如讲熟悉的故事、唱舒缓的歌曲、给孩子一个安心的拥抱，然后是上床时间（不一定是睡觉时间）。孩子可以在床上放置玩具，开昏暗的小夜灯；他可以玩一会儿，但是不能下床。孩子不可以看电视，因为电视过于具有刺激性。

家长需要记住的重点是，你必须是掌控全局的人。开始的时候，即便只是通过"妥协"的方式避免了夜间斗争的发生，你们都会感觉良好。先在其他一些父母没有太高掌控权的领域取得一些成功。然后在觉得自己已经重获一些家长权威之后，用连续、具有计划性、始终如一的方式来解决睡眠问题。

挑食者

约翰尼的妈妈喜欢烹饪，喜欢给家人做好吃又有营养的食物。她阅读烹饪杂志寻找灵感，并且坚信需要平衡家庭的膳食。她花费大量时间计划和准备食物。但是她4岁的儿子很是挑食。他很少在饭点觉得饿，也不喜欢变换花样。他吃的大部分食物味道都很"奇怪"。他只喜欢几样食物，翻来覆去只吃这几样食物。他不吃红肉或鱼，但是喜欢吃烤鸡胸肉和蒸鸡胸肉。他可以吃比萨，不过上面一定要加意大利香肠。他喜欢冰淇淋，但是只吃开心果冰淇淋。因为他不吃妈妈做的食物，妈妈经常有一种挫败感，还因自己投入了大量的准备时间而感到生气。她还担心孩子无法获得"足够的营养"。结果，她永远都在强迫、说服和哄骗约翰尼。不过约翰尼还是经常挑食，哭着想吃他爱吃的食物。妈妈通常都会去厨房做。但是当她将芝士切成块，或把苹果皮削好时，他又改变主意不想吃了，或者只愿意吃一小口。妈妈和孩子都受困于因食物而起的永无停歇、让人疲倦的斗争中。

专家家长将会怎么做呢？

反应：没有现成反应。这里需要家长往后退，想出计划。一旦你们做到这一点，你们的反应将是坚定、简短并且与计划保持一致。

有计划的行动：约翰尼的问题显然与气质相关。他的不规律模式使得他不会在可预见的时间感到饥饿。因为他的适应力差，所以他不喜欢食材或者烹饪方式的改变，他对味道的低反应阈增加了他对食物的敏感度，他会敏锐地察觉食物不对劲或味道很"古怪"。不过约翰尼的妈妈也应该

第9章 信息整合：专家家长

自我评估一下。她只是担心约翰尼的健康问题，还是因为孩子不吃她做的食物觉得不安？真的担心孩子的健康可以通过带孩子去看医生得到解决。让医生决定孩子的营养状态。如果医生有任何顾虑的话，那么孩子的饮食必须调整，必须实行新的食物规则。孩子没有选择！但是如果医生说孩子的健康没有问题，那么对孩子的饮食倾向应该更为灵活。家里吃饭时间到了的时候，约翰尼必须坐在餐桌前，即便他并不"觉得饿"。他觉得饿了的任何时间都可以是他的吃饭时间。如果孩子吃什么，或者什么时候吃是个这么棘手的问题，妈妈可以准备一个"好吃拼盘"——即便拼盘里的东西有些与众不同。（温馨提示：一片孩子复合维生素片可满足孩子一天的绿色蔬菜需求——对讨厌吃菠菜和西蓝花的孩子来说是很好的替代品。）

总的来说，如果家有挑食者，你们应该吃得更为随意。在你们听来这似乎是营养谬论，尤其是如果你们跟今天很多父母持有一样的担忧——孩子不规律的饮食习惯或者食物选择可能会导致他的行为问题。让我来表达一下对这种担忧的看法。关于特定食物与行为的关系，并没有可靠的医学证据，而当行为确实得到改善时，很难将饮食归为唯一的因素。即便如此，一般来说，我支持家长试验性地尝试营养变化、营养补充品或者其他"可替代的方式"——只要尝试的方法不会带来坏处。但是，棘手孩子的存在，意味着食物可能会变成恶性循环的一环。一个极端固执的孩子会过度陷入关于食物的权力斗争，甚至会拒绝食用他确实喜欢的食物。因此，家长的首要工作是将食物赶出恶性循环。每回你们觉得因为食物问题变得不安或生气时，你要试图摆脱这些情绪。但要坚持让孩子懂礼貌。当约翰尼希望你们特制某样食物时，他需要说"请"，即便他不吃饭，他也应该在饭桌前表现良好。你们还可以设置一些限制。如果他午餐晚餐只想吃比萨，不要纠结，但是你们可以拒绝（简单且没有商量余地）他在饭前想吃糖果的请求。

对待饮食，跟对待睡觉一样，你的首要目标是排除孩子所有由基本生理功能引起的情绪和不安。一旦做到这一点，你的家庭生活会变得更为顺利，你就可以回归到营养问题。当孩子不必再与你争论"味道"的问题时，你很可能会发现孩子变得更加灵活。

在路上

简·威尔逊经常开车。她住在郊区，去超市或购物中心的话必须开车经过洲际公路。洲际公路并不长，不过车流量很大，速度也很快。她常常觉得开车时精力必须高度集中，特别是带着两个孩子的时候。老大今年6岁，是个行为良好的小男孩，但是4岁那个小的却是个小魔头，特别活跃、固执、冲动。让小儿子安全地坐在儿童座椅上几乎是件不可能的事情。他一般坐在妈妈驾驶座的后面，哥哥的旁边。这一天，因为原本在后院荡秋千，却突然被打断，并被带上车，所以他表现得比往常更为吵闹，更加扭动不安。他坐在后座的位子上，大声号叫着表示抗议。妈妈试图专心开车，所以吼了回去："安静些！"然而他变得更加兴奋、野蛮。他拾起放在车后座为去海边玩的沙滩玩具，开始打哥哥。玩具开始飞来飞去。妈妈知道的下一件事情就是，她将被一只金属沙桶击中头部。

专家家长会怎么做呢？

反应：在车上，当危险和安全性成为问题时，第一件事就是停车。把车开到路边；在洲际公路上就开入休息区，如果需要的话，开入路肩。尽力做到中立。意识到这是种"野蛮行为"。然后试图分辨是否与气质有关。这里显然是有关的。你把高度活跃的孩子从"自由的"活动中带了出来。因为活动突然中断，又置身于密闭空间，孩子才变得不安起来。事情就是从这里开始恶化的。孩子变得野蛮，失去控制。将孩子带到前座，作眼神交流，温柔地安抚他。"我知道因为不让你玩秋千你很不高兴。我让你离开得太快了，对你来说待在车里也很难受。这些感受都没有问题。"在大家都平静下来之后，再重新上路。

有计划的行动：显然，做好准备可以帮助到这位妈妈。当孩子变得过度兴奋的时候，你需要在开车前就安抚好孩子。还在家里秋千旁边的时候，使用改变时钟将能使情况保持良好。让孩子选择一些在座位上玩的安全玩具，剩下的锁在后备厢里。在车里放置一个小急救包是明智的做法，可以放在车座下方，里面装着为长途旅行特制的必需品，包括孩子喜欢的饼干、几瓶果汁、毛绒玩具，以及一些可能会吸引无聊、不安孩子的新事物（可以是一串钥匙、一个有趣的盒子，或者颜色艳丽的小贴纸）。将长途旅行分成多个小段，这样你可以带孩子离开汽车去"让热气放出来"。如果可能的话，在车上通常让孩子坐在大人旁边会更好。

脾气先生

这是纽约冬日的一天，寒风凛冽，一位妈妈盯着窗户外面。她感觉自己陷入困境之中。因为整天待在家里，她的孩子都要发疯了，但是现在外面天气寒冷，天色也逐渐阴暗下来，她不大确定去公园玩是否对得起她为孩子出门做准备所付出的努力。但在多次试图取悦孩子无果之后，孩子变得越来越难缠，并且已经发了两次脾气。她已经做好了和孩子对抗的准备。她走进4岁儿子的房间问道："你想要去公园玩吗？"孩子喊道："不想，不想，不想，不想！"她捡起孩子到处乱扔的玩具，继续说："在那儿你可以到处乱跑。"孩子继续大喊："不去，不去！"然后又开始发脾气。

妈妈竭力保持镇定，心里不知道孩子究竟想要什么，也不明白究竟孩子为什么会这样。但她已经下定了决心。她最后说："我们要出门了。"然

棘手孩子
The Difficult Child

后将孩子从床上拽下来。通过坐下来交流，孩子渐渐平静了一些。她取来孩子的运动鞋。孩子穿上后，她帮他系好鞋带。孩子抱怨道："不，妈咪。鞋带系得不舒服。"她又系了一次鞋带。孩子嘀咕道："不，妈妈。我还是不喜欢。"她又把鞋带系了一次。就这样，周而复始，妈妈把鞋带解了又系，系了又解，孩子一直不满意。最终，孩子大哭起来，而她筋疲力尽地等着进行下一步骤。她坚持要把孩子带出去是因为不这么做的话，她会疯掉的。孩子拒绝穿上冬衣，所以又发了一次脾气。妈妈坚持要出去，强迫他穿上了大衣，然后将他拽出门，上了电梯。

他们到达公园入口的时候，孩子不愿意再往前走一步，开始哭闹起来。其他妈妈停下来看着他们。妈妈曾经经历过这一幕。"你不能又这样对我。"她试图将孩子拽入公园。孩子在抗议了几次之后终于屈服了，进入公园之后，他最终跑去和其他孩子玩了起来。妈妈感激地在长凳上坐了下来。过了一会儿，孩子走过来要他的玩具卡车。她告诉他："卡车在家里。如果你想玩其他孩子的卡车，可以问他们要。"孩子坚持道："但是我想要玩我的，去拿吧。"他又发了一次脾气。妈妈怒不可遏，感觉自己完全是个受害者。

专家家长会怎么做呢？

反应：这个孩子发了两种脾气，气质型和操纵型发脾气。气质型发脾气（在家关于鞋带和大衣的触感，或在公园门口）与他想要达到自己目的（想要他的玩具卡车）发脾气交织在一起，但是他妈妈并没有区分出来。记住如何对付这两种发脾气——前者用了解和参与来解决，后者用不让步、试着无视来解决。无论是哪一种方式，家长表现得严厉些都是可以的。如果孩子坚持要回家拿卡车，只需要这样说就可以："我说不要，就是不要。"如果他继续在公园发脾气，把他带回家。妈妈还应该在给孩子重新系了几次鞋带之后就停下来。即便家长反复系鞋带，也是于事无补。

有计划的行动：上述母子显然陷入了恶性循环之中。假如妈妈已经学习了新原则和技巧，她会做的第一件有益的事情就是规划好那个下午。她应该早点决定要去公园，然后帮孩子做好准备。她的行动不应该是源自绝望，因为这只会让她把原因归于动机。让你的情感置身事外。中立地做出决定，我是否应该带他去公园呢？是或者否。

然后进入孩子房间告诉他："我要带你去公园玩。"（而不是："或许我们可以去公园，你觉得好吗？"）关于运动鞋带来的反应阈问题，在你系鞋带的次数上设置限制，并且让孩子知道。如果这种问题重复发生，那么换鞋子。或者购买带尼龙搭扣的鞋子。如果外面很冷，而孩子拒绝穿外套，让孩子带着外套出门。如果外面真的很冷，他会想穿上外套的。但是如果他真的不像大多数人那样觉得冷（也是反应阈问题），强迫他穿上外套只会导致大吵大闹。当然，就跟挑剔的饮食一样，如果你的孩子在冬天经常生病，你在对付的就是健康问题，他当然没有选择的余地。在公园入口，孩子可能还是抵抗，这需要你的安抚。记住这是初始趋避性，告诉他你懂他，并且鼓励他与你待在一起，直到他完全适应。

"你需要休息一下"

威尔逊一家很喜欢她们 5 岁的小女儿，虽然比起他们朋友的孩子来，她要活跃得多。她是个冲动、吵闹，对环境变化敏感的孩子，但她也是个外向积极的孩子。事实是，斯蒂芬妮有两个哥哥，可以帮助父母照顾她。他们的家庭氛围任由她变得更加活跃，超过很多其他家庭的可承受范围。只有当他们带她出去，置身于像餐馆这样的密闭空间时，才会引发问题。因此，比起选择去有服务生在旁坐着吃饭的地方，他们宁愿选择麦当劳。那里方便快捷，有供孩子玩耍的好地方。他们到达麦当劳后，威尔逊先生先进去点餐，威尔逊太太则看着斯蒂芬妮在游乐区玩耍。过了一会儿，斯蒂芬妮开始变得过度兴奋，很快就变得野蛮起来。另一个孩子试图拿走她的新玩具。她失去控制，打了那个孩子。妈妈无法忍受这种行为，对斯蒂芬妮说："你是个很坏很坏的女孩，你不能再待在这里了。"她把孩子拽到店里，想让她坐下。斯蒂芬妮整个人还处于兴奋之中，不愿意坐下来。生气的妈妈试图强迫她。斯蒂芬妮打翻了饮料，把薯条扔在了地上，还吐出了口中的食物。父母非常生气。午餐就这么给毁了，他们也无法让她重新回到游乐区。

专家家长会怎么做呢？

反应：威尔逊太太看到斯蒂芬妮在游乐区开始变得过度兴奋的时候，她就应该进行干预，让孩子冷静下来。她可以带孩子到车里坐下，或者去女厕所，或者那些离开其他孩子的安静地方。变得中立，走向孩子，将她从玩耍中带出来，作眼神交流，告诉她："你太兴奋了。"然后带她去另外一个地方。没有经过这样的冷却过程，斯蒂芬妮就不应该被带回到餐馆。如果她在吃饭的时候变得过于不安，可以允许她从位子上下来，在周围转转。时间感对这个孩子很重要。

有计划的行动：如果你对孩子偶尔的冷却需求非常警觉，应该就能尽早介入类似的情形。会观察孩子的父母将会知道在事态变得严重之前及时干预。她会形成时间感。如果你和一个高度活跃的孩子住在城市的公寓里，请确保孩子有足够的外出时间来放出热气。尽量不要带她去"成人"餐馆，因为在那儿孩子的行为将会让你尴尬。准备好参加放学后的运动、舞蹈课程或特殊的运动课程。

"这不公平"

迈克尔今年 7 岁，他的妹妹 4 岁。迈克尔觉得自己生活在世界上最不

第9章 信息整合:专家家长

公平的家庭,他那令人讨厌的妹妹总是横行霸道。她从来不会受到惩罚;她做那些哥哥不能做的事情;她对哥哥很粗鲁,而迈克尔还不能打回去。她又吵闹又粗暴。她从不分享,却总想得到哥哥的玩具。当想要得到某个东西的时候,她总是死缠烂打。妈妈觉得哥哥应该包容小妹妹。她对女儿的感情很矛盾:一方面她知道女儿很难搞,让哥哥饱受煎熬,但另一方面她又很护着女儿,因为她太年幼,看起来太脆弱了。孩子爸爸不经常在家,他认为儿子应该是个"小男子汉",并且儿子时刻要提防着妹妹显得有些"娘娘腔"。他和妻子对此争论颇多。迈克尔最喜欢的玩具是他的一套由站台、乘务员、运货车厢、运煤车厢、红色守车以及轨道组成的金属玩具火车。他竭力要保住自己的这个玩具,尤其因为他已经将自己的其他东西都让给了妹妹:食物、游戏、玩具以及看电视的时间。他觉得妹妹总能得到她想要的东西。但是现在妹妹看上了这套火车,而且她特别喜欢那个红色守车。她想尽办法要从哥哥手中夺过这个玩具。一天,她在本来应该自己玩耍的时候进入哥哥的房间,碰到哥哥正在玩火车。她抓起守车喊道:"那是我的!"哥哥受够了,在她抓起守车的时候喊道:"不是!"她失去控制,用火车扔哥哥,正中哥哥的额头。迈克尔高声尖叫着狠狠地拍了一下妹妹的头。妈妈走进来要看孩子为什么尖叫,两孩子都喊着"妈咪!"。但是因为妹妹看起来更焦虑,所以妈妈站在了她那一边。她言语中没有一点生气的意味对妹妹说:"现在,你知道你不应该待在这儿吧!"妹妹说:"他打我。"哥哥反驳:"她用火车扔我。"然后妹妹抽噎得更厉害,看起来像是真的受了伤。于是妈妈开始谴责自己的儿子,她严厉地说:"你知道你不应该打她。"迈克尔怒火中烧:"你总是站在她那边。这不公平。我呢?"爸爸到家的时候,迈克尔还在生闷气不吃饭,额上起了好大一个肿块;妹妹则在开心地看着她最喜欢的电视节目。爸爸看到儿子这样,跟妻子询问事情经过,他听到妻子说的都是"我可怜的女儿"以及哥哥如何不照顾她,他爆发了:"那小女孩不是块玻璃，没有那么脆弱。看看迈克尔的额头。难道他不应该有个人时间吗？"吃晚餐的时候他们一直在争论，但是什么也没有解决。迈克尔感觉他爸爸说什么并不起什么作用。他在家的大部分时间都是与妈妈待在一起。

专家家长会怎么做呢？

反应：遇到孩子间的打架，此前你并不在场，不清楚事情的经过，那么你应该避免去做评价。不要试图指责某一方。把孩子分开即可。之后问自己，对于你的棘手孩子来说，这是不是气质问题。但是首先你必须处理孩子的行为，这里的回答是找出可行的方法，但是不站边。首先和年纪更大更平静的孩子交谈："我知道你喜欢单独玩火车。让我先搞定你妹妹。"先抚慰好大儿子，然后将注意力转向失控的小女儿。这不是偏袒；这是实事求是。因为小女儿还在苦恼，最好先让她平静下来，给她一些喜欢的东西，比如喜欢的玩具或别的什么。然后将注意力转回到大儿子身上。不要责怪谁，也不要惩罚谁，除非你见证了整件事发生的经过。

有计划的行动：找出引发孩子冲突的模式。这将会帮助你找到答案。在这个案例中，年幼的棘手孩子控制了他们家和哥哥。她觉得自己有资格玩哥哥的火车，一直试图接近它。她固执地想要得到守车。这时父母应该坚定地表明立场。未经允许她不能玩哥哥的玩具，或者在哥哥房门关着的时候进入房间。

解决孩子之间问题的方案包括：

◎ 给双方树立规矩。如果打架，他们在一个小时（或者另一段更为合理的时间）内不能与对方玩耍。这是正常后果的好例子。
◎ 不要过快干预。决定某个你会干预的点，然后每次都这么做。
◎ 不要为没有亲眼见到的事情惩罚孩子。告诉孩子，当他们中的任意一个跑到你身边抱怨另一个时，你将不会有反应。不能打小报告。

- ◎ 当你撞见孩子打架或互骂时，分开他们，但是不站在任何一方。
- ◎ 跟年龄大点的孩子解释更小孩子身上的棘手气质，因此小的孩子有时需要额外关注或特殊的处理办法。
- ◎ 同时，尝试花时间与随和的孩子独处。一个家庭，并不需要任何事情都在一起做。也要确保你尊重大孩子合理的隐私需求。你应该允许他回自己的房间，关上门，选择不与妹妹玩耍。
- ◎ 不要过度"公平"。你可以在给一个孩子送礼物的同时不给另一个孩子礼物。这无须感到愧疚。
- ◎ 实事求是。比如，如果孩子总在争论看不同的电视节目，那么考虑买第二部电视。

一般来说，大多数家长对他们的棘手孩子应该表明更多的立场，并且宽容对待年纪稍大、更为随和的孩子。棘手孩子具有欺骗性；他们比你想象的更为强大，对待他们像对待脆弱的瓷器那般对他们并无益处。

"我不想上学"

皮特只有 6 岁，是个活跃但有时会胆怯黏人的孩子。他很容易焦虑，喜欢啃指甲。他与妈妈的关系非常温馨，但是有时会过于亲密。他刚刚参加完一个为期 8 周的夏令营。刚入营时他还有些迟疑，不过很快就跟大家打成了一片——过去的一年，他和幼儿园的小朋友相处得可没有那么好。他变得更加自信，而他的妈妈吉尔也度过了一个轻松、收获满满的夏天。每天在营里待了 8 个小时之后，皮特回家会感觉特别疲倦，迫切想要吃饭和上床睡觉。但是夏令营结束之后，还有 2 周学校才开学，这时画风开始变了。因为缺乏活动，皮特变得无聊古怪起来。他还表现出黏人、恐慌的行为，与妈妈在这个夏天习以为常的皮特完全不同。他几乎不会

棘手孩子
The Difficult Child

独自去后院玩耍。妈妈烦躁不安的反应表明她无法适应这段变化的时间（虽然她自己并未意识到这一点）。她只知道自己经常对孩子吼叫："你为什么不能自己玩耍呢？你为什么总是徘徊在我周围烦我呢？"她感觉儿子就像一个小影子，总是追踪她的痕迹。她有一堆需要为孩子上学准备的清单，还要完成家务事。但是每一样活动——剪头发，买新鞋子，买新裤子——都是一场战斗。皮特粘着她，不愿意进入商店，不愿让理发师碰他，不愿意试鞋子。他甚至不愿意和隔壁那个曾经最亲密的小伙伴朋友一起玩耍。他妈妈开始担心这一切预示着会有什么事情发生。她曾经相信经过这个夏天皮特变"好"了；他在夏令营里与他人和谐共处，非常享受。辅导导师那边也没有投诉。吉尔甚至开始觉得孩子上学也不会是个大问题。但现在她开始怀疑皮特是否"有问题"，担心他进入一年级后的表现。她想："没有我他怎么应付得了呢？"

当然，上学的第一周极为难熬。皮特不让妈妈离开自己的视线。她必须和孩子待在教室里。每当她试图离开时，他就会变得歇斯底里。第二周的时候情况变得更糟。他不愿意起床和换衣服。他抱怨自己胃疼。他几乎是被拽着去上学。他不愿意下车，在妈妈试图将他拉近教室的时候抱住妈妈的腿。妈妈不知道应该怎么做。她应该离开吗？她应该待下来吗？她应该放弃，让他在家里待一天吗？现在，皮特晚上害怕睡觉。他说他担心有小偷，害怕做噩梦。最后老师不让吉尔待在教室里。皮特大发脾气。吉尔看看严肃的老师，然后低头看着皮特，说："放开我的腿。"但是她的语气听起来并不像是认真的。

专家家长会怎么做呢？

反应：对孩子不愿意上学的反应应基于了解其中是否含有气质因素。在皮特的案例中，是气质原因导致他不愿意上学吗？有一些方面是，与初始趋避性和适应力差有关，但是这里气质不是唯一的问题。从某种程度上来说，皮特是个焦虑不安的孩子，有所谓的"分离焦虑症"。对付从一年级开始就拒绝上学的孩子，其中一个关键原则是记住，孩子属于学校，而你必须离开。这一点是绝对的。你必须离开。你可以表现很和善，但是你同时必须很坚定。在这一点上不能模棱两可。不带感情地说再见，然后离开。不要讨论，不要解释。对待孩子的举动越清楚，孩子会越容易适应。只因为他不愿意你离开你就留下来，时间越长，事情越会变得更难应付。

有计划的行动：在这里多个因素开始起作用：

◎ 当孩子处于学校和夏令营之间或学校假期期间的转换期的时候，妈妈们应该注意孩子在家时自己对孩子的态度。你会更难确定自己应该怎么做。大部门妈妈都是如此。

◎ 在夏令营结束和上学之间的这段时间，皮特在经历夏天的成长之后紧接而来的是退步。这在棘手孩子身上非常常见，处理的办法不应该是强迫他变得更加独立，而是应该给他建立一个安全基地。比如，如果孩子表现出害怕去后院，那么就不要强迫他单独出去。告诉他不要害怕："我知道你在夏令营玩得很开心，在家里却没有，但是在这里你一样可以玩得很开心。"在这段转换期，要对孩子表现得友善、支持，不要评判他的行为。但同时要保持平衡。你不会想变得过度保护，也不想干预过多，像一架直升机任何时候都盘旋在孩子头顶。孩子与爸爸在一起可能会觉得勇敢一些，这段时间孩子与爸爸应该花多点时间待在一起。

◎ 不要花费大量时间讨论恐惧。如果可以的话，通过各种办法让孩子表达出让他恐惧的事情，但是不要对此询问过多。如果你询问过多，你就是从某种意义上承认了那些虚假的恐惧（妖怪、小偷等）。最好是简单地安抚孩子。说这样的话："爸爸妈妈都爱你，我们不会让不好的事情发生在你身上。"

◎ 通过谈论学校帮助孩子做好上学的准备，让孩子逐步熟悉学校，但是不要过度夸奖学校，或者不断讨论这个话题。参观学校，在学校四周看看；可以的话在教室逗留一下。不过要随意放松地做这一切。不要过度推销。

◎ 如果你觉得为了准时上学，孩子需要形成晨间习惯，那么在开学前一周开始实行。

◎ 五六岁的孩子开始上学时，会很难离开家长，尝试安排一个过渡期的成人，与孩子在学校外边碰面，带孩子进入校园。这个人可以是保安、老师的助手，或者老师。把孩子交出去后不要再过多逗留（如果你的孩子还在上幼儿园，你当然需要留下）。记住，孩子不愿意上学是常有的事，不单单发生在棘手孩子身上。但是，退步行为更多地发生在棘手孩子身上；他们不是变得稍微黏人，而是非常黏人。如果你发现你和孩子在早上纠缠的时间过长，让孩子爸爸更多参与进来。父母双方都应该保持中立、友善的态度，但是一定要坚持让孩子去上学。

这种不愿意上学的情形与孩子在早上拖延的情形是不一样的，早上拖延通常是恶性循环的后果，这种孩子通常不愿意自己穿衣服，还会让父母工作迟到。这里的答案是，要意识到孩子不愿意去上学，可能是孩子和老师之间出了什么问题。如果你容忍自然结果发生，也就是她上学迟到，甚至缺课一两天，她将会被老师（你应该告诉她发生的事情）严厉训斥，问题很快就会迎刃而解。为什么？因为老师不是恶性循环的一部分，因此对你的孩子更具权威性。

第9章　信息整合：专家家长

教室小霸王

帕蒂给她4岁的女儿艾莉森在教会幼儿园报了名。艾莉森"像个男孩子"，非常强势、活跃、趾高气扬，容易过度兴奋，并且不喜欢变化。她的父母发现，她对可预见的日常习惯做得最好。开学不到1个月，帕蒂就因为女儿的表现接到了几次老师打来的电话或传来的通知。艾莉森打、咬其他孩子，扔玩具，不愿意分享，不集中注意力或听讲，还拒绝参加集体活动。艾莉森在家可从来没有这么难缠过。她与两个活跃的哥哥玩得非常开心，也喜欢自己的日常习惯。几周之后，艾莉森开始在家里显露出问题的迹象。她变得敏感易怒，还说自己是个坏孩子。最后，学校通知帕蒂说，艾莉森"过于捣蛋"，在"学会规矩"之前不能回学校。

专家家长会怎么做呢？

反应：目前什么都不要做。在你搞清楚发生了什么事情之前，你可能要把孩子从学校接回家待几天。大致告诉孩子你正在做的事情："我们想让你在家待几天，我会试着让事情好起来。"跟学校预约谈话。不要惩罚孩子，或者过度质问孩子发生了什么事情。最后一点最为重要。当年幼的孩子在学校出现问题的时候，家长经常甚至在没有看见孩子做了什么的情况下教训和惩罚孩子。这样做一点好处都没有，除了让孩子觉得自己是个"坏孩子"。

有计划的行动：如果你的孩子在家里存在转换或日程改变的问题，那么在学校环境中她可能会遇到一些问题。高度活跃水平和分心也是重要的问题。在学期开始之前与老师预约一次谈话。不要和老师对抗，暗示他们也可能不知道如何应付你的孩子。当然也不要提前替孩子感到抱歉。相反，要以建设性的方式接近老师，说："我想要跟你分享一些信息，这些信息对我在家里与孩子相处颇有帮助。我的女儿在适应变化的活动方面有困难，所以我必须帮助她准备好应对变化，给她更多的时间。多给她几分钟确实很有帮助。我的孩子还会因活跃的游戏而变得过于兴奋，当她跟一群孩子一起玩时，很快就会玩得疯狂起来。我必须监督她，因为再往前走一步，她就会变得特别野蛮。将她带离现场，让她冷静下来是对付这种情况的好办法。同样，我很难让她听我讲话，如果我在告诉她事情之前让她与我眼神对视，情况会好很多。她坐得离你越近，越能专心听话。"基于作为家长的经历，以及对孩子气质的了解提出建议，而不是告诉老师他们作为老师应该怎么做；这将会给整个学年的良好沟通奠定基调。

如果情况依旧没有改善，检查拟合度问题。如果孩子所处的班级过大，班上有其他"棘手"孩子，或者老师过于死板的话，像艾莉森这样的孩子表现都会不佳。换班，甚至换学校可能是唯一的答案。

以上这些片段说明了成人权威的原则和管理技巧如何与气质教育携手，来帮助家长应对棘手孩子。进步是逐渐发生的，对孩子和家长来说，这个过程中一定会有很多特别艰难的时刻。对你们自己耐心一些，对孩子宽容一些，学会欣赏孩子身上好的品质，欣赏孩子。假以时日，你们和孩子之间的爱和尊重一定会取代恶性循环。

第 10 章

▼

应付棘手婴儿：出生第一年

小宝宝怎么可以带来那么多麻烦呢？5 个月的盖尔的父母每天都问自己这个问题。盖尔出生的时候，她的第一声啼哭就吓到了护士。父母非常担心她的大声哭闹，不明白为何她如此不安、古怪、"不快乐"。他们尝尽办法想要孩子高兴起来：新玩具，彩色电话，做鬼脸，摇晃孩子，换着抱孩子，给孩子包裹柔软的毯子。但是他们做的任何事情只让她的哭声有增无减。他们认为盖尔是世界上最不快乐的宝宝。这都是他们的错吗？还是说盖尔有什么毛病吗？

乔纳森 6 个月大的时候根本停不下来，他父母从来没见过比他更活跃的宝宝。他总是蠕动得老远，妈妈够都够不着。他已经从床上摔下来了一次，从尿布台摔下来了一次；妈妈只是弯腰去拿放在架子下面的干净 T 恤，他就重重地跌到了地板上。现在妈妈觉得自己必须时刻看着他，他很快就会爬的事实给她带来的不安超过愉悦。另一个问题发生在给孩子喂食固体食物时：他变得非常焦虑，喂什么吐什么。

生了赛斯差不多一年的时候，他的父母买了个袖珍计算器，试图把他们生育宝宝之后的睡眠时间计算出来。他们想要证明，比起其他任何一位家长，他们都睡得更少。赛斯从来不在规定的时间睡觉。他可能前一

棘手孩子
The Difficult Child

天晚上连续睡觉 10 个小时，白天他需要休息两次。第二天他可能白天不需要休息，晚上只睡 5 个小时，而且每隔一两个小时醒来一次大哭大闹。第三天他可能根本不睡觉，但之后一天一直休息。他的饮食和排便时间也完全不可预测。没有任何规律可循，他的妈妈无法确定任何规律的吃饭或睡觉时间。他还是个难以取悦、焦虑古怪的宝宝。医生诊断赛斯患有疝痛，但是他的诊断是错误的，因为疝痛会在孩子三四个月的时候消失。现在赛斯的妈妈悲哀地承认，她拥有世界上唯一一个 12 个月大还患有疝痛的婴儿，这是她万万没有想到的。

你是否从上述三种描述中看到你家宝宝的影子？盖尔是个带有消极情绪的不安孩子，对刺激物具有低反应阈；而乔纳森是个高度活跃的孩子，不愿意接受新的食物；赛斯不规律的生活节奏把他的家人逼到了疯狂的边沿。

最近的研究表明，宝宝生而不同的趋势变得越发明显。纽约纵向研究最终证明，气质的不同可追溯到最早的婴儿期，最近的研究也越来越多地关注脆弱的新生儿。影响新生儿的危险因素包括孕期和生育并发症，母亲吸毒、酗酒或抽烟（虽然我们不知道在所有例子中多少才算是过量），缺乏营养，缺少父母关爱和早产。没有证据表明怀孕的女人的心理状态也是其中一种因素。

新手父母特别脆弱，他们不知道该拿气质棘手的宝宝如何是好，甚至连儿科医生也无法提供所有问题的答案。孩子的大部分行为只是需要简单地被了解、接受或包容。大一点的孩子加上棘手气质和父母的反应通常会导致恶性循环。另一方面，对婴儿来说，气质的表达更为纯粹，父母还没来得及进入恶性循环。

另一个不同点在于，家长对棘手婴儿的担心始于"我的宝宝怎么了？"，而不是"我怎么了？"。宝宝妈妈可能疲惫不堪，不知所措，但

第 10 章 应付棘手婴儿：出生第一年

是通常还不至于过多地觉得自身能力不足或抑郁。（除非新手父母有想要一个"完美婴儿"的幻想。）他们的婚姻可能也会紧张，但是对付 6 个月婴儿的难度比不上对付三四岁的孩子。

宝宝是真的"棘手"吗？

孩子几个月之后，父母可以开始根据宝宝的行为确定他的气质。

◎ 宝宝在三四个月的时候很容易被诊断患有"疝痛"。疝痛本身就是个模糊的概念。这个词经常用来形容那些表现出间歇性的烦躁和不安，或者没有来由地哭喊的宝宝。身体健康的宝宝在明显的压力下哭闹，并且安抚不下来有各种各样的解释。许多家长相信，疝痛乃是消化问题所致，随着孩子长大便会"自愈"。一些医生表示同意，说疝痛会自我限制，三个月后就会消失。另一些医生则说"疝痛"这个词只是描述了宝宝的行为，可能有其他的成因，所以可能持续超过三个月时间。我的看法则是，持续的疝痛一般是由棘手气质导致的。

◎ 宝宝的棘手行为与其他婴儿期问题有很多相似之处。你的家庭医生会帮助你排除其他可能的解释，直到最后得到行为是由气质所致的结论。

◎ 婴儿时期的问题行为可能与过敏有关。如果宝宝看起来无法忍受一些食物（特别是牛奶）；或者总是鼻塞；或者起疹子，特别是在脸上和耳朵后面；或者总是呕吐或腹泻，那么你需要和儿科医生探讨孩子是否过敏了。过敏和气质棘手会有重合之处。

◎ 最后，如果宝宝极度不安，完全没有形成任何习惯，总是哭，没有正常的体重增长和智力发育，那么他可能某方面出了问题。你面对的可能不是气质问题,而是需要恰当专业性关注的更为严重的问题。

宝宝的气质档案

12个月大婴儿的父母会发现制定气质档案帮助良多。假设你的儿科医生跟你保证,你的宝宝既正常又健康。你会如何确认宝宝身上的棘手气质特征呢?

宝宝1岁期间最经常的特征是不规律的节奏,高活跃水平,消极情绪,高反应强度,低反应阈。初始回避性和适应力差是下一个阶段最常见的问题。分心、冲动和固执不会太早显露出来。

下面是关于这些特征的具体表现:

宝宝的棘手特征

高活跃水平

可能在妈妈子宫里的时候就喜欢踢腿。在婴儿床上无法安宁,踢被子。喜欢扭来扭去,很难给他穿衣服、换衣服和洗澡。必须时刻盯着他以防万一。

高反应强度

哭声很大;大喊大叫。会开心地尖叫。

不规律性

难以预料的生物学机能。很难安排吃饭和睡觉时间;晚上容易醒。排便不规律。似乎没有"生物钟"。

低反应阈

很容易受到过度刺激。容易受到惊吓,可能会对光线、声音、碰触,或者衣服的触感和食物的口感产生过度反应。对湿尿布或脏尿布非常敏感。

初始趋避性

没吃过的食物，不管是固体还是液体，都会吐出来。初次洗澡，坐新车子，玩新玩具或见陌生人，都会抗拒。

适应力差

不喜欢日常习惯或时间表的变化；通过发牢骚、哭闹或喊叫来表示抗议。即便已经有了初始的反应，也要花很长时间来适应新环境和刚认识的人。

消极情绪

通常表现为难以取悦或古怪。是个"不快乐的宝宝"。

你的宝宝			
	非常棘手	相对棘手	轻微棘手
活跃水平	☐	☐	☐
反应强度	☐	☐	☐
规律性	☐	☐	☐
反应阈	☐	☐	☐
靠近/回避	☐	☐	☐
适应力	☐	☐	☐
情绪	☐	☐	☐

管理你的宝宝

仅仅是了解宝宝身上正在发生的事情，就可以大大地缓解你的愧疚感和忧虑感。不过有些管理技巧也能帮上忙。这里有一些实用的指引来对症下药。你需要根据自己的日常观察来改善这些技巧，以适用于你家孩子，了解气质概念的儿科医生将是你的左臂右膀。

不规律性：无法预料的宝宝

大多数宝宝在 6 到 8 周的时候会形成自己的生物钟；不规律的宝宝却不会。因此，作为家长的你必须成为他的生物钟。你要竭尽所能帮助孩子形成吃饭和睡觉的日常习惯。即便孩子吃饭和睡觉没有按照你订的时间表来，每一回你还是需要温柔地坚持上 5 到 10 分钟。

尽量注意避免两个极端。一方面，如果你强制喂食或让孩子入睡，你就会被孩子的不规律性搞得团团转，以至于不知道到底该进还是该退。另一方面，如果你试图将爷爷奶奶那一辈的生物钟强加在孩子身上，孩子和你都会痛苦不堪。

白天：记住，试着安排出一个时间表，尽可能接近你在宝宝身上发现的任何模式。连续一周以上记录宝宝的睡眠和吃饭时间，以此来给你提供线索。你观察到的可能只是模式的冰山一角，但是也应该物有所用。比如说，你家宝宝经常在早上醒来的时候肚子饿，即使这一天里剩下的时间他的进食都毫无规律可言。这就是可预见的财富。你应该围绕这条线索来制作你的时间表，并根据时间表开始行动。

或许你决定宝宝应该每天有"有规律的"休息时间，但是宝宝每天早上起来的时间不同。在此情况下，你可以在早上 7 点整的时候把他叫醒，让他开始形成有规律的时间表，然后让他在上午 11 点整的时候休息。制定时间表，然后试着执行它。当然，如果他在婴儿床上大哭的话，你也不应该无视他。但是如果他在饭间或者设定的休息时间哭闹的话，不要马上将他抱起来。给他自行缓和的机会。宝宝比我们想象中更有使自己平静的能力。

以下是关于现实中的操作实例。我来假设你已经决定了要在上午 9 点、中午 12 点、下午 4 点等时间给宝宝喂食。每到一个时间，你应该温和地坚持给他喂食5到10分钟,即便他看起来兴趣不大。(如果能提前跟家庭医生确定时间表,执行起来你将更胸有成竹。)上午9点钟,宝宝拒绝吃东西,发了10分钟脾气,之后你就没再坚持。但是到了10点半,他显然因为饥饿哭闹起来。你将怎么做呢?坚持到中午,还是给他喂食?答案是给他在10点半喂食,但是让他吃得尽可能少,只给他吃"一小份"让他坚持到中午。你自行判断能够暂时安抚他的分量。

夜间: 解决睡眠问题比解决吃饭不规律困难更多。如果宝宝在夜间睡觉不规律,他白天的休息时间就得减少,让宝宝更累一些。一些儿科医生建议,新生儿的父母不应让宝宝在白天一次睡觉超过三或四个小时。这是针对所有宝宝的实用建议,但对不规律的宝宝来说更为重要。

这里是一些关于解决婴儿睡眠问题的建议:

◎ 宝宝在夜间醒来哭闹的时候不要加深他的清醒状态。你每次进入她房间的时候都要使用同样的方式。保持灯光昏暗。检查是否有什么不对劲,尽可能安静、坚决地安抚睡在婴儿床上的宝宝,帮助她找到自己的拇指或橡皮奶嘴,然后离开。一般来说,将宝宝抱起来,四处走动,带他到你们的房间,跟他玩耍,都不是好主意。这样会形成糟糕的睡眠和上床习惯,会让家长逐渐成为宝宝入睡必不可少的部分。

◎ 有时你必须要务实一点。如果你无法让宝宝安静下来,他还是哭个不停,想办法来安抚他。这可能包括给他喂食,抱抱他,带他遛弯,摇晃他,等等。各种办法都试一试,找出其中最有效的一个。然后坚持使用这种办法,如果你需要把宝宝从婴儿床中抱出来安抚,那么尽可能在同一个时间做这件事情。

◎ 如果宝宝在第一年总是"彻夜不睡",制定一个计划来解决这种情况。你和丈夫可能需要轮流熬夜;或者将一晚的时间划分成两段,两个人轮流睡觉和"值班"。
◎ 必须时刻帮助不规律的宝宝形成时间表，而不是只是对他的不规律进行反应。前后保持一致，绝对不能让孩子不可预见的行为转换成混乱的家庭反应。

如果你尝试了上述办法而宝宝还是无法形成时间表，如果宝宝只是睡了5个小时整觉都让你感激不已的话，询问你的家庭医生给孩子开微量的镇静剂是否合理。苯那君（Benadryl）和非那根（Phenergan）这样的药物常用于治疗睡眠问题。这类药物用于帮助没有形成生物钟的不规律棘手儿童同样有效。把药物分成小剂量，白天分几次给孩子服用，能起到安抚孩子情绪、解决孩子行为问题的作用，足可帮助孩子形成自己的习惯——这时就不用吃药了。

高反应强度：吵闹的宝宝

面对宝宝这个与生俱来的习性，你几乎什么都做不了。这里有一些建议（你必须高度务实）：将婴儿被子和毛毯悬挂在婴儿房的墙上；将地板铺满地毯来吸收噪音；给自己的房间购买"白噪音"机。别担心，你还是可以听到孩子的哭声——只是哭声没有那么大而已。

消极情绪："不快乐的"宝宝

别人家的宝宝会微笑、咕咕笑、咯咯笑，你的宝宝却不会。虽然你无法改变宝宝的基本情绪，但你可以使用给自己贴标签的技巧："他就是这样的。这并不意味着他不开心。"如果你的家庭医生说宝宝什么毛病都没有，那么你要意识到宝宝的情绪不是任何问题的象征，而仅仅是他性情的反映。

第10章 应付棘手婴儿：出生第一年

低反应阈："敏感的"宝宝

当家长打开婴儿床上的音乐饰物，低反应阈的宝宝会大哭起来。他们听到关门声会受到惊吓，"不喜欢"被抱，会在家长突然俯身发出逗趣的声音时躲开。应付这种婴儿的方法就是减少其所处环境的刺激物：不在他的房间使用大量明亮的颜色和样式，不要在婴儿床上方悬挂不断移动的饰物；不在婴儿床放置太多的玩具，不要让强光直射到他身上。所有这些可能会让其他宝宝高兴的事物，会过度刺激敏感的宝宝。如果你住在吵闹的城市环境里，你可以给婴儿房买个"白噪音"机。你还可以铺地毯、安衬垫，以阻隔过量的噪音。如果外面的光线打扰到宝宝休息，购买遮光布安装在窗户上。抱着宝宝摇晃无法起到安抚的作用，因为他们并不喜欢被抱，并且觉得摇晃的动作过于刺激。创造一个非常舒适的环境，里面的所有东西都是简化版的。

这里是给容易受到刺激的宝宝提供的更进一步的建议：

◎ 不要在睡眠时间之前和宝宝玩耍。相反，做一些安抚性、平复性的事情；如果洗澡可以安抚孩子，将孩子的洗澡时间推到睡觉之前，作为最后一个活动。
◎ 不断试错，找到让宝宝可以平静下来的事物（比如，给他唱歌，收听舒缓的节目，听音乐盒），然后建立始终如一的日常习惯，将这些线索用于睡觉和午休时间。
◎ 谨慎选择玩具：某些玩具对你的宝宝来说过于刺激。找一些颜色具有安抚效果、声音柔和以及质地光滑的玩具。

低反应阈的宝宝还会对衣服的质感非常敏感；如果给他换衣服的时候他看起来不开心，考虑在孩子1岁前的大多数时间只给他穿尿布和T恤。宝宝睡衣下方的抽绳可以去掉，天然纤维的衣服也很好，比如纯棉衣服，触感比合成纤维更为柔和。

如果宝宝对味道异常敏感，那么需要谨慎挑选他的食物。不同的品牌有不同的配方，对宝宝的吸引力也多少有些不同。给宝宝开始喂食固体食物时，每次给他尝一匙没有尝过的食物，一次一个品牌。现在的婴儿食品有各种各样的口味和黏稠度，在找到宝宝喜欢的口味前你可能会浪费很多，不要觉得可惜。如果自己给宝宝制作食物，在宝宝拒绝食用时你可能会觉得特别沮丧。

宝宝还可能对食物和液体的温度觉得敏感。如果你用奶瓶喂食有难度的话，可能是因为宝宝对配方奶的温度很敏感。将牛奶调得稍凉或稍热一点，在找准宝宝喜欢的温度后尽可能都按照这个温度喂牛奶。对温度以及对水本身觉得敏感可能也是那些洗澡时哭闹的孩子感到痛苦背后的原因。

高度活跃的宝宝

结实的婴儿床保险杠对于非常活跃的宝宝来说是不可或缺的。婴儿床本身配有高扶手，这类宝宝会比其他宝宝更早爬出这些扶手。他们在睡觉的时候也很活跃，会踢被子，在床上动来动去。如果你家很冷，给宝宝盖被子有困难的话，那就给他穿连体的睡衣（冬天穿拉线睡衣裤）吧。这类宝宝，放在可调桌、躺在大人床上或者洗澡的时候都必须小心看管。

具有初始趋避性或适应力差的宝宝

这类宝宝在初次尝试新食物时会拒绝，但是这并不意味着下次他依旧会不喜欢。循序渐进地给他尝试新食物，在你放弃之前多尝试几次给他提供新的食物或液体。宝宝拒绝食物是因为初始趋避性还是对口味的低反应阈，需要时间来确定。

对于其他新体验亦是如此。在将新的毛绒玩具放入宝宝手里或者放到他婴儿床旁边之前，允许他从安全距离多看几次。你要意识到，买来希望取悦他的卡通人物形状的瓶子，可能会惊吓到他。对日常习惯的偏离会导致孩子的不安。

虽然多数宝宝在八九个月的时候开始显现出所谓的"陌生人焦虑"，棘手宝宝的这种情况会更早显露。棘手特质在过了八九个月之后，即"陌生人焦虑"通常减弱的时候也会持续存在。如果可以的话，提醒朋友和亲人慢慢接近他，不要马上抱起他。即便是宝宝熟悉的人外表有了显著的变化——比如戴了新眼镜、刮了胡须——也会导致他有剧烈反应。

关于棘手宝宝通常有以下观点：

◎ 母乳喂养——我不知道母乳喂养是否可以安抚棘手气质的婴儿；我觉得这个问题并未系统地研究过。然而，如果你一定要给宝宝喂母乳，你将意识到这类宝宝会让这个过程变得事倍功半。给高度活跃、不规律的婴儿喂母乳极度困难。记住孩子并不是在拒绝你。如果你的孩子不能吃母乳，问题可能在于过敏，而不是棘手气质。

◎ 日常习惯——对所有棘手婴儿均有帮助，不过对不规律和高度活跃的宝宝帮助更大。越早形成习惯，你的生活会更容易一些，孩子在长大后的生活也会更容易一些。

◎ 婴儿按摩——这个技巧颇有前景。我已经听过几位父母好的反馈。训练有素的按摩师可以展示并教会家长如何平复和安抚宝宝，之后家长照着做就行。据报道，婴儿按摩还可以帮助建立和强化家长与宝宝之间的纽带。

了解棘手婴儿的气质，并以此为基础管理宝宝，将让你给孩子的未来打下一个坚实的基础。从孩子很小的时候，你就开始发展契合孩子个性的方法。在这个过程中，你会发现宝宝总有让人筋疲力尽的时候，这时试着对宝宝的气质保持敏感。在宝宝这个年纪，你跟家庭医生形成良好、开诚布公的关系特别重要。家庭医生会大大帮助你解决日常问题，不过记住和他讨论气质。

最重要的是，不要因宝宝的行为问题责怪自己。这并不意味着你是个能力不足的家长。通过使用更中立但有爱的办法，你将可以阻止恶性循环的形成，对于你的宝宝和其他家人来说，没有比这更重要的了。

第 11 章

▼

孩子之上：家庭和外部世界

描述棘手儿童计划到这里，我一直将重点放在你对孩子的反应上。现在你是个对自己孩子气质了如指掌的专家了，你在努力重新建立家长权威，你在学习预测和管理孩子与气质相关的行为。可能你的孩子对付起来越来越容易，恶性循环的影响开始消退。

不过家长与孩子关系的改变伴随着其他的变化。回想一下"涟漪效应"——孩子的问题行为如何从影响妈妈扩散到影响整个家庭和棘手孩子的整个世界。现在你可以期待全新的涟漪效应，由孩子进步引发的涟漪效应。现在是全部家庭成员重新进行重大调整的时候了。同样是这段时间，你对孩子所处环境中关键因素的关注能够大大强化和确保孩子的持续进步。在这一章，我将探讨一些重要方式，这些方式可以激发积极的涟漪效应。

● ● ●

首先关于你的期待：如果在开始进步之后，你的孩子重新有了棘手行为，或者损耗表现偶尔重新出现，不要惊慌失措。在许多孩子身上，进步的特征是快速进步，倒退，巩固，然后是进一步的进步，在棘手儿童身上更是如此。家长有时觉得这种步调难以接受。他们会说："但是事情的进展真的很好呀。"

对孩子行为进步的不稳定保持客观的态度，就像你对待孩子体重增长时的激增和平稳时一样。即便是在随和孩子的身上，也可以看到因为压力或变化时不时引发下滑。而对于棘手孩子，这种下滑可能是因为不那么明显甚至是自相矛盾的理由：你的孩子可能"了解"一样技巧，一段时间表现得很好，但是之后就反过来了。或者一段艰难的时期后面伴随着大量甚至让人吃惊的好的变化。对自己和孩子要满怀信心。你们在一同学习和进步。

同样，准备好迎接孩子不均衡的进步。你刚刚从老师那边收到字条说孩子在幼儿园的行为大有好转，随后就可能看到每天放学后他开始和妹妹打架。可能他在晨间和夜间习惯上做得很好，同时却变得对衣服和食物难以置信的固执。你需要随机应变，不断改善和变化你对待孩子的方式。

为了帮助你看到孩子的长远发展，我建议，**在学习阶段，每隔几个月复盘一下你收集的所有信息**。忘记自己从哪里开始是很容易的。几乎可以确定，你会受到美好蓝图的激励，虽然你感觉每天的问题依然层出不穷。这种阶段性的复盘也将帮助你辨认和改正孩子下滑的领域，改进你的管理方式。

改善家庭

随着你开始实施棘手儿童计划，随着你对孩子的消极干预减少，家庭其他成员的关系也会有所调整。当这个计划卓有成效的时候，你确实多了许多自由时间。

兄弟姐妹

正如你所知道的那样，棘手儿童的兄弟姐妹发展出了自己独有的对付

第 11 章　孩子之上：家庭和外部世界

棘手儿童的方式。他们可能会为棘手孩子感到抱歉。他们可能会觉得自己被忽视。他们可能会表现得像个小大人。他们可能会故意做出不良行为来博取关注。

家里小点的孩子如果做出不当行为，通常会很快恢复正常。他们只是需要得到一点额外关注，需要你根据已经学会的家长权威原则更前后一致地处理。你需要更多关注的是大点的孩子。尽早承认他受到了不公平待遇，然后跟他解释，棘手儿童有不同的"性情"，所以很难管理。这让你必须更加努力，给予棘手儿童更多的关注，虽然这种关注可能并不正确。（对大孩子来说，这样的诚实具有积极显著的效果。）然后你可以说："我们确实做得太过了，我们需要改变。我们读了一本书，已经学会了做些新的事情。"让孩子意识到你将使用的一些技巧，比如改变时钟和星级系统。告诉他你将做一些未曾做过、与众不同的事情。

许多家长现在会问："但是我如何向我的另一个孩子解释这些系统和日常习惯呢？他们并不需要参与其中，而且看起来好像妹妹可以逃脱那些他不能逃脱的惩罚，同时还能得到礼物。"

告诉另一个孩子这些方法是用来帮助棘手孩子改变她的习惯，这与偏爱毫无关系。开始计划给棘手儿童兄弟姐妹的特别优待。和他单独做事：看电影，外出吃饭，踢球。询问他是否有任何特殊需求。同时一定要解释清楚，棘手孩子并非刻意不公平地"逃脱惩罚"——比如不需要在饭点吃饭——这只是你计划的一部分，用来改善她的行为，改善整个家庭氛围。如果你做出了新的改变，通知另一个孩子。（显然，你分享的信息内容取决于这个孩子的年龄。）

棘手儿童的兄弟姐妹如果表现过于良好，也需要家长的重点关注。让你松一口气的"完美儿童"应该从家庭圣人的角色中解放出来。如果他过度地扮演那个角色，迟早也会出问题。因此，在你解决了棘手孩子的一些问题，建立起新系统和习惯之后，直接和另一个孩子讨论他的感受：

> 棘手孩子
> *The Difficult Child*

"我知道你感到焦虑，非常努力想做个好孩子，但是你再也不需要那样过度听话了。"鼓励他表达自己的感受。在他开始像大多数孩子那样偶尔反叛或有不良行为的时候，无须过度担心，即便有时他做得有些太过了。

额外收获是：每个孩子都有自己的气质。他们每个都是个体，享有自己的权力，而任何孩子，即便是本质随和的孩子，可能也有一到两个棘手的气质特征。因此，你会发现，家长权威原则，以及你对气质的知识，将会帮助你更好地处理另外的孩子，更好地尊重他们。

家　长

你们自己应该怎么做呢？现在是时候考虑你们的婚姻关系，同时更加关注你们自身的需求了，特别是如果你们的婚姻在过去几年都岌岌可危的话。单独安排更多的成人时间。找个保姆，逐渐将她引入你们的生活。我特别相信请一个好保姆具有治疗效果，所以我经常开这个"方子"。开始再次外出。邀请朋友来你家做客。周末偶尔给自己放个假。（一些家长告诉我们他们已经好多年没有这样做了。）外出前帮助孩子做好准备，但是说再见的时候不要停留太久。棘手儿童的家长容易忽略自身的需求。这对谁都不好，包括孩子。所以，开始更多地关注自己吧。

家庭主妇特别需要拓展自己的视野。你可以报名上课，养成爱好，多出门见朋友，外出参观博物馆或看电影，或者开始找工作。当你真的自己外出的时候，不要把所有的空闲时间都用来给孩子或者其他家庭成员做事。也为自己做些事情。

你也可以考虑在周末组织更多的家庭出游。在有些地方，吵闹、活跃的孩子不会打扰到其他家庭，比如：公园、大型科学或自然历史博物馆、沙滩和动物园。

一般来说，你们需要逐步换掉生活中的压力，不单单是用"和平和安静"，还需要用积极的享受，这种享受来自你们夫妻双方、棘手孩子以及其他孩子。当你们开始有越来越多的欢乐时光时，家庭氛围会持续得到改善。

电 视

正如你在一些片段中看到的那样，"电子保姆"在管理棘手儿童时是个有效工具。在计划初期，我建议家长放下他们对给孩子看电视的成见，将电视看作改善他们对孩子管理的一种工具。有时，电视是唯一能让跑来跑去的孩子安静下来的东西。这可能是妈妈给自己抽出一点空闲的唯一办法。这样使用电视完全没有问题。当然，持续的滥用电视会让孩子形成离不开电视的坏习惯。因此，当孩子变得容易管理之后，你可以开始限制他开电视的时间，但不必因为中断让孩子看喜欢的电视节目感到愧疚。在晨间和夜间习惯中保留一些看电视时间完全可以接受，如果这与你的家庭价值相吻合的话。温馨提示：每个家庭孩子看电视的时间各有不同。但是，所有家长都要监督好观看的内容。电视暴力肯定会影响孩子的行为，对一些孩子会造成实质性的伤害。如果你拿不准某电视节目，用孩子的行为来引导你。如果孩子变得野蛮、具有攻击性，或害怕、做噩梦，答案就不言自明了。

爷爷奶奶

在使用新方法在孩子身上时，你应该让自己的父母和公公婆婆参与多少呢？这取决于两个因素：他们的灵活性和愿意了解的意愿，以及你与他们的关系。

如果你们的关系良好，爷爷奶奶接受能力强，那么和你的家庭讨论新的管理技巧。专注孩子的气质，指导你的父母，这样孩子与爷爷奶奶在一起时能得到和你一样的对待。

但是，如果爷爷奶奶在教育孩子方面有自己很严格又很坚持的想法，那么作为父母你们需要询问孩子对他们作何反应。如果孩子接受这种严格教育，并且这种严格教育是在相亲相爱的关系氛围中发生的，你们则无须干预。只需告诉父母不要在孩子面前批评你们或破坏你们的家长权威。这种做法同样适用于溺爱的爷爷奶奶。

但是如果父母难以接受你们新的教育方式，他们破坏你们的威信，或者说你们受到他们的影响极深，在你们试图在家里改善事情的时候可能需要限制与他们的联系。否则，对你们的批评将会反噬你们对孩子做的事情。家里的环境好转之后再与他们恢复亲密关系会更好一些。

管理压力和变化

当有麻烦、压力或者家庭变化出现的时候，棘手儿童是异常敏感的晴雨表，这种时候会很容易暂时退步。家长能意识到可能会给棘手儿童带来问题的情况很是重要。这些情况有积极的，也有消极的，其中包括：

- ◎ 成人问题
- ◎ 假期和旅游
- ◎ 学校假期和夏令营
- ◎ 搬家
- ◎ 新生命降临
- ◎ 妈妈回归工作
- ◎ 上学的前几天或前几周
- ◎ 转学
- ◎ 家长开始去外面工作

当然，还有一些状况会影响所有的孩子：

◎ 孩子生病
◎ 家庭成员的生病（身体或心理）或死亡
◎ 离婚或再婚

棘手孩子暂时退步，通常的表现是变得更加胆小和黏人，睡眠质量差，或有不良行为。试着不要变得过于焦虑，自己不要也退步，而是保持同情、友善的态度。如果在孩子经历难关的时候你能够提供安全的堡垒，孩子一般会很快脱离困境。同样，在这种时候，不要开始尝试任何新技巧，或者执行任何复杂的新规则。尽量保持熟悉和简单的习惯。不过，如果你的孩子有所退步，你可以随时回顾使用某些系统或技巧一段时间。

成人问题：对于你们的夫妻关系，以及环境的变化，一些棘手孩子比其他孩子要更为敏感一些。比如，5岁的女孩成功完成了自己的晨间和夜间习惯，但是没有得到星级系统的奖励，会突然退回到自己以往毫无组织的棘手表现上。开始她的父母会觉得挫败，但是当他们询问自己家里发生了什么的时候，他们意识到女儿是在对他们自身的变化和冲突做出反应。孩子爸爸换了新工作，薪资减少，这让妻子很不高兴，对此激烈的讨论和争吵层出不穷。大多数争吵都没有让孩子听见，家长也觉得女儿反正也听不懂，但是孩子显然发现了家里不断攀升的紧张气氛。她的父母意识到这一点之后，他们可以用简单的话语跟女儿解释发生的事情，重新使用星级系统，直到他们的关系重新缓和。

假期和旅游：像圣诞节、光明节或家庭节日这类积极事件应该提前计划和讨论。孩子可能会对所有的兴奋事情和变化有所反应。对已经确立的习惯要尽可能地坚持。如果你可以选择的话，限制客人、礼物的数量以及兴奋和刺激的总体水平。仔细地为孩子应对新环境做好准备。如果整个家庭都要求度假的话，用旅游计划表来帮助孩子熟悉行程。在旅行过程中，棘手孩子经常让家长惊讶于她的成长，特别是在家长放松的时候。

学校假期和夏令营：大部分情况，孩子的类型决定了你对夏令营的选择，是日间夏令营还是住宿营。无论是对棘手孩子还是相对随和的孩子，孩子的体力、天赋和兴趣极大地影响了夏日活动的选择。高度活跃、外向型的孩子喜欢夏天的自由。他们把去营地看作一场冒险，年纪很小就可以参加。营地最好有大量的活动，少量正式的安排好的活动，除非孩子还有严重的自控问题需要他人的监督。同样，像游泳这样的个人活动会比踢足球这样的群体活动要好。

谨慎的"习惯生物型"孩子会在配有大量指导老师的小营会里茁壮成长。她开始会不情愿与父母分离，但是一旦做到了她就会做得很好。事实上，即便第一次住宿营的体验来得比较晚，通常的结果都是孩子自信心的飞涨（虽然她回家之后可能会出现暂时的退步）。

搬家：这对于有初始趋避性和适应力差的孩子更构成问题，他们习惯了自己熟悉的一切，对变化反应不佳。在搬家之前带你的孩子熟悉新街道或新学校。让他与新老师会面。搬到新家的时候，让你的女儿一起装扮她的房间。承认环境是全新的，但是鼓励孩子要勇敢。这可能是中断孩子一些习惯的好时机，比如不再让孩子在你的房间睡觉。就孩子的气质向新老师提出忠告。比如，如果她没有马上融入新集体中，她开始的小心谨慎就不应该被视为问题。

新生命降临：根据我的经验，家里新生命到来会激发棘手孩子的善意和同情，这对家长而言是个惊喜。对"过分热情的"孩子要小心一些，他可能会无意识地对婴儿过于粗鲁——就像他对待小狗一样。

妈妈回归工作：这是个非常私人、有时异常艰难的决定，取决于多种因素，包括替代照顾的质量和经济需要。如果你知道孩子没有做好准备但却别无选择，那么找一家家庭日托中心，那里设备或许不够理想，但是主人是个和善、经验丰富、喜欢孩子的人。如果改良的管理方法给你和孩子带来更好的关系,并且没有更多损耗的迹象,孤注一掷,回去工作。硬币的反面是你不应该因为无法对付棘手孩子而"逃回"工作去。你将会被愧疚淹没,因此要首先把家里的事情理顺。

孩子生病:过度活跃、戏剧化的、身体敏感的孩子会强烈体验到疼痛并表达出来。面对"药物注射"他们可能会觉得恐慌。因为生病睡眠和饮食习惯可能都会被打乱。对味道和材质敏感的固执孩子会不愿意吃药,或者变得更加挑剔。经常耳部感染的孩子以及他们的父母,会因疾病反复发作而倍感挫折。因此,我相信对于经常生病的棘手儿童,尽早做插入耳管手术比反复用抗生素治疗耳部感染要更好。

对于更严重的疾病,特别是像哮喘和糖尿病一类的慢性病,棘手儿童的反应与其他病人无异。需要留意的是家长的反应。如果孩子还具有棘手气质的话,家长天生的、适当的高度保护生病儿童的倾向会得以夸大,变成过度干预。这种孩子非常需要清晰的规则,对他们能够承担责任的期待,以及尽可能独立地看待他们的疾病。

家庭成员的严重疾病或死亡:显然这是会对所有孩子造成精神创伤的生活事件。棘手孩子可能会剧烈退步,加重家庭的负担,导致家长过于疲倦,无法管理孩子。其中一个家长的身体疾病将阻止另一位家长保持中立和树立家长权威,而这两者对于应付棘手儿童是必不可少的。然而,我也看过一些案例,棘手孩子以意想不到的成熟方式"挺了过来"。

离婚和再婚:新的家庭组织,比如单亲家庭和重组家庭,在我们西方社会普遍存在。关于减轻离婚对孩子造成的压力的文字已有很多。我只想再多说一句,孩子的气质应该被考虑在内。一致性是应对棘手孩子的关键。如果所有应付孩子的重要大人对孩子的反应大致相同,跟随那些已经学会的原则和技巧,孩子将能做得更好。这对一些离婚夫妇来说不容易做到,因为这需要双方在通常高度紧张的气氛中进行理性沟通。我只能奉劝你们尽可能尝试,将你们对前任的感觉与你们和孩子的关系分离出来。如果孩子需要与爸爸过夜或者过周末,孩子爸爸应尽量,至少从某种程度上,保持孩子熟悉的日常习惯.

如果你是个单亲家长,你应用我们的计划的时候需要做出明显修正。如果你是个在职妈妈,你应该特别谨慎选择替代照顾孩子的人。另外,保持成人和孩子的边界对单亲家长来说会很困难。如果你的孩子也是棘手儿童的话,你和孩子很容易变得过度亲密。因此,你必须在隐私、成人权威,以及你和孩子双方的独立性问题上加倍用心。

在新近重组的家庭里,你的新伴侣需要逐渐了解气质,并且应该与你一起参与到该计划中来。作为母亲,你需要与孩子公开讨论你和孩子与你的新伴侣之间的紧密联系。而孩子继父的孩子也应该了解棘手孩子气质相关的事情。

最后一点:如你所知,棘手儿童肯定会给婚姻带来压力。但是根据我的经验,单单因为棘手儿童而导致婚姻破裂的例子少之又少。因此尽量不要对孩子生气,并避免以任何方式暗示孩子需要对你的婚姻破裂负责。

学校和老师

孩子除了家庭之外面对的第一个外部世界就是学校、老师和同学组成的世界。这会引发对孩子持续进步至关重要的新问题。

你的孩子准备好了吗?

我要就孩子应该什么时候上学说几句话。现代社会越来越强调早期教育的重要性。"学龄前儿童"这个词在一些例子中甚至都不适用。专业社群存在着关于孩子接受早期教育是否明智的激烈讨论。我认为是否让孩子尽早上学取决于孩子的情况。我倾向于鼓励家长勇于尝试,但同时兼具灵活性。如果你不确定你家孩子是否准备好上幼儿园了,尽一切办法送她过去,但是如果形势已经显然不容乐观的时候,准备好改变你的想法——不要觉得你或者孩子失败了。这种情况很容易发生于自控力差的棘手孩子身上。即便身处理想的环境中,她还是无法保持冷静。如果她总是陷入困境,她只是还没有准备好而已。

拒学症

许多年幼孩子在开始上学的时候不愿意与妈妈分离。棘手孩子因为初始趋避性和焦虑,这种问题更为严重。由于以上两个因素,上学对他来说并非易事。不愿意上学发展得更严重一些就是拒学症,发展到极端就是学校恐惧症。

在这些情况下,问题的原因都是分离焦虑,这与在学校不停惹祸所以不愿意去上学的孩子情况不同。换言之,有拒学症的孩子在与妈妈分离方面有困难。

你可以怎么做呢?

对于学龄前儿童,你可以待在学校一段时间,慢慢地让孩子适应分离。跟随孩子融入课堂的步调。老师会帮助你评估孩子的进步。在家里,你可以通过给孩子阅读勇敢动物的故事,给孩子一个毛绒公仔作为"勇敢的伙伴"来帮助孩子。如果你第一次送孩子去托儿所的时候,孩子一直感到非常不安,那他只是还没有准备好上学。你应该带他回家,过段时间再进行尝试。

拒学症发生的高峰期是孩子上幼儿园和上一年级的时候。这时,孩子妈妈总是过度投入其中,担心孩子。毕竟,如果孩子在周末表现良好,周日晚上变得不安起来,周一早上看起来满是恐惧,这时强迫孩子去上学是否正确呢?一旦你让他待在家里,他马上就好了。孩子并不是在操控你,他只是真的觉得害怕。虽然你担心孩子,但是你必须内心形成"孩子属于学校"的态度。孩子必须上学,没有其他选择,而你必须带他去上学,然后离开他。出其不意地离开对孩子来说更好,因为不这样做的话你和孩子会更加难舍难分。如果你的孩子特别黏人,害怕与你分开,让学校里的大人来你身边接走孩子,然后离开。一旦你离开,孩子通常就会好起来。

在一些案例中,孩子早上起床后觉得头疼或胃疼,抱怨说自己病得太厉害无法去上学。虽然头疼或胃疼是实实在在发生的,但原因通常不是疾病,而是焦虑的表现。解决这种情况的好办法就是告诉孩子去上学,如果在学校还是不舒服去看学校的护士,让护士来决定怎么做。这样一来,你就无须做决定,也无须处理分离问题。如果你跟着本书的建议(同样见第9章)做了,孩子还是不愿意上学的话,你将需要专业人士的帮助。

学校和课堂选择

对孩子的最佳环境不一定是社区中目前公认的"最好的"学校(虽然可能是),而是那种可能满足孩子的个性需求,与家长保持开放式沟通关系的学校。身处小社区的家长可能没有选择或者选择很少。但是越来越多的家长在似乎没有选择的情况下也在做出选择,比如通过获得许可让孩子跨区域上学。无论家长做出何种选择,都需要从孩子和孩子气质的角度来考虑。

高度活跃的孩子需要的理想学校是既能提供周密安排又能提供孩子奔跑玩闹空间的学校。问学校这样的问题:一天之内有多少时间是计划用于有规律的、预设好的日程?孩子到外面或到体育馆的频率有多高?孩子是否有选择自己活动的权力,还是说每个学生在同一时间都要做同一件事情?固执己见的孩子做事有自己的频率,他需要一所更会变通的学校。

一般而言,你要找的是一所中庸的学校,有温馨的氛围,周密中又带有灵活性,并且有尊重孩子个性的基本理念。你在选择学校时的态度很重要：你的孩子不是那种需要乞求学校收留的问题孩子，而是值得上最好的学校的个体。当你为孩子参观未来可能会就读的学校时，你的态度应该是在学校评估孩子资质的同时你也在评估学校。与学校诚实分享孩子的信息，同时也询问学校关于办学理念的问题。

家有学龄前儿童，如果你看过的托儿所似乎都不适合孩子的情况，那么就大胆尝试选择其中一家吧。可能你的选择就是对的，孩子年龄还小，必须退学的话也几乎没有损失。给孩子更多时间去成长。

班级和老师的选择通常取决于学校，不过你可随时与学校展开什么对孩子最好的讨论。要表现得诚实、老练。你不希望孩子仅仅被当作一个统计数字，但是你也不希望孩子得到过多的关注。如果你打听到一年级有个班的老师更懂变通，态度上更为包容，让学校把孩子安排在她的班上。有些棘手孩子在能得到更多个体关注的小班表现会更好。如果你的孩子非常活跃和冲动，班级的组成结构变得非常重要。理想来说，孩子所处的班级应该是女孩多于男孩，并且很少其他"具有挑战性"的孩子。

永远记住，你持有这个态度不是因为孩子是"坏孩子"或者"问题孩子"，而是因为孩子是一个独立个体，你希望确保孩子的个性得到包容和尊重。

老师和孩子的拟合度

你已经见识到，因为没有形成恶性循环，很多棘手儿童在学校老师的陪伴下表现更好。然而，这并不是自发性的，因为老师花费了大量的时间陪伴孩子，而拟合度的概念是与老师和孩子的关系有关的。老师的经验和个性也会起到一定的作用。

比如，老师可能跟妈妈一样，有些会比较严格，有些又比较放松。一些老师能够在接纳孩子的表现和为他安排活动之间，在允许孩子自由表达和坚持按照特定规则来完成任务之间找到平衡，棘手儿童与他们在一起时表现得最好。但是，对于那些既不能完全接纳孩子又不能完全管理孩子的老师来说就会存在问题。举个例子来说，有的老师没有灵活性，希望她的所有命令和规则都被严格执行。我这儿有个例子，一个无法停止焦虑的孩子很难和不愿意适应他的老师相处。老师拍手暗示活动结束时，这些孩子不会马上停止他们正在做的事情。他们"受困于"之前的活动模式。如果老师坚持让他停下来，他将会陷入麻烦。对于老师的不灵活，孩子会很难受，如果孩子的父母也这样刻板，结果也是一样。这种老师也会与高度紧张、固执的孩子产生纠纷。

老师走另一个范围极端的话也会出现问题。一个毫无条理性的老师，对于她想在班上完成的事情几乎没有硬性规定，对棘手孩子只能起到消极作用。不知道老师的期待会让过度活跃的孩子更加疯狂；没有给任何常规程序会让适应力差的孩子不知所措。

因为注意到孩子面对转换时有难处，一个好老师将会给适应力差的孩子更多的时间适应活动的变化。她能感知到活跃、易激动的孩子何时需要平静。她会鼓励而不是强迫害羞的孩子说话，也会允许不困的孩子在午休时间不睡觉，只要孩子不打扰其他孩子休息。这种良性的接纳会对棘手孩子起到非常积极的作用，最终，孩子在学校的表现通常会更好。

无论你的孩子是否有问题，你都需要与孩子的老师建立起良好的关系，这样你们就可以彼此交流信息、提出建议。态度要民主，不过可以给老师暗示一些问题以及你在家里使用的技巧。记住，你是自己家孩子的专家。强调孩子的优势和问题所在。绝大多数老师会感激获取这些信息；事实上，班上有一两个棘手孩子的老师将会受益良多。你要留心那种持有"你怎么知道呢？"或"不要你来教我怎么做的"态度的老师，虽然有这种反应的老师实际上非常少见。

同样，如果在学期间你开始收到大量关于你孩子行为的通知，或者总被叫去学校开会，那么肯定是哪里出问题了。不要自动将其归结为孩子的过错。老师应该能够在不通知家长的情况下处理大多数问题。如果不是这样的话,问题出在老师、班级组织以及孩子身上的可能性是一样大的。任何老师面对具有若干"困难"学生的大班时,承担的是个几乎不可能完成的任务。跟家长一样,她也可能会觉得能力不足,并且责怪自己。你们双方应该秉持理解、合作的态度,而不是互相指责,你们可以携手找到解决方案,比如给孩子换班。

在我的职业生涯中,我见过很多次非常正常的棘手孩子被贴上问题孩子甚至情绪障碍的标签,而事实上却是孩子身处错误的班级或者跟了个错误的老师。

最后,提醒一下,无论是什么问题,你都不应该做以下事情:

◎ 不要像做广告一样在孩子面前推销学校。比如说:"你在学校玩得开心吗?难道你不喜欢你的老师吗?"
◎ 不要过多询问孩子学校的问题。如果孩子放学回家,你问:"今天上学怎样啊?"孩子只是回答:"还行。"那么不要再问了。不要进一步打探。不要反复问他在学校"乖不乖"。
◎ 不要因孩子在学校的行为惩罚孩子。这样做毫无益处,通常会导致你、孩子和老师共同卷入恶性循环。争取找到更好的计划,与老师进行更平静、以问题与方案为导向的交流。
◎ 不要担心孩子暂时的退步行为。即便孩子适应了学校生活,他在家的时候行为可能还是会退步。这是孩子巩固行为的阶段。给孩子提供安全的家庭基地,孩子很快就能变好。

同龄人

如果孩子的行为导致他无法交朋友甚至无法和其他孩子一起玩耍,你的新方法应该能帮助他解决这个问题。随着他在家、在学校得到更好的管理，他会发现与同龄人相处变得容易很多。你并不想成为孩子的"社交秘书"，所以你可以鼓励和准备好孩子与其他孩子相处，并计划一些放学后的游戏。通过帮助你稍大的孩子了解他自己的气质，你也在帮助他学会控制与他人相处时表现出来的气质。

但是记住，棘手儿童是具有强烈个性的人，他们的友情通常具有偏好性。一些棘手儿童很享受有一两个亲密朋友，但是却不想有一大群朋友。尽量尊重孩子的意愿。同样的，如果你的孩子不想要玩伴，也不必担心。如果她给你说："妈咪，我不想和伊丽莎白玩。"把这种话当作她个人偏好的表达，而不是回避社交的信号。

然而，如果孩子经常抱怨很孤单，没有朋友，或她的行为让其他孩子对她避之不及或害怕，或年纪大点的孩子经常在课堂上闹笑话，家长就应该重视了。以上这些情况可能需要进一步的评估。

孩子的医生

理想的儿科医生应对"行为儿科学"感兴趣，这样她才能与你讨论除了孩子身体健康之外的其他问题。如果你有自己的家庭医生，他会对孩子在家中的问题更加熟悉。

你的医生还应该了解气质以及与气质相关的棘手行为。医生应该是你的建议者和引导者，尤其在你的棘手孩子还是婴儿或学步的时候，并且知道什么时候给你提供进一步的帮助。理想的情况是，在你需要任何其他服务的时候，儿科医生或者家庭医生都能全力配合。当然，即便是有正确的方向和最佳意图，医生还是需要找到时间与你谈论孩子。与医生的良好沟通非常重要。如果天时地利人和的话，那么你确实很幸运。

但是在你认为情况不理想，开始寻找另一个医生（假设你所在社区可以提供选择）之前，首先考虑一下你自己，作为自家气质棘手孩子的专家，是否可以做些什么事情来改善父母与医生之间的关系。太多的家长不愿意与医生讨论行为问题。他们会在没有证据的情况下假设医生不懂，或者说不在乎除了免疫、皮疹和喉咙痛之外的其他问题。如果医生告诉家长孩子很正常，家长就会担心医生会指责他们过于焦虑。

不要做这些猜想！

专门预约医生讨论孩子的行为。看看医生是否愿意讨论气质。你是否可以帮助他判断孩子是否天生棘手？他很可能会给你建设性的建议。他对这种孩子给家庭其他成员带来的问题是否敏感？送给他这本书，这本书让许多儿科医生受益匪浅。只有这样努力并且失败之后，你才应该考虑换个儿科医生。

支援小组

许多妈妈，还有一些爸爸告诉我，其他家长对他们的支持和建议非常重要。

妈妈们说：“我觉得异常孤独，直到我来到这个小组。”"我从来没想过别人经历着我曾经历过的一切。""我不再觉得自己是个怪胎。""我终于找到了懂我的人。"当最终她们看到别的妈妈点头说："是的，我懂。我曾经也经历过那些。看，我现在活下来了。"你可以想象到她们的如释重负。

因为绝大多数家长并非居住在大都会，可以很容易得到正确的专业帮助，与其他家长的沟通因此变得更加重要。沟通可以是面对面，也可以通过电话，或者越来越多地通过电子邮件沟通。网络可以给你提供价值连城的信息，还可以让你坦诚地"讨论"你的感觉、成功与失败。支援小组可以小至只有两个妈妈，她们在培育孩子上面临同样问题，她们打电话给对方讲述观察到的现象，彼此互相鼓励。如果你感兴趣的话，也可以组建六个家长或以上的小组。你可以这样做：

因为你可能没有任何专业人士的现场帮助，在你开始这样做之前请确保你已经熟练掌握本书的原则。在自己家里使用了计划中的技巧，并且卓有成效。你的鼓励将会帮助其他潜在的支援小组的成员。

找到其他棘手儿童的家长的最好方式是制作传单，并请求当地的儿科医生和托儿所帮忙分发或张贴。在传单上解释气质的含义。使用本书开头问卷上的一些问题；询问家长养育孩子是否有困难，包括睡眠、脾气、高度活跃、固执、控制力差、身体敏感等方面。提出这些问题之后，邀请家长通过电话或邮件来联系你。当然，你要解释你在组建一个支援小组来吸引棘手（天生难以养育的）儿童的家长。

一旦有其他家长联系你，告诉他们支援小组存在的目的既是为了分享养育这类孩子的苦痛和困难，也是为了给家长提供建议和出谋划策。你们将彼此一同分享对孩子的了解。

这个小组还可以作为论坛，分享当地医生、学校、托儿所和其他家长感兴趣的信息（这里可以再一次证明网络的价值）。

绝大多数妈妈（以及许多爸爸）觉得他们与棘手孩子体验过的最糟糕的感受来自于孤独，也就是说他们觉得自己是唯一一个如此煎熬的人。从其他家长那里获得支持，分享信息，是支援小组存在的根本目的。

如果你所在的小组决定在社区中采取进一步行动，你可以邀请当地的老师和与儿童有关的专业人士参加你的会议。信息交换通常很有益处。跟他们分享一些你学到的关于气质和行为的知识。

不要只局限于本书所写的内容，这一点也很重要。这个计划的主要内容是实用、有效的管教，同时强调孩子的独立性，家长应该吸收这本书的内容然后超越这本书，调整内容以适应他们的孩子和家庭。对气质的基本了解很重要，家长权威原则和技巧本身可以以任何方式调整、扩展和改变以适应你们的需求。

组织支援小组的小贴士

◎ 作为组织者,你刚开始需要特别活跃。在第一次聚会时为顺利开始活动,你需要先介绍自己,讲述你的孩子、家庭以及自身感受。然后请家长们逐个介绍自己,讲述他们特殊的情况,以及他们对团队的期望。

◎ 建议其他家长阅读我的这本《棘手孩子》,如果他们的孩子已经长大,那么建议他同时阅读我的另一本书《正常孩子也有问题》。这样做将有助于整个团队形成共同的参考框架。

◎ 每次聚会预留出供家长们表达目前正在发生的事情的时间。这些事情萦绕在他们的脑海中,他们可能需要表达自己的感觉,然后才能参与到讨论具体的话题或技巧中。

◎ 保持放松状态。不要觉得你们必须遵循条条框框。家长必须说的棘手孩子的任何话题通常都与其他有棘手孩子的家长相关。

◎ 作为团队的组织者,你要先分享自己对当前情况的感受,然后才期待其他家长也这样做。开诚布公可能并不容易,并不是每个人在刚开始时就准备好畅所欲言。

◎ 理想情况下,爸爸们也应该来参加聚会,虽然没有他们帮助你们依旧可以计划一两场聚会。讨论你们共同努力的过程也很重要。特别棘手孩子的妈妈经常觉得他们的丈夫"并不知道情况有多糟糕"。

◎ 诚邀小组成员交换电话号码,并鼓励他们打电话给对方。这种支援网络非常有效,即便有时你拨打别人的电话只是为了获得他人的同情。

◎ 首先尝试着每一两个月聚会一次,然后让团队成员决定未来希望聚会的频率。有些人喜欢持续参加,而另一些人希望只是偶尔参加。

第 12 章

▼

如需更多帮助：与专业人士合作

一些家庭仅仅实践这本书的计划并不足够，还需要更多帮助。自助和适当的专业帮助并不互相排斥，因此寻求外部协助的时候不必有失败感。遇到以下情况，你应该考虑更多帮助：

◎ 如果你们有一个极度棘手的孩子，通过自己实施本书计划总是不尽如人意。
◎ 即便在你们管教孩子方面有了长足进步之后，孩子还是继续出现问题。
◎ 即使在成功应用该计划之后，问题依旧存在于每个家庭成员、夫妻之间或者整个家庭。
◎ 如果与棘手儿童无关的个人或家庭问题让你无法全身心投入执行整个计划。

第一步应该是由合格的心理健康专业人士对你们的特殊情况做出全面评估。这位专业人士需要具备与孩子和家庭打交道的经验。最重要的是，他必须对气质的概念了解颇深，或者说至少可以接纳气质概念。我坚信任何关于年幼孩子的专业干预肯定包括家长的指引。如果可能的话，这种指引应该是基于气质的，至少从某种程度上是这样的。因此，你们咨

第 12 章　如需更多帮助：与专业人士合作

询的专业人士不应该只将孩子看作家庭冲突或环境压力的表达，而是一个个体，带着与生俱来的特征，这影响了他的行为和家庭。如果没有这种认识，专业治疗可能会略有疗效，但是却无法解决中心问题——孩子的棘手气质。

- ◎ 比如你有个年幼的（学龄前）棘手孩子，你去咨询治疗师，治疗师坚信孩子的棘手主要是因为无意识的内驱力，他或她将这个假设坚持到底，提议给孩子进行长期的心理治疗。根据我的经验，除非学龄前棘手孩子本身存在严重的心理问题，他们很少能从长期治疗中受益。事实上，经过这样一番治疗，他们的行为变得更糟糕了。家长咨询专业人士的重点应该在于帮助自己更好地管理孩子，而不是分析孩子。
- ◎ 或者你可能会发现专业人士会探寻你的背景，并将之与你做妈妈的能力联系在一起，然后建议你去进行治疗。对家长的治疗可能会帮助他们解决一些个人问题，但是他们对如何对付孩子的棘手行为依旧毫无头绪。
- ◎ 你还可能会看到一个以家庭系统为导向的人会将孩子的行为仅仅看作是家庭病理学的症状。整个家庭，包括孩子的兄弟姐姐，可能最终都要接受治疗。这种治疗可能会有助于大家适应棘手孩子的存在，对其他问题比如摇摇欲坠的婚姻的解决也会有帮助，但是并不能帮助你解决棘手行为背后的气质问题。
- ◎ 你还可能会遇到诊断自闭症（或者类似术语）的医疗专家，他们会建议药物疗法。药物治疗可能会有效，但是它不应该成为治疗所有孩子的唯一手段。

如果可能的话，找一个擅长多种疗法的全科专家。现在，许多心理健康专业人士采用"折中"（eclectic）疗法，气质概念已得到广泛承认。在第一次会面之前，明确询问专业人士是否了解气质棘手孩子的表现，是否会将家长指引纳入其治疗方法。

你的孩子什么时候需要个体化治疗？

对于大一些的（小学阶段的）儿童，关键问题在于他的"情绪问题"的损耗表现是否可以通过更好的管理得到减缓，或者孩子所受的影响是否已经到了需要专业帮助的程度。

惊恐、噩梦、黏人、容易焦虑这些症状大多是因为损耗，随着你应用棘手孩子计划应该能够明显得到改善。

然而，如果惊恐和黏人表现持续存在或变得严重，孩子在学校还是表现出趋避性，具有攻击性行为，焦虑，伤心，与其他孩子相处困难，或者最重要的是，存在自我认知问题，那么孩子需要寻求治疗办法。实际上，即便孩子的其他症状都有所减少，他的自我认知问题也应该作为是否需要治疗的标准。因为损耗作用，你的孩子刚开始可能会说"我是个坏孩子""我讨厌自己"这类的话。但是如果他和家人在其他方面都有进步，而这种自我认知问题却依旧存在的话，这就是你需要带他去寻求帮助的信号了。

治疗的时长取决于问题的严重程度。如果孩子的家庭环境相对稳定的话，只需要持续几个月的短期治疗通常就颇有疗效。这种治疗的目标一般是改变孩子的行为。而另一方面，心理动力学疗法（Psychodynamic therapy）可以解决孩子的内心感受和冲突问题。这种治疗也有短期的，事实上更多是长期的。（游戏疗法指针对年幼孩子的治疗方法，会使用特别设计的游戏和玩具来引发孩子的反应。）

我们来看看 5 岁的小霸王这个案例。从更深层面来看，他的行为可能是在弥补自身能力不足的感觉。给予他治疗可以解决他潜意识中对软弱和无助的担心。如果治疗成功的话，孩子的攻击行为就会得到改善。另一方面，治疗的最初目标应该是改变孩子的行为，这样才能改变他对自我的认同感。**折中疗法**既包括心理动力因素和行为矫正，也包括抑制冲动的药物治疗，以及家长指引。

现在我们来探讨一下最常见的短期疗法。

行为疗法（Behavior therapy）专注于当下。问题的原因不重要。治疗师试图帮助孩子"抛弃"无法接受的行为，用合适的行为取而代之。**行为矫正**（Behavior modification）和**行为管理**（Behavior management）依赖于相同的原则。奖励和轻微惩罚在此时效果显著。在任何行为改变的尝试中，大人们，包括家长和老师必须一同参与。

有些行为疗法比较死板。

尽管我使用行为技巧并不多，但我的方法更加人性化，更尊重孩子。

社交技能训练（Social skills training）用在那些因不懂社交行为"规则"而与同龄人关系产生问题的孩子身上。这种不擅长社交的极端情况有时被称为"社交障碍"。社交技能训练可以是一对一进行，但更多是在小组中进行。该方法还可以用于学校或者专业夏令营中。

认知行为疗法（Cognitive behavior therapy，CBT）聚焦于对行为及其后果的逻辑理解。复盘孩子的不适应行为，发展策略以影响变化。

人际关系疗法（Interpersonal therapy，IPT）使用非常有条理、活跃和限制时间的方法，仔细检查病人问题对人际关系的影响。

认知行为疗法和人际关系疗法在成人和青少年身上均作了研究，结果颇具前景。

放松技巧（Relaxation techniques）正在用于帮助孩子释放压力、焦虑以及解决睡眠问题。深（或者横膈膜）呼吸首先是为了减缓和控制呼吸，以及放松腹部。一旦孩子学会认识自己的焦虑以及如何"深呼吸"，他可以在不同的情况下快速做到这一点。渐进式肌肉放松包括收紧和放松肌肉，从脚指头开始，到眼睛和额头结束。放松过程可伴随可视化影响，即想象愉快的场景，以此阻隔令人不快或害怕的想法。治疗师慢慢带领孩子进行练习时的录像带可以自己制作或购买。这种录像带在夜晚播放更为有效。冥想和自我催眠是同一个主题的不同变体，但是只用于稍大点的孩子或者青少年身上。

自控技巧（Self-control techniques）用在冲动型孩子身上。基本上，治疗师会试图教孩子停下来，三思而行。孩子可以慢慢数数，或试图想出另辟蹊径（"使用你们的说法"）的替代方法。通常，自控方法对于年幼的孩子没有帮助，即便是对大一些的孩子，因为使用过程中没有其他方法，比如药物疗法干预，其疗效也存在疑问。

总的来说，相比更为传统的心理疗法，这些更为新颖，更加实用，以当下为导向的疗法适合现代生活的需求，更关注特定的结果。这些疗法当然有效，但是对你们家长和老师的要求更高，你们需要活跃地参与其中，确保孩子经常练习这些技巧。

其他家庭成员什么时候需要进一步帮助？

除了棘手孩子的气质，个人问题、婚姻问题或家庭问题也会广泛存在，因为恶性循环的消极交互影响确实增加了每个人的负担。因此，无论是在实施你的计划原则的时候，或者在你实施之后，你可能都需要寻求其他专业的帮助。

如果你发现，使用管理技巧之后孩子的表现变好了，但是你们夫妻间依旧存在严重冲突，或者你们无法齐心协力执行这些技巧时，你们的婚姻可能需要关注，**夫妻疗法**（couples therapy）可能会适合你们。

如果家长的其中一方遭受慢性焦虑、抑郁或其他个人症状的困扰，他可能需要**个人疗法**（Individual treatment）。这样的家长会发现，他或她理性上理解计划技巧，但是却无法执行它们。妈妈可能需要一些个人治疗时间，将自己从使人麻痹的愤怒和愧疚中解脱出来，或服用几周微量的弛缓药物来帮助她"从头来过"。这并不意味着她有精神障碍！

另一方面，如果超过一个人出现问题，或整个家庭基本无法运转，这种情况就需要**家庭疗法**（family therapy）了。

记住，寻找专业帮助的做法并不需要投入大量的时间和金钱。正如我之前提到的那样，在今天的心理健康领域，不管是对个人、夫妻还是家庭，短期治疗广泛存在并且有效。

还要记住，没有任何一种治疗可以取代基于了解孩子气质基础上的针对棘手孩子的开明管理。

就我个人而言，我得到的新认识是亲历现场办法行之有效，特别是在家长无法打破恶性循环的时候。通过**家访**（home visit），我不但可以见证现场的细节，还可以即时提供建议。**访问学校**（school visit）也是同理。

药物的使用和滥用

作为棘手孩子的父母，在某种情况下你可能会面对孩子需要服用治疗精神病的药物的建议。这些药物通过影响大脑来改变行为或情绪。20世纪90年代，这种用于成人和青少年的药物得到蓬勃发展，被开做处方药，近年来则多用于儿童身上。利他林（Ritalin）、百忧解（Prozac）这些精神药物常见于各种孩子的处方药之中。

首先我希望你明白我既不"赞同"也不"反对"在孩子身上使用药物。这很大程度上取决于每个孩子的问题和情况。如果有必要的话我会随时准备好使用药物。

药物疗法通常效果显著，有时能达到关键性的成效。而且，谨慎使用精神药物的话，大部分药物都是安全的，至少从短期来看是安全的。（长期使用兴奋剂被证明是安全的，特别是利他林。）

但是，我认为人们对过度诊断、过度依赖药物，以及开药方剂量过多的担心越来越多。这是精神病学过去20年发展的一部分。精神病学的圣经——《精神障碍诊断与统计手册》（Diagnostic and Statistical Manual of Mental Disorders）上面的精神疾病（不是一个轻松的词）名单飞速增长。过度饮用咖啡导致感觉糟糕（咖啡因中毒是咖啡因导致的障碍之一），或过度依赖香烟（尼古丁服用障碍）均在名单之中。月经期前的严重症状会让女性得到"经期焦虑症（Premenstrual Dysphoric Disorder）"的诊断。名单上的疾病也有的被删除了（同性恋群体经过对美国精神病学会紧锣密鼓的游说，20世纪70年代起同性恋被认为是正常的）。这种删除决定通常是出于政治或经济原因，而不是医学和科学原因做出的。对于儿童期疾病，笨拙、字迹潦草以及运动表现差，可以让孩子得到"发育性协调障碍（DSM）"的诊断。发育性协调障碍甚至属于学习障碍的大范围。"学习障碍"现在也是一种精神疾病！这样算下来还有多少正常的人呢？

这并不仅仅是学术问题。在管理式医疗时代，病人需要得到诊断才能得到治疗，即便得到诊断后续允许看医生的次数也非常有限，所以人们鼓励甚至奖励流水线式的诊断和治疗，这也加剧了治疗孩子障碍或"疾病"过度使用药物疗法。

但是如果你的孩子的问题没有达到被诊断出疾病的标准呢？孩子和你还是可能受到煎熬，你可能需要专业帮助，但是没有诊断依据你的计划就没有任何用处！即便医生扩宽疾病标准将你的孩子囊括其中（另一个导致越来越多孩子被诊断出有问题的原因），给出的选择可能并不适合你的情况。你会发现自己面临两个选择，一个是毫无帮助，一个是立刻同意给你的孩子进行药物治疗，也就是在孩子的医疗档案下留下精神诊断的一笔。有时诊断是出于管理需要。比如，个别教育计划（Individual Education Plan，IEP）可能需要诊断，即便该计划只包括在资源室待一段时间；青少年在高中时可能需要有确诊依据来参加高考（SAT）的补考。

把这些问题看作医学问题确实范围太过宽泛了。

总的来说，人们给问题行为分门别类，好像这些行为是待治愈的疾病，大家正在心照不宣地鼓励药物的滥用。

关于接受药物治疗的儿童，我们了解什么？不了解什么？

我们并不真正了解精神药物起作用的过程和原因。大脑结构异常复杂。几毫秒间，药物的作用已经从开始的地方扩展到其他不同地方。药物以人意想不到的方式起作用（或不起作用）。丙咪嗪（Tofranil）治疗成人抑郁效果很好，治疗孩子抑郁却用处不大，但是确实可以解决尿床问题。用于治疗成人高血压的药物可以减少孩子的冲动行为。抗癫痫药对情绪波动大的人来说是极好的镇静剂。不同的孩子，即便有非常类似的问题，对于同一种药物的反应可能非常不同。（记住这点的另一个原因是我们应该着眼于孩子，而不是诊断。）我们在面对这些发现时应该保持谦逊态度。服用精神药物最理性的基础是实用，而不是"科学"——即在不导致伤害的同时产生效果。

在孩子身上使用的药物飞快增长。利他林作为处方药每年的增长比例为100%。而百忧解和其同类的5-羟色胺再摄取抑制剂（SSRI）开为处方药的增速更快。值得担心的是5岁及5岁以下孩子服用抗抑郁药的数量增长。儿科医生写下的大部分药方不只是开利他林，还有更多其他更新型的药物，他们中的许多人对现在用于孩子身上的不断增加的精神药物并不甚了解。药物被制成美味的液体形式，这样孩子的接受度会更高。

一些药物已经使用了几十年。兴奋剂、老版的抗抑郁药和一些抗精神病药广泛用在孩子身上。但是，我们也见证了在孩子身上一哄而上地使用强效的新型药物，包括那些刚刚进入市场的药物。

你应该知道我们如何收集药物方面的信息。我们收集的方式有四种：

1. 根据药物用在成人身上的经验来进行推论。
2. 案例报告。这些报告告诉我们，特定药物对报告的那些病人（通常是一小组人员）有效或者无效。
3. 开放式试验。这种方式通常用于较大的群体。这种方式可以提供重要的知识，但是不会被当作最终结论。
4. "黄金指标"，即双盲的安慰剂对照研究。这为我们提供了让大部分人信服的证据。这种真正的科学研究近几年才用于孩子身上，大部分研究的对象是特别不安、接受入院治疗的大孩子和青少年。

通常，药物研究在结束之后并不会告诉我们疗效是否可以持续。迄今为止，除了兴奋剂之外，显然并不存在其他长期的研究项目。此外，对于精神药物对发育中的神经系统的细微影响，我们一无所知。偶尔，在病人服药一段时间之后，我们可以看到副作用。在大人身上，这种"治疗引发的副作用"已见诸报端。除了兴奋剂，我们不确定其他药物在孩子身上会有什么副作用。

直到最近，美国食品药品管理局（FDA）才开始对孩子使用精神药物产生兴趣。事实上，绝大多数的药物都是未被临床试验认可的药物，也就是说，这些药物用于孩子身上的安全性和功效并不确定。我们知道的关于剂量、新陈代谢、预防措施以及副作用的大部分知识均来自于成人的经验。此外，尽管大部分医生（或病人）会选择"品牌"药，然而根据FDA研究，"生物等价的"非品牌药更为便宜，药效相同。这种说法真假未定。

幸运的是，孩子身上使用药物的方式正在改变。现在，FDA要求制药公司就药物的安全和有效性进行大量的儿科实验。家长和医生将会得到更加全面的信息。这个要求存在一些伦理上的问题，药物公司抱怨花销巨大。然而，总的来说，大多数医生都赞同FDA所扮演的角色。与之

第 12 章　如需更多帮助：与专业人士合作

相关的是，美国国立精神卫生研究所（NIMH）正在积极支持和资助主要机构设立研究中心。哥伦比亚大学、加州大学洛杉矶分校、耶鲁大学、约翰斯霍普金斯大学以及其他大学正在进行儿童精神药理学（孩子身上精神药物的使用）各方面的大规模研究。

这些当然是可喜的进步。我唯一的担忧是这些研究会鼓励病理学的过度诊断、过度依赖药物治疗，同时排斥了其他的治疗方法。

探究诊断和药物使用的不同方式

很多儿科医生，可能包括你的医生，越来越担心在管理式医疗时代，他们被迫成为"药剂师"。他们担心过于经常使用过量药物，担心越来越多年幼孩子使用药物治疗。因此，他们尝试教育自己用代替方法来帮助病人。最受欢迎的是一个"亚专科"——行为儿科学的快速发展。我演讲的时候发现，许多医生以及家长和老师，非常乐于接受我的观点，愿意去重新思考他们诊断和药物使用的方式。下面我来分享我的观点：

范围的概念必不可少。DSM 是诊断的依据。如果你符合标准，你就是患有疾病。结果是，真正的疾病缩写词，ADD、ADHD、OCD、ODD、PDD（这里只列举了一部分）等，每一样都可以跟另一样或多样疾病一同被诊断出来。但是，孩子不能简单地进行分类。为了解释这一点，现在我们有了"合并症"这个妖怪。

我觉得这样来探究人类的行为是滑稽的。问题存在于一个线性的统一体中，症状从轻微、中度到严重。孩子的症状越严重，就可能越受煎熬，功能受到损害的程度也越严重。随着孩子表现程度的变化，孩子的行为和问题会有不同的命名，到了一定程度就会被诊断为疾病。比如，喜欢千篇一律可能变成死板，然后变成固定模式强迫性行为，最后被诊断成强迫症（Obsessive Compulsive Disorder）；焦虑变成多动（过度活跃）；

行为倾向变成冲动。如果将过度活跃和冲动、集中精力问题结合起来，你会得到多动症（ADHD）的结论；初始趋避性和谨慎变成拘谨和自我意识，然后是过度紧张，最后是焦虑症；消极坚持变成固执，如果加上反抗、高度紧张和生气，我们又可以得到另一种诊断——对立违抗性障碍（ODD）。事实上，几乎所有的棘手气质特征的组合到达极端，加上拟合差度和恶性循环的煽风点火，孩子很容易得到"确诊"。另外，尚未得到诊断的症状是权威人士所谓的"影子综合征"——类似于临界高血压，或是超重但还没有达到肥胖。

　　这就是我为何对诊断结果，特别是对孩子的诊断持高度保留的态度。我做出诊断需要有非常极端的机能损伤和遭遇作为前提，即便这样我依旧认为诊断针对的是一组行为或情绪，而不是疾病。通常我甚至不在意孩子症状是否符合精神疾病的标准。我的目标不是通过治疗某种"状况"或多种状况（共病）来"治愈"病人（药物模式）。我的目标是改善孩子对环境的适应和兼容能力。如果我考虑使用药物的话，我发现药物针对症状，问题行为，和由情绪引发的疼痛、受干涉的身体机能、自我形象的损害更加有效。药物治疗某些症状有奇效；比如，习惯性或强迫性行为、注意力不集中、焦虑（特别是分离焦虑）、尿床和冲动。

　　我试图将孩子置身于家庭和学校的情境中观察整个孩子，关注她的优点和问题领域。我将使用药物疗法作为整个宏观计划的一小部分。家长、年龄大些的孩子的通力合作非常重要。使用药物疗法不是我自己做出的决定。孩子的家庭应该以知情的态度参与其中。（警惕那种花很少时间与你和你的孩子在一起的医生，和那些比起对孩子个人而对诊断更有兴趣的医生。）而你们家长和老师，不应该期待任何"一蹴而就"的办法。

　　一般来说，我开始会开小剂量的药物，然后逐渐增加。我试图在不产生严重副作用的情况下尽可能地减轻孩子的症状。我尽量不开复合药剂，虽然我偶尔也会开。除非是在极端的情况下，年纪非常小的孩子不应该使用药物治疗。与我的大多数同事相比，我使用药物的时间更短，药量更少。我太清楚安慰剂效应（因为相信药物有效而出现的改善）在孩子身上更为明显。我将其视为一个加分项。事实上，近期的脑部扫描研究表明，相信药物有效确实可以导致脑部的生物学变化！

有时，我会不按惯例使用药物。比如：为了解决一到两周的学校危机；甚至为了避开鸡飞狗跳的一天，比如在感恩节，冲动活跃的孩子会过得很煎熬；或者给因为非常棘手的孩子而不知所措的妈妈开几周轻微的镇静剂，来帮助她掌控局面。

总的来说：我相信谨慎使用药物疗法，加上其他方式的帮助是可以接受的。但是，本质上我是将药物疗法当作一种技巧，而不是"对精神疾病的治疗"！

精神药物和棘手儿童

一听到医生建议孩子进行药物治疗，很多家长就陷入了左右为难的境地。然而，在考虑给你的棘手孩子真正进行药物治疗之前，你应该首先对医生有信心。当然，医生应该有给孩子使用药物的经验。但是她还必须了解你以及孩子，了解家庭和学校环境，与你讨论药物治疗的优点和缺点，准备好与你协作，解决你的忧虑又不给你带来恐慌。即便医生无法满足以上所有的情况，她至少应该充分了解孩子的病史，与你讨论给孩子使用药物的原因。

假设你对尝试使用药物的想法持开放态度，你应该什么时候考虑药物疗法呢？我的建议是，你的孩子非常棘手并有以下情况时使用：

◎ 你和孩子长时间陷入根深蒂固的恶性循环之中

◎ 孩子 5 岁或以上

◎ 孩子在学校有严重的行为问题，并且在教室或学校不可能有所改变

◎ 其他合适的干预失败，或者只有部分成功

当你决定说你愿意考虑药物疗法，你就跟其他父母一样，希望得到某些问题的答案。

药物是否会伤害我的孩子？

一般来说，考虑用于棘手孩子身上的药物都是安全的，虽然在孩子的身体适应药物前可能会有些"不良"反应。危险的反应极少，并且完全无法预料（比如突然的严重过敏反应）。除非孩子的医生特别担心，我认为你无须担心会出什么后果。

会不会上瘾？

"药物"这个词，当专业人士使用的时候，指的是作用于大脑的可以改善行为或情绪的药物。相反，一个表现出"药物上瘾"的孩子要不就是服用剂量过大，要不就是用错了药。许多家长将"药物"与非法滥用联系起来。他们说，"我不希望她变得上瘾。""她会产生依赖吗？""我不想让孩子服用毒品。""他的性情会因为吃药改变吗？""如果产生危险的副作用怎么办？""关于长期的副作用是否有足够的资讯呢？"

如果孩子突然停止服用药物，会看到戒断症状。非法使用药物通常发生于使用兴奋剂，兴奋剂会引发青少年和成人进入高度兴奋状态，产生强烈的幸福感，但是极少用于孩子身上。兴奋剂是需要专门处方才能开出的管制药物。虽然如此，利他林处方药的大量增长导致了这种药物即使在街头也可以随处买到。

我应该担心副作用吗？

大多数副作用可以通过宝贵的谚语"开始小量，循序渐进"来避免。

循序渐进还适用于停止服用药物的时候。相对轻微的反应，比如头疼、胃疼或犯困等症状很快就会消失。

如果副作用持续存在，严重影响或干预到身体机能，不要突然停药，而是要告知医生。根据我的经验，更糟糕的副作用发生于孩子服用药物过多，或者服用的药量突然增大的时候。一般来说，如果孩子表现出意想不到的症状，比如起皮疹，你也需要告知医生。

本章后面部分我们将会详细探讨副作用的各个分类。

合并用药安全吗？

人体肝脏的酶几乎可以分解（新陈代谢）所有的药物。有时两种或以上药物会"争取"同一个酶途径，因此提高了一种或者两种药物的血药浓度。每个人新陈代谢的快慢不同。代谢慢药物的血药浓度可能高些，代谢快的血药浓度可能低些，这种血药浓度的高低无法通过服用的剂量估计出来。这也是同样剂量的给药会在不同孩子身上产生不同的临床反应的一个原因。（个性概念适用于孩子肝脏的新陈代谢，也适用于他的大脑或气质！个性变化并不能判定一个人的肝脏"正常"，另一个人则"有病"。）

"呃，非常有趣，"你可能会想，"只是这是否会影响我的孩子呢？"可能完全不会，几乎不会有危险。几年前研究人员对某些合并用药的可能影响表达过担忧。现在我们大部分人，包括我，认为那些担忧有夸大的成分，如果这些处方开始就是合理处方的话，则没有改变的必要。

对你来说，在开始服用精神药物之前要告诉医生孩子正在服用的其他药物。需要特别提到的有红霉素、真菌药、抗痉挛药和可待因

（Codeine）①。非镇静作用的抗过敏药，比如克敏能（Claritin）或非索非那定（Allegra），则问题不大。将精神药物与非处方的镇静抗组胺药一起服用，可能会导致过度昏睡。另外让医生知道你的孩子是否饮用大量的葡萄汁。饮用大量葡萄汁会提高一些抗抑郁药的血浓度。

总的来说，将精神药物与其他药物一起服用，可能会很难找出适合你孩子服用的剂量，但是并不会伤害孩子。

在所谓的抵抗治疗的病人或那些服用药物后症状得到缓解但未能痊愈的病人身上，可能会使用两种或以上的精神药物。这种"复方用药"正变得日益普遍。医生必须在这个领域有着丰富的经验，而不是试图"治愈"你的孩子。

包装说明书可信吗？

包装说明书绝对可以吓到你。根据 FDA 的指导原则，医药公司会特地声明特定药物"不建议 18 岁以下的儿童服用"——即便该药物已经用于孩子身上很长一段时间了。一个真正奇特的反常现象是：中枢神经刺激剂可用于 3 岁的孩子身上，而利他林（更为常见的处方药）却不准用于 6 岁以下的儿童身上。所有的包装说明书都会列举一连串使人困惑的可能产生的反应，有些反应甚至经验丰富的医生也闻所未闻。记住，检测药品何时何地曾经出过问题的每个细节并不是你的工作。

总结：只要你和信赖的医生建立了开诚布公的关系，只要你相信药物试验是得到授权的，你就不要因药物潜在的危险而却步。

---

① 一种镇痛剂

第 12 章　如需更多帮助：与专业人士合作

特效药

　　精神药物的生产方式有药丸、药片、胶囊或有味道的混悬剂。刻痕药片是比较理想的，因为它们很容易分开，因此服用起来更加灵活。病人的个人情况决定他服用短效药还是长效药，以及服用药物的时间和频率。当然，孩子的医生会与你分享这些细节。还需记住一点：孩子服用某一类药物的某样药物可能有效，另一样药物则不一定。孩子可能服用很小剂量就有效，另一个孩子却可能需要更大剂量。因此，反复试验是需要的。

　　现在我们来看看哪些药物如果合理使用的话会对孩子有帮助。（我将要列举一些品牌的名字，比起通用术语你会更为熟悉。）"无真实证据"或"无最终确立"的字眼是指没有针对群体的科学研究的确凿证据。但是，任何孩子，包括你的孩子，都可能是个例外。

　　兴奋剂：利他林（Ritalin）、迪西卷（Dexedrine）和阿得拉[①]（Adderall）使人精力集中。因为这一点，孩子的学习成绩会有所提高。许多孩子的高度活跃、冲动或攻击性行为会消失。兴奋剂是短效药。服用药物后 1 到 2 个小时血药浓度会达到峰值，药效会持续大概 4 个小时。一些兴奋剂具有缓释效果，因此患者可以早上服用一次药，这样就不需要在午饭时间去造访护士的办公室了。常见的副作用有食欲不振、失眠、头疼和胃疼。更为常见的副作用是容易哭闹、易怒、看起来"精神不振"或无精打采。如果药量减少副作用还是持续存在，就该停药了。如果孩子开始起皮疹也一样需要停药。更令人担心的是痉挛的出现（痉挛指孩子无法控制的不平稳抖动）。有的医生会继续使用兴奋剂，而我不会。匹莫林（Cylert）是一种长效兴奋剂，有着类似的好处和副作用，它还有个好处是一天只需要服用一次，但是可能导致肝脏损伤，即便概率极低。如果长期使用

---

① 一种治疗多动症的药物

兴奋剂，会影响孩子的成长。但是，一旦停药，孩子的成长速度几乎可以马上跟上。没有证据显示，使用兴奋剂治疗的孩子日后有患上药物滥用的危险。

利他林是目前最为常见的处方兴奋剂，不过没有真实证据表明它比其他药物有效。超过 70% 的患有多动症的孩子，通过服用兴奋剂行为得到了改善。因为兴奋剂几乎是马上见效，你可以快速判断该药物是否对孩子有帮助。缺点是反弹效应，当下午晚些时候药效过去的时候，可以看到一些孩子重新表现出野蛮行为。

老式抗抑郁药：我们在三环抗抑郁药上有着丰富经验，比如丙咪嗪（Tofranil）和地昔帕明（Norpramin）。有趣的是，它们对抑郁儿童的疗效不如安慰剂（虚假药丸）。它们在治疗焦虑，特别是分离焦虑，尿床以及帮助过度活跃的冲动孩子上卓有成效。安拿芬尼（Anafranil）是受到公众认可的治疗强迫症的药物。

三环抗抑郁药导致的副作用包括便秘、口干舌燥、体重增加、犯困和容易头晕。有人担心他们会对心脏有害。因为上述原因，三环抗抑郁药用作处方药的比例已大幅度下降。

新型抗抑郁药：选择性 5- 羟色胺再摄取抑制剂（SSRI）现在是数量上仅次于兴奋剂的处方药，并且增长迅速。SSRI 包括百忧解、左洛复（Zoloft）、无郁宁（Luvox）、帕罗西汀（Paxil）和西普兰（Celexa）。它们治疗儿童抑郁的潜力无限，但是还没经过完全验证。它们确实帮助了许多焦虑的孩子以及那些有强迫症特征的孩子。目前没有证据表明某种 SSRI 药物会优于另外一种或者更加安全。最出名的百忧解，在患者体内慢慢积累，比起其他药物排出体外的时间更长，所以对于为了换药而停止服用会带来问题。很长时间以来，百忧解还是很难"滴定"（精细调整）剂量，因为它只有胶囊这一种生产方式。最近，生产商将百忧解做成药片的形式，极大地减少了这种问题。SSRI 带来的轻微副作用包括恶心、头疼、头晕和焦虑不安。出现皮疹或者焦虑、"兴奋"反应应该停药。虽然媒体时有耸人听闻的报道，百忧解本身并不会导致自杀或杀人行为。

其他新型抗抑郁药还有安非他酮（Wellbutrin）、郁复伸（Effexor）、曲唑酮（Desyrel）以及奈法唑酮（Serzone）。这些药物在治疗儿童方面的效果并不确定。安非他酮用于治疗 ADHD 类型的症状，曲唑酮在治疗睡眠问题上颇有潜力。圣约翰草（St. John's Wort）尚未用于治疗儿童疾病。

抗焦虑药：弱安定剂，比如阿普唑仑（Xanax）、劳拉西泮（Ativan）或氯硝西泮（Klonopin）可以帮助治疗焦虑和失眠。虽然它们用于儿童身上的效果不如用在成人身上，它们被认为是安全的，并且没有证据表明它们在儿童身上会有上瘾的迹象。另一种抗焦虑药布斯哌隆（BuSpar）正在研究之中，其在儿童身上的价值尚不明朗。

情绪稳定剂：锂（Lithium）用于治疗严重疾病，比如躁郁症。一些棘手儿童确实情绪波动大，有着难以预料的行为变化。如果这些达到极端状态，使用改良的管理办法以及其他方式的帮助均无效，这时情绪稳定剂值得一试。与锂相比，丙戊酸钠（Depakote）会导致瞌睡，不过极少有其他副作用。丙戊酸钠实际上是抗癫痫药，不过也可用于稳定情绪。它还可以通过测量血药浓度来得到监控，在某些情况下是明显的加分项。其他抗癫痫药，旧药癫通（Tegretol），新药拉莫三嗪（Lamictal）、加巴喷丁（Neurontin）、盖布里汀（Gabritin）要么可能产生危险，要么还在试验阶段，不适合考虑给棘手孩子使用。

降压药：是的，你没有读错！心得安（Inderal）可以帮助缓解社交焦虑或表现焦虑，有时也可用于非常具有攻击性的行为。可乐定（Catapres）和盐酸胍法辛（Tenex）治疗冲动，有些人认为还可治疗反抗行为。降压药常与兴奋剂一同使用，虽然有证据表明在极少数情况下，这种合并用药有风险。

激素：有时，甲状腺激素用于增强抗抑郁药的有效性，当然，如果抑郁症是由甲状腺功能障碍导致的，那么必须使用甲状腺激素。去氨加压素（DDAVP）是一种激素喷鼻剂，在治疗尿床上很有市场。去氨加压素现在还有药丸这种产品形式。

让孩子参与进来

与你的孩子讨论你试图使用药物这个决定，讨论内容需符合他的年龄，并确保医生或你告诉孩子药物预期的好处和副作用。你们应该避免说"药将使你好转"或"药将修复你的大脑"这类的话。药物将帮你"集中注意力、控制行为、减少焦虑"这样的说法更好。你们还需经常强调药物是一种辅助工具。另外，不能强迫孩子做违背他意愿的事情。

有些家长担心他们的孩子会觉得自己和同龄人不一样，担心孩子会出什么问题，担心孩子的自我形象最终会受到损害。其他孩子如果知道你的孩子服药的话可能会奚落她，所以你应该注意保护孩子的隐私，虽然现在一个班级有几个孩子服用药物也较为常见。自我形象受损通常是由孩子的问题导致的，孩子因为那些问题受到不公的对待。如果药物可以减少问题，自我形象的问题将迎刃而解。

总的来说，孩子身上使用药物已成定局。许多精神药物已经成为或者将被证明是我们帮助棘手或其他类型的孩子的利器。然而，对于使用药物对大脑的全面影响，我们知之甚少。因此，我们所有人——家长或专业人士——在解决孩子问题上应持保守态度，以免陷入过度诊断和过度治疗的陷阱。

第12章　如需更多帮助：与专业人士合作

获取额外帮助

对有些孩子，特别是那些得到诊断的孩子，可能需要一些额外的特殊帮助。如果超过一位专业人士介入其中，那么现场需要一个协调者。理想状态下，这个协调者应该是儿科医生或家庭医生，不过也可以是任何一个对总体情况有大概了解的专业人士。

取决于个人，以下问题领域可能需要特殊帮助：

学习问题：根据定义，需要在智力测试和学术表现上与正常人具有明显的差异，这样的孩子才能被诊断为学习障碍。但是，即便对学龄前儿童，测试也会指出孩子日后存在学习问题的风险。在学前项目中，早期筛查更经常被用到。这是帮助区分出真正需要额外干预的孩子的正确方法，完全合情合理。但是，我们必须警惕给年幼孩子过早地贴标签和分类。

如果你的孩子在某些学术领域表现不好，优秀的学习障碍专家所做的心理测试或评估或许可以解释清楚问题。你可能会遇到的新名词有"心理教育测试"和"神经心理评估"。它们本质上都是为了准确描述学习问题，问题的严重程度，以及需要哪种纠正帮助。根据问题的程度，孩子可能需要家庭作业助手以帮助解决组织方面的困难和较差的学习习惯，还需要额外的辅导、资源教室、学校里的一间特殊教室或者专为学习障碍孩子开设的学校。

语言问题：根据经验，如果你的孩子到2岁都还不会说话那就需要寻求他人的帮助了。如果孩子再大一些的时候出现语言发展延后，无法恰当地理解他人或表达自己，或者咬字有问题，你也应该去寻求帮助。老师或儿科医生会帮助你决定是否需要等待，还是进行评估，以便实行进一步的语言（或言语）治疗。

神经系统问题：小儿神经专科医生有时会接到"如何防止多动症"的

咨询。从实用的角度出发，这个问题的答案没有什么用处，除非孩子确实有癫痫病史或可能真的患有脑部疾病，或者神经专科医生是经验最丰富的专业人士，随时可以使用药物。跟随医生的脚步，做一份神经学的评估，得到医生的专业建议。

过敏和特殊饮食：这是个大有前途的领域，不过也是目前包括一系列让人疑惑的解决方案的领域。食品添加剂、水杨酸、人造色素、低血糖、各种环境污染物、糖分过量和微量元素都被怀疑可能导致了孩子的行为问题。虽然没有最终的数据证据表明饮食法确实有效，不过确实有一些孩子通过调整饮食行为问题得到了改善，而对那些确认有过敏史的孩子，去掉过敏药物确实对他们有所帮助。

一般来说，恰当的营养显然是可取的。更特别的是，合理饮食是形成健康的免疫系统的关键。你应该和孩子的医生讨论影响孩子的行为的饮食和可能出现的过敏因素。即便儿科医生非常确定地指出并没有足够的科学证据证明，我却听过足够多的通过饮食情况得到改善的故事，所以我觉得应该鼓励家长去寻找膳食法——只要这个方法不会带来坏处（比如大量维生素剂），不会完全取代其他必要膳食，不会取代你和孩子的生活。一些声誉良好的营养学家或过敏症专科医师擅长治疗具有问题行为或学习障碍的孩子。

感觉统合失调：这个概念源自于职业疗法领域。其理念是一些孩子的感觉系统，特别是处理平衡的部分不正确地处理输入信号。症状包括较差的社交技能、笨手笨脚、行为问题、语言和学习问题以及"感觉防御"——感觉防御的概念与低反应阈非常类似，会导致孩子对物体刺激的过度反应。想要用一种方法来解决这样一个宽泛范围的问题似乎有些天方夜谭。然而，据某些家长汇报，由职业治疗师实施的感觉统合疗法（Sensory Integration Therapy，SIT）帮助了他们身体敏感、没有条理或笨拙的孩子。

虽然感觉统合疗法的原理和技巧不太容易让医学类专业人士接受，也没有确凿的科学证据，我还是相信家长——很多家长跟我报告了孩子的进步并且说这是一种我可以进行调查的疗法。

实用方法：

◎ 个人运动，比如游泳和武术训练，对冲动型或高度活跃的孩子的作用会比团队运动要好。

◎ 电脑帮助孩子专注。现在有软件可以帮助孩子更有组织性。文字处理软件显然会让笨拙的孩子写字更加容易一些——当孩子成人的时候谁还会担心她的写字问题呢？

◎ "**教练**"是用来形容大人的术语，教练不同于家长，他可以给孩子社交技巧和其他日常问题的指导。

◎ 如果选择得当的话，**网络聊天群**可以帮助有社交焦虑症或不懂社交的孩子安全匿名地实践社交技巧。

◎ **网络**还给家长提供了新信息，让家长可以与其他棘手儿童的家长沟通。但是，警惕你找的信息是否不正确、具有误导性或者承诺过度。

◎ **家长教育课堂**同样帮助良多，如果导师了解气质概念的话。

◎ **美国过动儿协会**（Children and Adults with Attention Deficit Disorder, CHADD）是个支援组织的网络。在我看来，他们过度强调疾病、障碍和药物治疗，但是他们非常了解资源，提供适当、实用的信息来应对日常挑战。可搜索电话簿查询当地分支的号码。

有争议的疗法：这一组讲的是针对行为和学习问题的治疗方法，这些方法有的人们还不相信，有的过于新式还未得到合理评估，有的只是缺少其效果的可靠证据。偶有报告称，治疗假丝酵母菌的抗真菌药和抗晕眩药对治疗有效，但是并未有科学研究支撑。同样的还有维生素疗法和矿物质补充剂，伴有额外警告说过量服用会对身体有害。脑电生物反馈（EEG biolfeedback）在治疗过程中（治疗过程很昂贵）改善了人的注意力，但是效果是否可以持久还不清楚。指压疗法（Chiropractic methods）、顺势疗法（homeopathy）、眼科视觉疗法（optometric visual training）和整骨疗法（cranial osteopathy）均不属于医学主流，一般不认为具有可信度。然而，我并不准备否定针灸疗法，虽然我还拿不出确切的科学证据。

不要害怕给你自己、你的孩子或者家庭寻求额外帮助。也不要因为需要额外帮助而觉得羞耻。恶性循环会带来遗留问题，并不是所有家有棘手孩子的家庭都可以躲开这种问题。而且有的家庭问题并不来自孩子。合适的专业人士可以帮助解决这类问题。一定要敢于尝试，对非药物疗法持开放态度。但是警惕任何承诺会发生奇迹的方法。另外，作为一名专家型家长，要务实，并且要参与到关于孩子的每个决定中去。

结 语

▼

孩子的未来在哪里？

所有焦虑的父母都很好奇自己孩子的未来。我们希望，我们计划，我们梦想；如果我们的孩子是棘手孩子，我们担心他会成长为怎样的一个人，他的生活是否会快乐。

家长们第一次联系我的时候，大多数人对孩子的行为都感到非常疑惑，通常会陷入恶性循环中，恐惧和担忧由此大大增加。在倾听了他们的担忧之后，我通常会建议我们先专注于改善当下，在家里的事情有了改善之后我们再考虑未来。当你到达一定程度的时候，你的一些问题就会得到解答。

家长的恐惧

当家长们告诉我他们对孩子未来最担心的事情的时候，他们是这样说的：

"她将永远是个棘手的人。"

"她不会有任何朋友。"

"他会总这样突然发脾气吗？"

"他会变成危险人物吗？"

"她在学校可以表现好吗？"

"他会不会触犯法律呢？"

"她会一直怏怏不乐吗？"

"他将会吸毒。"

"他将永远那么自私（或固执或粗鲁或难以取悦）。"

简而言之，父母担心他们的孩子会保持目前的状态，并且随着年龄的增长会出现越来越多的问题。

随着问题的改善，大多数家长夸大的焦虑得到缓解，但是他们还是会继续唠叨表示怀疑和担忧。

这背后意味着什么呢？

许多棘手儿童的家长，你可能也是其中一员，害怕他们会给孩子造成永远的精神创伤，他们将无法弥补他们早期犯下的错误。毕竟，开明的父母应该都知道"早期童年创伤"。唯一真正重要是在孩子年幼的时候你如何对待他，这难道不对吗？我们一直重点强调父母，特别是妈妈在塑造孩子上的作用。"拒绝"和"过度保护"这类词语成为我们的日常词汇。许多问题引发了人们激烈的讨论：应该给婴儿甚至胎儿播放什么类型的音乐；什么时候孩子必须以特殊方式得到刺激，这样"关键时期"就不会错过；如何在不惩罚不良行为的情况下认可愤怒的感觉；"品质时间"的正确时长究竟是多少；以及一系列让人疑惑不解的问题。

这些问题带来的影响是什么呢？

我们多数人认为，如果我们在孩子年幼的时候做出错误的事情，他将一辈子受到影响。这就是人们的想法。

这种想法根本不对！

家长早年的错误并非不可挽回。

现如今，我看到许多家长因为另一个理由而焦虑——与"这都是家长的错"恰恰相反。他们担心孩子的问题是由孩子大脑的永久性缺陷，即大脑的化学和骨骼组成成分引起的。不同人的大脑确实会有所不同，但是再一次我们回到那条宝贵的概念，那就是不要走得过远。

任何生物学就是命运，基因完全决定我们是谁的想法都是错误的。说得极端一些，这个想法导致了让人啼笑皆非的概念，即父母教育对孩子的情感和智力发展不起任何作用！

孩子非常灵活，适应力也很强。他们的成长是渐进的过程。孩子的性格不断地呈现出比早年更好的一面。如果你去审视他人的背景，甚至可以回溯你自己的过去，你会快速意识到生命体验留下的影响。在我们的成长过程中，通过外部力量以及自己想要成为什么样的人的决定丰富了我们的经历，也改变了我们的基本气质。

纽约纵向研究

你已经听我介绍过关于早期气质的开拓性研究，这一研究也是本书的理论基础。然而，医学博士切斯和托马斯做的远远不止给气质特征下定义。他们跟踪了133个对象，从婴儿时期直到成人期。他们的研究因其谨慎、准确的研究方法备受专业人士的推崇。他们已经得出了这样的结论，即气质和拟合优度（贯穿整个童年时期，而不只是早期）对孩子的成长非常重要。另外，根据更为先进的调查，该研究还表明孩子的未来显然并不是固定在6岁。许多其他影响力继续影响着个人。研究发现，虽然气质特征会持续到成人生活，但是随着孩子与环境互动的增多，个性的越发成熟，气质特征会变得没有那么重要。

研究对象包括了"棘手"孩子，虽然切斯和托马斯只用了五种气质特征来分类（适应力差、不规律、初始回避性、消极情绪和高反应强度）。这些孩子如果没有管教好的话，会更容易出现问题。在家长接受指引的案例中，大多数孩子都康复了并且得以维持康复状态。换言之，孩子变好了并且保持了这种状态。

研究的另外一个重点是展示了父母间持续的冲突，不管出于什么理由，都预示着受其影响的所有孩子后续很有可能出现麻烦，不管是棘手孩子还是非棘手孩子。

"孩子以后会变得怎样呢？"

截至目前，我觉得你应该可以看到我总体的态度是积极的。通过成功实施这个计划，你开始体验到的解脱会慢慢地允许你认识到孩子的个性和优势。你不但会变得更能容忍孩子，还会开始更加欣赏孩子，和他一起享受快乐时光。当完成计划的家长开始积极地说起他们的棘手孩子，开始真正地从孩子身上得到快乐的时候，我知道我们就成功了；最重要的，这一点说明拟合优度真的得到了改善，孩子现在正走在发挥个人潜能的路上。

"但是你可以告诉我更多的信息吗？他以后会变得怎样呢？"你可能会问。我始终谨慎预言，通常我可以跟你分享我相信的事情。以下是孩子成长的三种可能：

1. 孩子可能会泯然众人，成为另一个"普通孩子"。
2. 孩子可能会在之后的童年或少年时期出现问题，这种情况常见于那些没有得到良好管理的棘手孩子，那些持续出现拟合差度和恶性循环问题的孩子，那些在父母冲突不断（冲突不一定是关于管理孩子的问题）的家庭中成长的孩子身上。
3. 得到良好管理，在拟合优度和父母和谐的环境中长大的孩子表现可能会非常好。他们会展现出积极的个性特征，比如具有创造力、同理心，性格热情奔放。他将成为一个真实的人，可能会展现出良好的领导力。

至于孩子的基本气质，你会看到某些方面的改变——但是不要期待出现魔力。

关键在于让孩子形成意识，接受自己是个独立的个体。在你的帮助下，她将逐渐学会管理自己的气质。比如，她将会为改变做好准备，能够防止事态升级，推迟冲动欲望，借助他人比如组织者的力量来帮助克服自己的健忘。有些实在是无能为力的特征只能接受。而另一些特征可以转换成更有建设性的追求。

我们往前看得更远一些，童年时期导致问题的那些气质特征会带来成年早期和成熟期被视为财富的个性。我们逐个特征来看可能产生的结果。（你可能会发现，从这些方面来看待你自己或者你的朋友很是有趣。气质是如何导致你的成年个性和职业选择的呢？）

◎ **高活跃水平和冲动**。这种孩子的高能量和动态向前的方式有一天可能会转化为运动技能。在竞争激烈的职业，比如商业、股票市场或销售业，这种能量和动力是成功必不可少的因素。加上常见于棘手孩子身上的快速行动和抉择能力，以及创造性思维，我们可以预见到企业家的素质。

◎ **分心**。快速从一个活动转移到另一个活动的孩子可能会成为一个有广泛兴趣的年轻人，他具备在不同兴趣间轻松、灵活切换的能力。同时，当他变得成熟的时候，他能学会在重要的任务前安定下来，特别是当他感兴趣的时候就能够坚持。容易因自己思绪而分心的孩子有成为数学家或物理学家的潜质，在自己的脑海中漫游是数学家和物理学家一笔真正的财富。

◎ **高度坚持和适应力差**。持续"陷入"某种情境，害怕变化的孩子很可能最终会"陷入"自己真正的爱好，在那里坚持意味着真正深入地投入到某个特殊领域。众多领域的学者、科学家和革新者通常展现出这种对目标的"单一"追求。

◎ **初始趋避性**。往后退缩的"害羞"孩子置身于新环境时，可以成长为对新环境和刚认识的人进行周详评估的评估员，在做出评估前他会花时间和精力进行思考。这种人是很好的聆听者，因为天生的谨小慎微，他不容易"掉入陷阱"。同时，许多害羞的孩子最终会学会在新环境中克服初始焦虑。

◎ **高反应强度**。极度吵闹的孩子会过分夸大自己的情感，他可以将这种特征应用于需要"英雄色彩"表达方式的领域。这种人常见于歌剧院、戏院、电影院和流行音乐中，他们的明星风范和活力让观众感到愉悦。

◎ **不规律性**。不按时饮食和睡觉的孩子会慢慢学会控制自己独特的饥饿和疲惫周期。成人之后，他可能适合需要异常时间上班的职业，比如全天候的国际金融市场。饭店员工，音乐家，报社、广播台和电视台的晚班职工——均会在日夜颠倒的时间表中大放异彩，这种时间表对其他更"规律的"同龄人只有毁灭作用。

◎ **低反应阈**。天生对触感、口味、气味和声音高度敏感的孩子可以将他们的这种认知能力应用于多个方面。他们总是富有天分。试想想，一个对味道有着精准感受力的人，会成为一名多棒的厨师。那些对材质、外观和颜色高度敏感的人，也就是所谓的天生具有审美感的人，将会在许多创造性领域脱颖而出。

◎ **消极情绪**。给家长带去诸多烦恼的童年时期严肃的行为举止，在许多职业上却是真正的财富。法律、学术领域和医学就是需要天生的严谨性、名声和专业能力的领域。而国家电视台新闻组的播音主持，个性的严肃加强了他们口中报道的真实性。

以上结果并不是为了暗示你的孩子注定要从事某一职业，而是要向你展示你现在看到的孩子身上的气质劣势，很可能会在未来大放异彩，帮助孩子选择一项有趣且合适的职业。你也可以看到这些孩子的未来如何丰富多彩。他们绝不会只发展出一种个性。

特殊的孩子：未来的梦想

我坚信某些棘手孩子注定会成为我们社会的特殊成员。如果你去研究那些具有非凡天赋、创造力、想象力和活力的人的童年，我相信他们具有棘手特征的比例会比普通人更高。

许多棘手儿童具有生动、不同寻常、具有创造力的想象力。一部分原因是因为他们似乎更能感知到他们和别人的感觉。他们更为激烈的气质让他们感悟力似乎更强。他们的电路始终打开，结果是孩子们变得更加开放，直觉更强，更能体恤他人，有创造力，更加生机勃勃。他们能够更加自由地驾驭自己的精神和心灵，他们会变得更加坦率独立，更深入了解自己，不与那些随和的同龄人千篇一律。简而言之，特别和高反应强度的奇妙组合常见于这种孩子身上。

回顾本世纪最具有魅力的那些人的童年，你通常会发现他们在孩童时期都是"古怪的"或者"不寻常的"存在。埃莉诺·罗斯福（Elenor Rooservelt）孤僻害羞，不被家人所理解。阿尔伯特·爱因斯坦（Albert Einstein）同样孤僻害羞，没有朋友，很晚才开始说话，拥有怪癖，在学校与老师有矛盾，他的父母认为他"跟其他孩子不一样"。亲戚认为托马斯·爱迪生（Thomas Edison）"不正常"，因为他的棘手，他的母亲让他从学校退学。巴勃罗·毕加索（Pablo Picasso）是个异常固执的孩子，持续奉献于一样东西——他的画。

这里还有个最棘手孩子的故事，故事的主人公是个暴躁的混世魔王，他从不听话，总是惹祸，他总在移动，跳上跳下跑来跑去，然后摔倒受伤。"高度活跃"和"棘手"都可用来描述他。人们觉得他智力"不高"，容易着凉和起皮肤疹子，说话口吃，是个"不协调的体弱者"，根据学校档案，他成绩在班里最差，反映了他的不良行为和失败史。这个男孩的

棘手孩子
The Difficult Child

名字是什么？

温斯顿·斯宾塞·丘吉尔（Winston Spencer Churchill）。

成人之后，他是一名作家、政客、历史学家、艺术家、砖匠、农民、篱笆匠、猎人，还是一名有胆有识、赫赫有名的政治家，他拥有棘手孩子长大之后的许多特征。他相信直觉，富有洞察力，精力十足，宽宏大量，意志坚定，他是时代的领袖。但是他也是一个古怪、前后矛盾，情绪变化大，偶尔表现极不成熟的人：他喜欢在洗澡、穿衣服的时候玩耍，喜欢听愚蠢的录音，容易感动落泪。所有这些信息以及更多信息可见于威廉·曼彻斯特（William Manchester）所著的丘吉尔的精彩传记《最后的狮子》，这本书描绘了一个棘手孩子在诸多有利条件，同时又有诸多问题的家庭中成长，最终成长为一个精彩绝伦的人的故事。不过他总是展现出创造者和不成熟灵魂、领袖和古怪孩子的奇异组合。

不是每个棘手孩子都注定会有所成就。但是，每个孩子都应该有机会实现自己的潜能。本书提供的技巧和原则将给你的孩子提供这样的机会。尽可能在友善关爱的氛围中应用这些技巧和原则。尊重孩子，欣赏他的优势和能力，并且永远记住他是独立的个体。随着时间推移，谁知道你的孩子最终会实现什么梦想呢！

推荐阅读

Armstrong, Thomas, Ph.D. *The Myth of the A.D.D. Child*. New York:Dutton.1995.

Barkley, Russell, Ph.D. *Your Defiant Child*. New York: Guilford Press,1998.

Brazelton, T. Berry, M.D. *Touchpoints*,Reading,MA:Addison–Wesley,1992

Carey, William, and Sean McDevitt. *Coping with Children's Temperament*, New York: Basic Books,1997.

Carey, William, M.D. *Understanding Your Children's Temperament*, New York: Macmillan,1997.

Stella Chess, M.D., and Alexander Thomas, M.D. *Know Your Child*, New Jersey: Jason Aronson, 1996.

Stella Chess, M.D., and Alexander Thomas, M.D. *Temperament in Clinical Practice*, New York: Guilford Press, 1986.

Diller, Lawrence, M.D. *Running on Ritalin*, New York: Bantam Books, 1998.

Gardner, Howard, M.D. *Multiple Intelligences*, New York: Basic Books,1993.

Kagan, Jerome. *The Nature of the Child*. New York: Basic Books,1984.

Kagan, Jerome. *The Galen's Prophecy*. New York: Basic Books,1994.

Koplewicz, Harold, M.D. *It's Nobody's Fault*. New York: Times Books, 1996.

Kurchinko, Mary. *Raising Your Spirited Child*. New York: HarperCollins, 1991.

Palladino, Lucy, Ph.D. *The Edison Trait*. New York: Times Books, 1997.

Rapp, Doris, M.D. *Is This Your Child?* New York: Morrow, 1991.

Silver, Larry, M.D. *The Misunderstood Child*. New York: McGraw-Hill, 1988

Turecki, Stanley, M.D., and Sarah Wernick, Ph.D. *Normal Children Have Problems, Too.* New York: Bantam Books, 1995.

附 录

以下数据来源自贝斯以色列医院的棘手儿童计划或棘手儿童中心针对149个棘手儿童家庭的初步评估。这里面的评估,由我完成的有103个,由我在贝斯以色列医院的助手卡罗拉·桑兹博士(Dr. Carole Sands)完成的有46个。收集这些数据使用的方式是半结构式临床面谈。(字母"N"表示病人的号码。)

I. 信息分类(全部样本:149)

年龄范围:	1–7 岁
性别:	男:68%
	女:32%
种族:	白人:74%
	西班牙人:19%
	黑人:5%
	其他人种:2%
社会经济地位:	上层:30%
	中层:50%
	下层:20%

II. 儿童行为

（两种分数评级：+ = 中等或严重问题

— = 小问题或没问题）

	+	—
在家行为问题	98%	2%
在校行为问题（N 111）	62%	38%
发脾气	74%	26%

III. 家庭反应

（两种分数评级：+ = 是

— = 否）

	+	—
无效管教	92%	8%
妈妈无法应对	89%	11%
婚姻紧张（N 120）	69%	31%

IV. 棘手气质特征（N 149）

（三种分数评级：2+ = 非常棘手

1+ = 棘手

0 = 随和或稍微棘手）

以下术语在开始的调查问卷中有明确定义，并在第 1 章有详细说明。注意：适应力差包括了消极坚持相关的行为。冲动没有评级。

	2+	1+	0
高活跃水平	65%	20%	15%
分心	22%	42%	36%
适应力差	58%	32%	10%

初始趋避性	16%	38%	46%
高反应强度	52%	35%	13%
不规律	35%	35%	30%
低反应阈	32%	39%	29%
消极情绪	20%	32%	48%

V. 棘手特征的发生顺序（N 149）

（两种分数评级：+ = 非常棘手

－ = 随和或稍微棘手）

	+	－
适应力差	90%	10%
高反应强度	87%	13%
高活跃水平	85%	15%
低反应阈	71%	29%
不规律	70%	30%
分心	66%	34%
初始趋避性	54%	46%
消极情绪	52%	48%

VI. 将非常活跃和非常容易分心的子群（32）与不活跃及专注的子群（19）对比

	非常活跃 非常容易分心 （N 32）	不活跃 专注 （N 19）
性别：		
男	81%	37%

女	19%	63%
种族：		
白人	69%	90%
西班牙人	22%	5%
其他人种	9%	5%
社会经济地位：		
上层	28%	42%
中层	56%	48%
底层	16%	10%
孩子行为：		
在家问题	94%	95%
在校问题	87%（N 23）	31%（N 16）
发脾气	74%	68%
过敏史：	17%（N 24）	33%（N 18）
家庭反应：		
无效管教	94%	90%
妈妈无法应对	94%	79%
婚姻紧张	66%（N 29）	82%（N 17）
相关棘手特征：		
适应力差	88%	100%
初始趋避性	34%	68%
高反应强度	94%	68%
不规律	81%	63%
低反应阈	72%	63%
消极情绪	38%	89%

根据我们对149个家有棘手儿童的家庭呈现出来寻求帮助的数据的分析，我们得出以下结论：

1. 大多棘手儿童因为行为问题被家长带来寻求帮助。
2. 家长经常因孩子感到疑惑，结果导致管理不善。婚姻紧张随之而来。
3. 这些孩子在所有的气质维度都可以找到棘手特征，虽然不是所有孩子在每个维度都有棘手特征。

我们还对比了两个子群：
子群1：非常活跃（2+）和非常容易分心（2+）
子群2：不活跃（0）和专注（0）

子群1通常指那些被诊断为患有"多动症"的孩子。这些孩子在学校问题更多，大部分是男孩。他们更可能有积极情绪和主动出击的反应——比方说，他们很阳光、友好。

子群2的孩子则相反，大多表现出消极情绪和初始趋避性——比方说，他们很害羞、严肃。

这两组孩子在许多方面表现很类似。他们在家都经常表现出行为问题。他们都难以养育，给家长带去相当大的压力。他们的适应力都很差，反应强度高，不规律，具有低反应阈。

我们总结，非常活跃的孩子显然可以归于"棘手儿童"这个统称之列，而许多被诊断出患有注意力障碍或多动症的儿童也可以被称作"气质棘手"儿童。

某些类型的非常棘手儿童与被诊断患有注意力障碍或多动症的儿童似乎没有显著的区别。它们之间更多是语义上的，而非实际上的区别，因此支持了正常状态和精神疾病诊断之间有重叠部分，行为和情感问题存在于线性范围的观点。

图书在版编目（CIP）数据

棘手孩子 /（美）斯坦利·图雷克（Stanley Turecki），（美）莱斯利·唐纳（Leslie Tonner）著；彭丽洁译 . — 上海：上海社会科学院出版社，2019

书名原文：The Difficult Child
ISBN 978-7-5520-2801-0

Ⅰ . ①棘… Ⅱ . ①斯… ②莱… ③彭… Ⅲ . ①儿童教育—家庭教育—研究 Ⅳ . ① G782

中国版本图书馆 CIP 数据核字（2019）第 126877 号

上海市版权局著作权合同登记号：图字 09-2019-485 号

THE DIFFICULT CHILD: EXPANDED AND REVISED EDITION
by STANLEY TURECKI; LESLIE TONNER
Copyright: © 1985, 1989, and 2000 by Stanley Turecki, M.D., and Leslie Tonner.
This edition arranged with Bantam Books, an imprint of Random House, a division of Penguin Random House LLC
through Big Apple Agency, Inc., Labuan, Malaysia.
Simplified Chinese edition copyright:
2019 Beijing Green Beans Book Co., Ltd.
All rights reserved.

棘手孩子

著　　者：（美）斯坦利·图雷克　莱斯利·唐纳
译　　者：彭丽洁
责任编辑：赵秋蕙
特约编辑：陈朝阳
封面设计：主语设计
出版发行：上海社会科学院出版社
　　　　　上海市顺昌路 622 号　　邮编 200025
　　　　　电话总机 021-63315900　销售热线 021-53063735
　　　　　http://www.sassp.org.cn　E-mail: sassp@sass.org.cn
印　　刷：河北鹏润印刷有限公司印刷
开　　本：710×1000 毫米　1/16 开
印　　张：17.5
字　　数：232 千字
版　　次：2019 年 7 月第 1 版　2019 年 7 月第 1 次印刷

ISBN　978-7-5520-2801-0/G.856　　　　　　　定价：42.80 元

版权所有　翻印必究